北京大学预防医学核心教材
普通高等教育本科规划教材

供公共卫生与预防医学类及相关专业用

健康传播学教程

主　　编　孙昕霙
主　　审　钮文异
副 主 编　史宇晖
编　　委　（按姓氏笔划排序）
　　　　　田向阳　中国健康教育中心
　　　　　孙昕霙　北京大学
　　　　　纪　颖　北京大学
　　　　　李英华　中国健康教育中心
　　　　　张　迪　中国人民大学
　　　　　郑频频　复旦大学
　　　　　祝　帅　北京大学
　　　　　郭浩岩　中国疾病预防控制中心
　　　　　常　春　北京大学
秘　　书　纪　颖

北京大学医学出版社

JIANKANG CHUANBOXUE JIAOCHENG

图书在版编目（CIP）数据

健康传播学教程 / 孙昕霙主编．—北京：北京大学医学出版社，2020.8
　　ISBN 978-7-5659-2219-0

　　Ⅰ．①健… Ⅱ．①孙… Ⅲ．①健康 - 传播学 - 高等学校 - 教材 Ⅳ．① R193

中国版本图书馆 CIP 数据核字（2020）第 108705 号

健康传播学教程

主　　编：孙昕霙
出版发行：北京大学医学出版社
地　　址：（100083）北京市海淀区学院路 38 号　北京大学医学部院内
电　　话：发行部 010-82802230；图书邮购 010-82802495
网　　址：http://www.pumpress.com.cn
E - m a i l：booksale@bjmu.edu.cn
印　　刷：北京瑞达方舟印务有限公司
经　　销：新华书店
责任编辑：靳　奕　　责任校对：靳新强　　责任印制：李　啸
开　　本：850 mm×1168 mm　1/16　　印张：12.5　　字数：355 千字
版　　次：2020 年 8 月第 1 版　2020 年 8 月第 1 次印刷
书　　号：ISBN 978-7-5659-2219-0
定　　价：32.00 元
版权所有，违者必究
（凡属质量问题请与本社发行部联系退换）

北京大学医学教材预防医学系列教材编审委员会

主 任 委 员：孟庆跃

副主任委员：王志锋　郝卫东

委　　　员：（按姓名汉语拼音排序）

　　　　　　崔富强　郭新彪　贾　光　刘建蒙　马冠生

　　　　　　马　军　王海俊　王培玉　吴　明　许雅君

　　　　　　詹思延　郑志杰　周晓华

秘　　　书：魏雪涛

# 前言

凝神回首，距北京医科大学作为主编单位编写的《健康传播学》教材的出版已经过去了27年。这是我国第一本健康传播学教材，对全国医学院校健康教育专业人才的培养起到了很大的作用。健康教育与健康促进领域在中国的蓬勃发展，尤其是以2016年《"健康中国2030"规划纲要》的颁布和第九届全球健康促进大会在上海的胜利召开为代表的重大事件的发生，使健康促进事业面临着前所未有的发展机遇，也给健康传播相关工作提出了新的要求。同时，伴随着信息技术和互联网的迅猛发展，健康传播媒介日新月异，健康传播的方式也层出不穷。在媒体"硬件"不断向好的情况下，健康信息"软件"更需要良好的建设，才能满足受众日益增长的需求，同时避免健康传播的内容良莠不齐。健康传播领域正面临着机遇与挑战并存的发展新纪元。原有的健康传播理论和经验已不能满足当前新时代的需要，编写一本新的健康传播学教材无疑已是当务之急。

北京大学公共卫生与预防医学学科2017年入选国家"双一流"建设学科名单，该学科一直遵循"加强通识通科的基础教学，注重贯穿全程的综合素质教育，强化公共卫生社会实践的训练"的培养模式。在这个教育理念和培养目标的指导下，健康传播学中与传播有关的基础知识、基本技能可以看作是对该专业学生的通识教育；人际传播技巧更是学生与人打交道、从事人群工作的必备素质；而如何利用传统媒介和新媒体传播健康知识、引导健康观念、践行健康行为，以及在突发公共卫生事件、医事管理、舆情监测中实现有效的风险沟通，都是服务于民众和社会的公共卫生领域的重要实践活动。希望本教材能为培养优秀的公共卫生人才贡献力量，也能为健康传播专业的发展贡献绵薄之力。

本教材以绪论开篇，第二章阐述健康传播的核心模式与理论，第三章介绍健康传播学研究，第四章讲述健康传播活动策划与实施，第五章至第八章依次详细讲解基于人际、群体、大众和新媒体的健康传播策略，第九章和第十章分别介绍健康传播材料和广告，第十一章介绍风险沟通。前四章类似于总论，有助于从总体上认识健康传播学的理论和方法；后七章类似于分论，有助于对特定内容进行深入学习。

本教材是在北京大学公共卫生学院的大力支持下，在各位编委卓有成效的通力合作下，在钮文异教授的精心审阅和指导下，以及在北京大学医学出版社编辑的共同努力下完成的。在此表示衷心的感谢！

由于本人首次担任主编，经验不足，力微任重。虽已尽力而为，但难免有疏漏和错误之处，恳请同行们批评指正！

孙昕霙

2019年11月

目录

第一章　绪论 …………………………… 1
　第一节　传播与健康传播的概念 ……… 1
　　一、传播与健康传播的定义 ………… 1
　　二、传播与健康传播的特性 ………… 2
　　三、传播与健康传播的社会功能 …… 2
　　四、健康传播的发展史 ……………… 3
　　五、健康传播与其他学科的联系 …… 4
　第二节　传播的类型 …………………… 5
　　一、人内传播 ………………………… 5
　　二、人际传播 ………………………… 7
　　三、群体传播 ………………………… 8
　　四、组织传播 ………………………… 8
　　五、大众传播 ………………………… 9
　第三节　健康传播的基本要素与传通
　　　　　条件 …………………………… 9
　　一、传播的基本要素 ………………… 9
　　二、传通条件 ………………………… 10

第二章　健康传播的核心模式
　　　　与理论 ………………… 12
　第一节　传播的主要模式 ……………… 12
　　一、线性传播模式 …………………… 12
　　二、控制论传播模式 ………………… 14
　　三、系统论传播模式 ………………… 15
　第二节　传播效果的制约因素 ………… 18
　　一、传播者与传播效果 ……………… 18
　　二、传播过程与传播效果 …………… 19
　　三、受传者与传播效果 ……………… 21
　第三节　主要的传播效果理论 ………… 23
　　一、创新扩散理论 …………………… 23

　　二、框架理论 ………………………… 26
　　三、议程设置理论 …………………… 27
　　四、"第三人效果"理论 ……………… 30

第三章　健康传播学研究 …………… 33
　第一节　健康传播学研究概述 ………… 33
　　一、健康传播学研究的交叉学科
　　　　特征 …………………………… 33
　　二、健康传播学研究方法分类 ……… 34
　　三、健康传播学研究的大体流程 …… 37
　第二节　健康传播的媒介控制研究 …… 43
　　一、控制研究、传播制度与媒介
　　　　控制 …………………………… 43
　　二、媒介控制研究主要理论 ………… 44
　第三节　内容分析法 …………………… 48
　　一、内容分析法概念 ………………… 48
　　二、内容分析法的应用 ……………… 50
　第四节　健康传播研究案例 …………… 52
　　一、传播者及媒介控制研究 ………… 53
　　二、传播内容分析 …………………… 55
　　三、受众及传播效果分析 …………… 56
　　四、控制实验法的应用 ……………… 57
　附录3-1　"生命时报"微博工作人员
　　　　　　访谈提纲（节选） ………… 59
　附录3-2　"生命时报"微博粉丝意向
　　　　　　调查问卷 …………………… 62
　附录3-3　健康类微博在大学生中的
　　　　　　传播效果及影响因素研究
　　　　　　问卷 ………………………… 64

目录

第四章　健康传播活动策划与实施……… 65

第一节　健康传播活动策划 ………… 65
一、策划的步骤 ………………… 65
二、制定健康传播计划书 ……… 68

第二节　应用社会营销手段开展健康传播 …………………………… 70
一、社会营销概述 ……………… 70
二、社会营销在健康传播策划中的应用 ………………………… 72

第三节　健康传播活动的准备、实施与优化 …………………………… 74
一、准备阶段 …………………… 74
二、实施与监测 ………………… 75
三、健康传播活动的评价与优化 … 77

第四节　大型健康传播活动的实施案例 …………………………… 77
一、项目背景与问题 …………… 77
二、健康传播策略 ……………… 78
三、健康传播活动的实施 ……… 78

第五章　人际传播 ………… 81

第一节　人际传播概述 ……………… 81
一、人际传播的概念 …………… 81
二、人际传播的特点 …………… 82
三、人际传播的功能 …………… 82

第二节　人际传播理论 ……………… 83
一、言语行为理论 ……………… 83
二、意义协调理论 ……………… 84
三、传播适应理论 ……………… 85
四、违背期望理论 ……………… 86

第三节　人际传播在健康传播中的应用 …………………………… 86
一、基本技巧 …………………… 86
二、演讲技巧 …………………… 90
三、咨询技巧 …………………… 91
四、劝服技巧 …………………… 93

第四节　医患沟通 …………………… 94
一、医患关系 …………………… 95
二、医患沟通 …………………… 95

第六章　群体健康传播……… 98

第一节　群体和群体传播 …………… 98
一、群体 ………………………… 98
二、群体传播 …………………… 99
三、集合行为 …………………… 100

第二节　群体健康传播 ……………… 101
一、群体健康传播的基本概念 … 101
二、群体健康传播的作用 ……… 101
三、群体健康传播的分类 ……… 101

第三节　群体健康传播活动的组织与实施 …………………………… 102
一、小组学习 …………………… 102
二、同伴教育 …………………… 104

第七章　大众健康传播……… 107

第一节　大众传播的概念和理论 …… 107
一、大众传播的概念 …………… 107
二、大众传播媒介的分类及特点 … 107
三、大众传播的主要理论 ……… 108

第二节　大众健康传播的概念、特点、意义和策略 …………………… 109
一、大众健康传播的概念 ……… 109
二、大众健康传播的特点 ……… 109
三、大众健康传播的目的与意义 … 110
四、大众健康传播的媒介选择原则与信息策略 ………………… 110

第三节　新闻健康传播 ……………… 112
一、新闻及新闻健康传播的概念 … 112
二、新闻传播的功能 …………… 112
三、新闻传播对健康的影响 …… 112
四、新闻健康传播的策略与方法 … 112

第四节　媒体健康倡导 ……………… 113
一、媒体健康倡导的概念和特点 … 113
二、媒体健康倡导与教育性和说服性健康传播活动的区别 ……… 113
三、媒体健康倡导实施 ………… 114

第五节　艺术作品健康传播 ………… 114
一、健康传播艺术与艺术中的健康传播 ………………………… 114
二、以嵌入健康主题的方式开展健康传播 …………………………… 115

三、名人健康倡导 …………… 115

第八章　新媒体健康传播 …… 118
第一节　新媒体概述 ……………… 118
　一、新媒体的内涵 ……………… 118
　二、新媒体的特征 ……………… 119
　三、新媒体的主要形态 ………… 119
第二节　新媒体健康传播特点及变化
　………………………………… 120
　一、新媒体健康传播的特点 …… 120
　二、新媒体给传播带来的变化 … 122
第三节　新媒体在健康传播中的应用
　………………………………… 124
　一、新媒体健康传播要素 ……… 124
　二、新媒体健康传播策略 ……… 125
　三、新媒体健康传播的应用技巧 … 126
　四、新媒体健康传播面临的挑战 … 129

第九章　健康传播材料的开发与评价 ……………… 131
第一节　健康传播材料概述 ……… 131
　一、基本概念 …………………… 131
　二、健康传播材料的分类 ……… 131
　三、健康传播材料的特点 ……… 132
第二节　健康传播材料的开发 …… 133
　一、健康传播信息生成 ………… 133
　二、健康传播材料的设计制作 … 135
　三、健康传播材料的预试验 …… 138
第三节　健康传播材料的使用 …… 139
　一、海报的张贴和使用 ………… 139
　二、折页和小册子的使用 ……… 140
　三、视频材料的使用 …………… 141
第四节　健康传播材料的评价 …… 141
　一、评价类型 …………………… 141
　二、评价方法 …………………… 142
　三、平面健康传播材料的评价 … 142
　四、音频健康传播材料的评价 … 145
　五、视频健康传播材料的评价 … 146
　附录9-1　平面健康传播材料预试验记录表 ………………… 149

第十章　广告学与健康传播 … 150
第一节　广告学概述 ……………… 150
　一、广告的基本含义和特性 …… 150
　二、广告的类别 ………………… 152
第二节　广告创意与表现 ………… 155
　一、基本概念 …………………… 155
　二、广告创意诉求及在健康传播中的应用 ……………………… 156
　三、广告表现策略与手法 ……… 160

第十一章　风险沟通 …………… 166
第一节　风险沟通概述 …………… 166
　一、风险沟通的概念 …………… 166
　二、风险沟通的意义与作用 …… 167
　三、风险沟通的基本原则 ……… 167
第二节　突发公共卫生事件的风险沟通 …………………………… 169
　一、突发公共事件的不同阶段与特征 …………………………… 169
　二、日常准备与制度建设 ……… 171
　三、应急状态下的风险沟通实施 … 175
第三节　突发公共卫生事件中的媒体渠道选择 ………………… 176
　一、媒体渠道分类与选择 ……… 176
　二、接受媒体采访的原则与技巧 … 180
　三、谣言应对 …………………… 181
第四节　舆情监测 ………………… 182
　一、舆情监测的概念和意义 …… 182
　二、舆情监测的方法 …………… 182
　三、舆情监测的流程 …………… 182
第五节　医事风险沟通 …………… 184
　一、医事风险沟通的现状、特征 … 184
　二、医事风险沟通的基本原则和技巧 …………………………… 185
　三、医疗部门应急能力建设 …… 186

中英文专业词汇索引 ………… 189

第一章 绪 论

传播是人类的本能和基本需求,人类的传播活动随着人类的进化与社会化步伐在不断进步。美国社会学家 Charles H. Cooley(查尔斯·库利)在 1909 年出版的 *Social Organization*(《社会组织》)中这样定义传播:"传播是人类关系赖以存在和发展的机制,是一切心灵符号及其在空间上传递、在时间上保存的手段。"这段描述强调了传播的社会关系属性,把传播看作人与人的关系得以成立和发展的基础。本章将介绍传播与健康传播的概念、类型与要素,以便使读者对传播和健康传播有整体的认识。

第一节 传播与健康传播的概念

一、传播与健康传播的定义

(一)传播(communication)

"传"的繁体字是"傳",甲骨文为" "。甲骨文的左边是" "(即"人"),右边是" "(即"專"),意为转动,结合起来的含义是古人利用驿车一站站转递信件及物品。播的篆文是" ",左边是" "(手),右边上为"米",下为"田",含义是一手执器械掀土,一手抓谷种撒入土坑。传和播的含义是信息的流动,像散播种子一样把信息散布开来。两个字很长一段时间都是单独使用的,最早结合起来使用出现在《北史·突厥传》,隋文帝在突厥首领投靠了隋朝后,颁布了一个诏令——"宜传播天下,咸使知闻",意在向天下人散布这个消息,让大家都知道这件事。可见,古文中的传播与现代的意义是非常接近的。

传播学起源于国外,我们把"communication"翻译为"传播",拉丁语源自"communicates"和"communis"。前缀"com"是"共同、共有",后半部分是"交换"的意思,合起来意为"共同分享"。比较来看,英文的 communication 与中文的传播,共同的含义在于通过信息的流动来达到信息的共享,略有差异之处在于"communication"更加强调双方交换、双向交流,而汉语的"传播"形象地展示了信息从一方向另一方的单向流动。考虑到这样的差异,有时候我们也会使用"交流"或"沟通"代替"传播",尤其在人际传播中。

本书采用的传播定义为人与人之间通过一定的符号进行的信息交流与分享,是人类普遍存在的一种社会行为。1988 年出版的我国第一部《新闻学字典》将传播定义为:"传播是一种社会性传递信息的行为,是个人之间、集体之间以及集体个人之间交换、传递新闻、事实、意见的信息过程。"传播学是研究人类制作、储存、传递和接受信息等一切传播活动,研究人们之间交流与分享信息的关系的一般规律的学科。

（二）健康传播（health communication）

健康传播是传播学的一个分支，也是传播学的组成部分，它是指以"人人健康"为出发点，运用各种传播媒介渠道和方法，为维护和促进人类健康目的而制作、传递、分散、交流、分享健康信息的过程。健康传播是一般传播行为在医疗卫生领域的具体和深化，并有其独自的特点和规律。

二、传播与健康传播的特性

传播是社会信息的传递或社会信息系统的运行。健康传播是在社会系统中与健康相关的信息传递和运行过程。它具有以下特性：

1．传播是一种信息共享活动 共享意味着社会信息的传播具有交流、交换和扩散的性质。健康传播的共享多与健康主题相关，例如每年5月31日世界无烟日前后，社会上都会广泛地传播与烟草危害健康相关的信息。

2．传播是在一定社会关系中进行的，也是一定社会关系的体现 传播和社区有共同词根，彼此密不可分，传播活动离不开社区，社区也离不开传播活动。社会关系是人类传播的本质属性，通过传播，人们可保持既有社会关系并建立新的社会关系。这种社会关系可能是纵向的，也可是横向的，传受双方表述的内容和采用的姿态、措辞等无不反映其社会角色和地位。例如2016年8月26日，中共中央政治局审议《"健康中国"2030规划纲要》，之后该规划纲要由中共中央、国务院于2016年10月25日印发并实施，这是一个典型的纵向健康传播。

3．传播是一种双向的社会互动行为 任何传播都是通过信息的传授和反馈展开的社会互动。双向性有强弱之分，在人际传播中体现得非常突出，在群体传播中次之，在大众传播中会显得更弱一些。

4．人类信息的传播都需借助一定的感知觉符号 包括语言符号、音响符号、图画符号、文字符号、表情符号等。人们信息交流的过程实质上是符号往来的过程，一方编码制作和传递符号，另一方接受和还原符号。传播成立的重要前提之一就是传受双方必须在这些符号上有共通的意义空间，否则传而不通，导致误解。在广义上，共通的意义空间还包括人们大体一致或接近的生活经验和文化背景。例如在少数民族地区进行的健康传播活动需要使用当地的语言和文字，所有的传播材料需要符合当地的生活场景和文化背景。

三、传播与健康传播的社会功能

传播在人类社会中发挥着重要的作用。1948年，传播学家Harold Lasswell（哈罗德·拉斯韦尔）概括了人类传播的3项基本社会功能。在拉斯韦尔概括的3种功能的基础上，传播学家Wright（赖特）在1959年又补充了第四项功能，即"提供娱乐"，并称为"传播的四项基本社会功能"。

1．环境监控功能 自然和社会环境是在不断变化的，人类必须及时了解和把握环境的变化，以便调节自己的行为来适应这些变化。个人、团体、国家通过收集、储存、整理和传递各种情报信息、数据、资料等，来了解周围环境、认识自己所处的地位、确定自己应采取的态度和行动。传播起着一种"瞭望哨"的作用，帮助人类及时收集和提供关于环境变化的信息，例如在突发公共卫生事件中，小到个人，大到国家乃至全世界，都会随时关注相关信息，以便做出正确的决策。

2．社会协调功能 社会是一个建立在分工与协作基础上的有机体，只有实现了社会各部分的沟通、协调与统一，才能作为一个整体有效地适应内外环境的变化。例如在5月31日"世界无烟日"、6月26日"禁毒宣传日"、12月1日"世界艾滋病日"等日期，全社会开展戒烟、禁毒和预防获得性免疫缺陷综合征（AIDS）宣传及有关行动。因此，健康传播具有社会协调的功能。

3. 文化传承功能 有了高度发达的传播系统，前人的文化遗产、经验、智慧、知识才能被记录、积累、流传下来，后人才能在前人的基础上进一步发展。传播对维持人类社会、国家和民族的存续和发展起着重要作用。人类在发展过程中，健康问题直接关系到人类的生存与繁衍，人类在与疾病的斗争中总结了大量的经验。大量的医学书籍、刊物乃至目前更大容量的医学大数据，实现了传承和发展。

4. 娱乐与教导功能 通过各种传播渠道和方式，使个人得到娱乐和享受，使精神世界更加充实，这是传播的一大功能。生活方式就是文化，通过传播媒体介绍和推广健康的生活方式，是适宜的途径之一。但这种功能也有其反作用（如网络上的暴力、黄色、不健康、不科学甚至伪科学内容），认识这点对抵制精神污染和预防身心疾病都很重要。人类学习知识、获得各种技能、改变或调节生活行为都离不开信息的传递和接收，如向医生咨询、参加健康大课堂、收看电视《健康之路》、收听广播节目《专家门诊》、上网搜寻健康信息等。传播的教导功能是人类生存和发展的重要途径。

四、健康传播的发展史

健康传播自古有之，因为人类的生存繁衍一直伴随着健康问题，与健康有关的经验不断地被总结和传播，因此以实践为主的健康传播活动历史非常悠久。古代的健康传播既有"冬吃萝卜夏吃姜，不劳医生开药方"和"An apple a day keeps the doctor away"等民谚，也有《黄帝内经》和《希波克拉底誓言》等经典著作。健康传播作为一门独立的学科被广泛接受则是近几十年的事情。从20世纪40年代后期起，随着新闻信息技术和大众传播活动的发展，一门新型边缘学科"传播学"迅速发展，并在促进现代社会人类的信息交流与共享方面，起到越来越重要的作用。

（一）美国健康传播的起源与发展

一般认为美国是现代健康传播学科的发源地，美国从20世纪60年代起将传播学引入健康教育领域，并逐渐形成了健康传播学。

推动健康传播学发展的一个重要的项目是1971—1975年美国斯坦福大学开展的以社区为基础的健康促进运动，即"斯坦福心脏病预防项目"（Stanford Heart Disease Prevention Program，SHDPP）。该项目将目标社区随机分为3组，一组仅接受大众传播，一组接受大众传播和人际传播的双重干预，还有一组是空白对照组。这是个多中心的社区试验，除了美国，项目还在芬兰、澳大利亚、瑞士、南非和德国进行。研究的结果证明大众传播加上人际传播的效果最佳，但大部分情况下仅有大众传播效果也很理想。斯坦福心脏病预防项目成功运用了社会认知理论、创新扩散理论和社会营销策略的理论框架，这些理论和方法成为了健康传播学中最重要的几个理论。

1972年国际传播学会（International Communication Association，ICA）成立了治疗传播兴趣小组（Therapeutic Communication Interest Group），这是传播学者开始关注健康领域的起点。1975年ICA将该小组更名为"健康传播分会"，"健康传播"这一名称正式进入学术界。

美国的健康传播研究在20世纪80年代迅速发展成为独立的学科，其中最具有里程碑意义的事件就是1984年第一本健康传播研究领域专业书籍——*Health Communication：Theory and Practice*（《健康传播：理论与实践》）的出版。1985年美国成立了健康传播委员会。1989年，美国创办了 *Health Communication*（《健康传播》）季刊，1996年创办了 *Journal of Health Communication*（《健康传播杂志》），前者侧重理论性研究，后者侧重国际性、应用性研究。

传播学专业研究人员的不断加入推动着美国健康传播研究不断走向完善。

（二）中国健康传播的起源与发展

健康教育学者是最早将健康传播引入国内的一批人。1987年，我国首届健康教育理论学习研讨会在北京举行，会上第一次系统地介绍了传播学理论在健康教育中的应用。1989—1993年，中国健康教育中心承担中国-联合国儿童基金会健康教育合作项目，开展"生命知识传播项目"，通过逐级培训健康教育和妇幼保健人员，在广大农村妇女中传播母婴保健知识。1993年，爱国卫生运动委员会办公室组织专家编写了一套健康教育教材，其中之一为主编单位是北京医科大学的《健康传播学》，这是我国第一本健康传播方面的专业书籍。20世纪90年代初，北京医科大学、华西医科大学、同济医科大学、上海医科大学、中山医科大学、河北职工医学院率先开设了健康教育学、健康传播学相关课程，成为国内较早开设此类课程的院校。

我国健康传播专业机构是在各地卫生系统中的卫生宣传机构的基础上形成的。新中国成立之初，与健康传播相关的工作由卫生宣传机构承担。1986年，中国健康教育研究所成立，各级卫生宣传机构也逐步发展为健康教育机构，设置健康传播科室，并在国内外母婴安全、疾病防控项目工作的推动下，开展了有益的健康传播探索。

有关健康传播的学术逐渐发展。1985年10月由卫生部主管的《中国健康教育》杂志创刊，以健康传播为主题的论文开始见诸杂志。2000年以后，新闻传播界开始逐渐关注健康传播，《新闻与传播研究》《现代传播》等新闻传播类学术期刊开始刊登以健康传播为主题的论文，与健康传播相关的学术论坛开始活跃。2003年11月，"中国健康教育与大众传媒论坛"在北京举行，2006年10月"首届中国健康传播国际论坛"在清华大学召开，成为定期举办的健康传播学术论坛。2013年5月19日，复旦大学成立健康传播研究所。2017年，北京大学新闻与传播学院首次招收健康传播方向的专业硕士研究生，由新闻与传播学院和公共卫生学院及医学人文学院共同培养。

虽然新闻传播学者融入到健康传播领域，改变了最初只有卫生工作者单兵种作战的情况，健康传播也从最初的仅为健康教育重要手段的定位扩展到更广泛的"与健康相关的传播学"范畴，但是健康传播涉及多学科、多领域，所涉及的学科交叉研究依然显得滞后，仍需要更多学科的学者投入其中。

五、健康传播与其他学科的联系

（一）健康传播与健康教育

从健康教育学的角度讲，健康传播通过信息的传递帮助人们提升卫生保健知识、转变态度，甚至改变行为，所以它是达到健康教育目的的手段。从这个角度讲，我们可以认为健康教育包含健康传播。从更宽泛的健康传播范畴来看，健康传播涉及一切与健康相关的信息交流活动与干预活动，如健康公益宣传、健康大数据解读、医患沟通、医疗机构的品牌形象打造等交叉领域。

（二）健康传播与社会学

在西方，传播学曾被看作社会学的分支学科。社会学以社会组织、社会行为、社会问题等为研究对象，范围较广泛；而健康传播学着重研究发生在社会系统中的传播过程、传播行为、传播意识和传播关系等现象，对象较集中。社会学诞生于前，而传播学产生在后，健康传播学更是紧紧围绕着健康主题涉及的社会影响。健康传播学在形成中吸取、借用了社会学的一些知识和方法，如定性的调查方法和干预解决方法。

（三）健康传播学与心理学

在传播学的形成过程中，心理学曾经助了一臂之力。研究心理活动规律的心理学，是通过挖掘传播现象发生的内在动力和情感因素来充实和丰富传播学研究内容的，从而使偏重于宏观研究和过程研究的传播学能够从微观研究和心理研究方面取长补短，显得更具活力。传播作为一种富有人性和人情的社会活动，也为心理学研究增添了新的研究内容和话语空间，而传播活动中的传播者、把关人、中介者和受众的心理现象及其活动规律，也是人们想了解的，这也使得心理学研究更具有现实感和实用性。这两者的相通之处就在于传播心理。

（四）健康传播学与新闻学

传播学与新闻学在其演进过程中，有着十分密切的互动关系，新闻学对传播学的诞生也确实起过推动的作用，但两者不能画等号。一般认为，新闻学是报刊新闻时代的产物，描述新闻信息的现象，偏重于微观研究、局部研究和单向研究；传播学是电子新闻时代的产物，描述传播活动的现象，侧重于宏观研究、整体研究和双向研究。与健康议题相关的新闻撰写更偏向于新闻学，与健康议题相关的新闻在人群中传播的现象更偏向于健康传播学。

（五）健康传播学与人类学

传播学与人类学都是关于人的科学，目的都在于描述和解释人类横跨整个地球和贯穿整个历史的自然和社会现象。人类学的主题是研究人类的躯体和文化的各个方面，健康传播学的主题是研究人类与健康有关的传播行为和文化世代流传的基本媒介。人类学中的语言学派、文化学派和传播学派的理论可以给健康传播带来很多启示，通过这些理论才能科学解释和揭示人类传播的现象和规律，如叙事医学。

（六）健康传播学与信息学

信息学是研究信息的获取、处理、传递和利用的规律性的一门学科。信息学以信息为研究对象，以计算机等技术为研究工具，以扩展人类的信息功能为主要目标。传播学所传递的内容就是信息，尤其以大众传媒、网络媒介为渠道的传播，与信息学的关系非常密切。在信息时代，健康传播日新月异，发展异常迅速，传播现象、规律也在发生变化，给学者的研究提出了更新的挑战。

可见，在健康传播学的四周，有众多的学科尤其是新兴学科在支持它、丰富它，源源不断地向它输送着新鲜的养料。这给健康传播学创造了兼收并蓄、融汇综合的条件，也为健康传播学提供了确定对象、构筑体系、明确坐标的重要参照系。

第二节　传播的类型

如果按照传播的范围来分类，传播可以分为5种基本类型：人内传播、人际传播、群体传播、组织传播、大众传播。

一、人内传播

（一）人内传播的概念

人内传播（intrapersonal communication）也被称为自我传播、自身传播，指的是个人接受外部信息并在人体内部进行信息处理的活动。它是作为意愿和行为主体的主我（I）和作为他人的社会评价和社会期待的代表的客我（me）之间所进行的信息交流。

从传播学角度来看，人体本身就是一个完整的信息传播系统：既有接收装置（感官系统），又有传递装置（神经系统）；既有处理装置（记忆、思维系统），又有输出系统（语言、动作、表情）。人内传播就是发生在这个信息传播系统中的个体的知觉、思维和思维活动，也是最基本的人类传播活动。传播在日常生活中是经常发生的，例如自言自语、暗下决心等；所谓"眉头一皱，计上心来"，说的就是人内传播的过程。

（二）人内传播的特点

人内传播的传播者和受传者都是同一个人，二者集于一身，这种传播通常不使用传播媒介。一个人对自身周围所发生的某一事件、某一现象或某一问题进行的观察和思索，就是人内传播的信息源。对所观察事件做出的分析和判断，就是通过大脑接收和处理信息的阶段。信息处理的结果表现在行动上，就是对所观察和思索的问题或表示赞同，或表示反对，或找到了对策。

人内传播是一种主我和客我的交流活动。在这种交流过程中，主我和客我进行自由沟通以达到自我的内部平衡调节。通过这种思维活动进行正常的信息编码，以保证人类其他传播活动的正常进行。

人内传播既是出于个体的自我需要，也是出于个体的社会需要，是个体为了及时对周围变化了的环境做出适应而进行的自我调节。它通过人的视觉、听觉、味觉、触觉的协调，对客体进行回顾、记忆、推理、判断。

人内传播具有很明显的心理学特征，因为人内传播过程实质就是人的思维过程。人脑中存储信息的多少在很大程度上决定着人的内向交流的活跃程度。一个人如果思维活跃、思想丰富、富于想象，其实就是其内向交流活跃的结果。

人内传播是其他一切传播活动的基础，任何一种其他类型的传播，如人际传播、群体传播、大众传播等，都必然伴随着人内传播的环节；而人内传播的性质和结果，也必然会对其他类型的传播产生重要的影响。

（三）人内传播与健康行为理论的关系

人内传播和健康行为理论都与心理学有着密切的联系。人内传播是从传播学的角度理解人的内在心理过程。健康行为理论基本上都是脱胎于社会心理学，同时也关注除信息因素以外的其他因素对外显行为的影响。

德福勒心理动力学模式（图1-1）发现，受众在一定情况下对于媒介的信息是有选择的，要经过一定的心理过程，心理是信息与行为的中介变量。

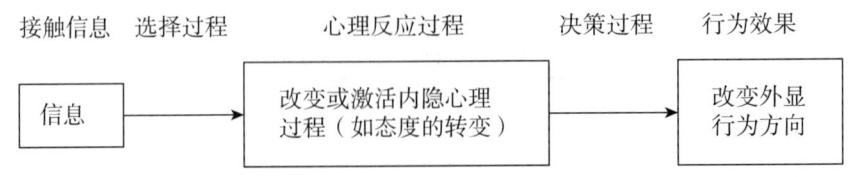

图1-1 德福勒心理动力学模式

从德福勒心理动力学模式来看，由于以往大众传播占主导的研究惯性，人内传播更多地关注信息的心理选择过程。外界信息通过人体的听觉、视觉、味觉、触觉和嗅觉等感官系统输入到神经系统，但是这些信息并非全部被吸收，而是通过心理选择过程层层过滤和把关，最终有效信息进入心理反应阶段。经过心理反应，新的信息产品生成（如态度的转变），这些信息随后进入了最重要的心理决策环节，它们将帮助心理系统做出"有益于"个体的决策。一旦心理决策形成，由决策信息指导的行为也就随之产生。一定行为将产生与之相伴的效果，效果形成后的信息将反馈给个体，由个体的感官和神经系统接收，个体将根据反馈重新调整内向传播和决策过程。

有关健康行为学的理论，请参考《健康教育与健康促进》或者其他相关教材。

二、人际传播

（一）人际传播的概念

人际传播是个人与个人之间的信息传播活动，也是由两个个体系统相互连接组成的新的信息传播系统。人际传播与人内传播紧密相连，但又与人内传播不同，这表现在人内传播是一个行为主体（个人）内部的信息活动，而人际传播则是两个行为主体之间的信息活动。人际传播是一种最典型的社会传播活动，也是人与人社会关系的直接体现。

（二）人际传播的特点和社会功能

从以上论述中我们可以看到，人际传播包括了各方面的内容，既包括交流关于环境变化的有用信息，也包括交换有关特定问题的看法和意见，还包括沟通人与人之间的感情。人际传播虽然内容丰富、形式多样，但大致可以分两种，一种是面对面的传播，另一种是借助某种有形的物质媒介（如信件、电话、电报等）的传播。

人际传播，特别是面对面的人际传播具有以下几个重要特点：

1. 使用语言，而且能够运用表情、眼神、动作等多种渠道或手段来传达信息；同样，受传者也可以通过多种渠道来接收信息。

2. 人际传播的信息的意义更为丰富和复杂。这个特点和第一个特点密切相关，也就是说在面对面的情况下，多种渠道和多种手段的配合，会形成特殊的传播情境，这种特殊的情境会产生新的意义。

3. 与组织传播和大众传播相比，人际传播属于一种非制度化的传播。说它非制度化，并不是说它不受任何制度化因素的影响。相反，人际传播也是社会关系的体现，参与的双方虽然都是拥有独立意志的主体，但他们都是由一定的社会关系相连接的。人际传播的内容，双方使用的言辞、语气、态度等，无一不是这些关系的反映。这里所说的非制度化，主要指传播关系的成立上具有自发性、自主性和非强调性，人际传播主要是建立在自愿和合意基础上的活动。在人际传播中，双方大都没有强制对方的权利，也没有接受强制的义务，这意味着人际传播通常是一种相对自由和平等的传播活动。

4. 人际传播双向性强、反馈及时、互动频度高。双方的信息授受以有来有往的形式进行，传播者与受传者不断相互交换角色，每一方都可以随时根据对方的反映把握自己的传播效果，并相应地修改、补充传播内容或改变传播方法。因此，通常情况下人际传播是一种高质量的传播活动，尤其在说服和沟通感情方面，其效果要好于其他形式的传播。

人际传播是社会传播的一个重要组成部分，对个人和社会都具有重要的意义。人际传播的社会功能是多方面的，它是社会成员交流信息的重要渠道，是实现社会协作的重要纽带，也是传承社会文化的重要工具。对个人来说，人际传播也是完善和发展自我的重要途径。人际传播的状态如何，是社会物质文明和精神文明的重要体现。

其他具体内容详见本书第五章。

三、群体传播

(一) 群体传播的概念

群体是指具有特定目标和共同的归属感、成员间存在着互动关系的复数个人的集合体。群体成员具有共同或接近的社会属性或目标取向，具有以"我们"意识为代表的主体共同性。群体是社会的中观系统，是"局部社会"。群体传播是指群体内部或外部的信息传播活动。

群体传播在形成群体意识和群体结构方面起着重要的作用，而这种意识和结构一旦形成，又反过来成为群体活动的框架，对个人的态度和行为产生制约，以保障群体的共同性。因此，群体传播是群体生存和发展的一条基本的生命线。

(二) 群体传播的特征

群体的成员有群体意识，群体传播对群体意识的形成会产生影响，群体规范是群体意识的核心内容，是个人在群体活动中必须遵守的规则。群体中的多数意见对成员中的个人意见或少数意见会产生群体压力，群体也会存在趋同心理、群体暗示和群体感染。其他内容详见本书第六章。

四、组织传播

(一) 组织与组织传播的概念

组织是指人们为实现共同目标而承担不同的角色分工，在统一的意志之下从事协作活动的社会集合体。在一个组织中，通常会有专业化的部门分工，职务分工和岗位责任制，以及组织系统的阶层制或等级制。组织传播就是以组织为主体的信息传播活动。它包括两个方面：一是组织内传播，二是组织外传播，这两个方面都是组织生存和发展必不可少的保障。

(二) 组织传播的功能

组织传播的总体功能是通过信息的传递将组织的各部门、各岗位联结成一个有机整体，以保障组织目标的实现和组织的生存和发展。其具体内容包括：①内部协调；②指挥管理；③决策应变；④达成共识。

(三) 组织内传播的过程与机制

1. 组织内传播的正式渠道　组织内传播的正式渠道，指的是信息沿着一定的组织关系和环节在组织系统内流通的过程。其传播形式可分为两种，即横向传播和纵向传播。一般来说，横向传播双向性强，互动渠道畅通，通常是同级部门或岗位之间互通情况、互相协调的信息交流活动。纵向传播则有单向流动的性质，因而，根据信息的流向，纵向传播又区分为下行传播和上行传播。下行传播通常是有关组织目标、任务、方针、政策或行动的信息自上而下得到传达贯彻的过程。上行传播则是下级向上级汇报情况，提出建议、愿望和要求的信息传达活动。

2. 组织内传播的非正式渠道　非正式传播渠道指的是制度性组织关系以外的信息传播渠道，包括组织内的人际传播和非正式的小群体传播。组织内的非正式传播通常交流的信息广泛而自由，信息交流具有双向性和平等性，本意交流和感情交流的成分多。可以弥补正式传播渠道的不足，在组织内营造积极、健康、活跃的人文环境，增进成员的一体感和向心力，调动成员积极性的发挥，推动组织目标的实现。

五、大众传播

（一）大众传播的定义

大众传播是由专业化的媒介组织运用先进的信息技术和产业化的手段，以社会上一般大众为对象而进行的大规模信息生产和传播的活动。

（二）大众传播的特点

1. 大众传播的传播者是从事信息生产和传播的专业化的媒介组织。这些媒介组织包括报社、杂志社、电视台、电台，以及以大量生产为目的的音乐、影像制作公司等。在西方社会，传播媒介是以公共法人或企业法人的形态存在的；在我国，它是以企业组织形式存在的事业机构。可见大众传播是有组织的传播活动，是在组织的目标和方针指导下的传播活动。

2. 大众传播是运用先进的传播技术和产业化的手段进行的信息生产和传播活动。大众传播的发展离不开印刷术和电子传播技术的发展。高速轮转机的发明使大规模的印刷得以实现，远距离传播技术使广播、电视成为了主要的传播媒介。如今，激光印刷、通信卫星、网络技术等科技的发展，使大众传播在规模、效率、范围上都有了突飞猛进的发展，成为现代信息产业的主要组成部分。

3. 大众传播的对象是社会上的普通大众。只要接收到大众传播信息的人都是大众传播的对象，说明大众传播以满足社会上一般大众信息需要为目的，信息的生产与传播不分阶层和群体。

4. 大众传播的信息具有商品属性和文化属性。传播组织作为以信息为产品的产业，其产品的价值是通过市场实现的。大众所看的报纸、电视都是需要支付一定的费用的，即信息具有普通的商品属性。但是信息又不同于其他普通的满足人们生理需要的产品，人们对信息的消费是精神上的消费，即意义的消费。意义是社会文化的产品，这里所指的文化是广义的文化，包括法律、宗教、社会意识形态、价值观念、道德等方面，因此我们说信息具有文化属性。

5. 大众传播的性质是单向性的信息传递过程。不是说大众传播没有互动性，只是互动性很弱，受众可以通过热线电话和写信进行信息反馈，但是这种信息反馈缺乏即时性和直接性。大众传播的单向性具有两个方面的局限性，一是传播渠道，传播组织作为单方面的传播组织，其传播的内容、受众只能在限定的范围内接收到，具有一定的被动性。二是没有灵活的反馈机制，受众对于媒介组织的传播活动缺乏直接的反作用力。

6. 大众传播是制度性传播。大众传播是大规模的信息生产、传播活动，其传播内容与社会行为规范和价值观念具有直接关系，其传播过程具有强大的社会影响力，因此很多国家将大众传播纳入社会制度的轨道。

第三节 健康传播的基本要素与传通条件

一、传播的基本要素

（一）传播者（communicator）

传播者又称信源，是指在传播过程中"传"的一端的个人（如有关领导、专家、医生、讲演者、节目主持人、教师等）或团体（如报社、电台、电视台等）。简而言之，传播者是信息的主动发出者和媒介的控制者。在社会传播中，传播者既可以是个人，也可以是群体或组织。

（二）信息与讯息（information and message）

信息泛指情报、消息、数据、信号等有关周围环境的知识；而讯息是由一组相关联的信息符号所构成的一则具体的能够表达某种完整意义的信息，是信息内容的实体。信息必须转变为讯息才能传播出去。但在一般情况下，信息和讯息两者常混用，就是指传播者所要传播的而受传者所要接收的内容。健康信息（health information）泛指一切有关人的健康的知识、技术、技能、观念和行为模式，即健康的知、信、行，如戒烟限酒、限盐、控制体重、合理膳食、有氧运动、心理平衡等预防慢性病的健康信息。

（三）媒介和渠道（media and channel）

媒介和渠道又称传播渠道、信道、手段或工具，是讯息的载体，传递信息符号的中介，也是将传播过程中的各种因素相互连接起来的纽带。一般特指非自然的电子类、印刷类及通俗类传播媒介，如纸条、传单、信件、挂历、书刊、杂志、报纸、广告牌、电话机、传真机、收音机、电视机、光盘（LD、VCD、DVD）、计算机及电脑互联网络等。像木棍、车辆可视为人的手、脚功能的延伸一样，媒介也可被视为人体感觉器官的延伸。人际传播只需借助一些自然媒介作为传播信息的渠道。

（四）受传者（audience）

受传者又称信宿，是指在传播过程中"受"的一端的个体或团体，即讯息的接收者和反应者，传播者的作用对象。作用对象一词并不意味着受传者是一种完全被动的存在，相反，他可以通过反馈活动来影响传播者。受传者同样可以是个人，也可以是群体或组织。受传者和传播者并不是固定不变的角色，在一般传播过程中，这两者能够发生角色的转换或交替。受传者一般被视为信息传播中的被动者，但其却拥有接受或不接受和怎样接受传播的主动选择权，以及表现出日益多样化、众口难调的信息需求差异。

二、传通条件

人们通过信息交流和分享，在传播活动中建立起来的相互关系称为传播关系。建立传播关系必须依靠共同经验域、契约关系和反馈这三个基本传通条件。没有这三个条件，就不太可能建立传播关系，产生传得快、传即通、传有效的传播效果。

（一）共同经验域

共同经验域又称共同经验范围，是指在人际传播过程中双方对信息能够共同理解、相互沟通，产生共识的经验范围；另外，在大众传播中还要再加上传受双方对传播媒介的使用及理解的共识范围（图1-2、图1-3）。共同经验域是传播学里一个极为重要的概念。传播双方有没有

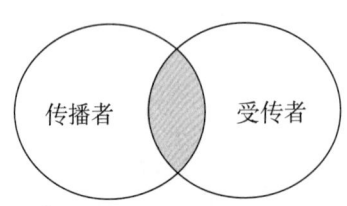

图1-2 人际传播的共同经验域

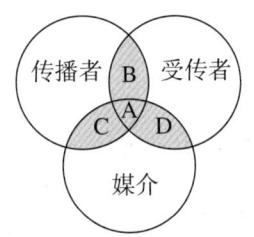

图1-3 大众传播的共同经验域
A：传受双方对媒介的共同经验域
A+B：传播者对受传者的共同经验域
A+C：传播者对媒介的共同经验域
A+D：受传者对媒介的共同经验域

共同经验范围（共同的语言、知识、生活经历、经验和认识过程等），在传播中就会出现"酒逢知己千杯少，话不投机半句多"两种截然不同的局面。找到"共同语言"常常是传播关系的良好开端。

（二）契约关系

契约关系是指在传播活动中传播双方相互依存的一种默契关系，传播双方以此来约束各自的传播行为。如在广播热线节目中，主持人与其固定听众之间的关系；又如在咨询门诊服务中，咨询医生与求询者之间的相互信赖与理解的关系。这在传播关系中是一个必不可少的因素。如果传播中缺乏这种契约，也会导致传而不通的局面。

（三）反馈

在传播学中，反馈（feedback）特指传播者获知受传者接受信息后的心理行为反应。及时的反馈是使传播活动生动活泼地进行下去的重要条件。反馈越及时，越充分，越真实、准确、无误，则越有利于传播双方的信息沟通。反馈有两种情况或有两层含义：一层是在人际传播中直接获得受传者的主动反应情况；另一层是在间接传播中，传播者需要运用反馈机制去收集受传者对信息的被动反应。反馈在信息传播中具有非常重要的作用。

思考题

1. 简述如何理解传播与健康传播的概念。
2. 简述健康传播有哪些社会功能。
3. 简述传播的类型有哪些。
4. 简述健康传播学与哪些学科有着密切的联系。

（孙昕霙）

参考文献

[1] 北京医科大学. 健康传播学. 北京：人民卫生出版社，1993.
[2] 胡正荣. 传播学概论. 北京：高等教育出版社，2017.
[3] 董璐. 传播学核心理论与概念. 2版. 北京：北京大学出版社，2016.
[4] 吕姿之. 健康教育与健康促进. 2版. 北京：北京大学医学出版社，2002.
[5] 郭庆光. 传播学教程. 2版. 北京：中国人民大学出版社，2011.
[6] 威尔伯·施拉姆，威廉·波特，著. 传播学概论. 何道宽，译. 2版. 北京：中国人民大学出版社，2011.

第二章 健康传播的核心模式与理论

传播作为一种社会现象存在着普遍的规律，为了更好地研究传播现象，学者们总结了诸多传播模式与理论。本章介绍传播核心模式的发展演变、影响传播效果的理论以及影响因素。

第一节 传播的主要模式

传播模式（communication model）是指为了研究传播现象，采用简化而具体的图解模式来对复杂的传播现象、传播结构和传播过程进行描述、解释和分析，以求揭示传播结构内各因素之间的相互关系。

一、线性传播模式

线性传播模式主要集中在早期的传播学研究中，这类理论将传播过程视为单向流动的过程，其中有代表性的是拉斯韦尔模式和香农 - 韦弗模式。

（一）拉斯韦尔模式

美国政治学家 Harold Lasswell（哈罗德·拉斯韦尔）是传播学史上第一位提出传播过程模式的学者。1948 年，他在发表的 *The Structure and Function of Communication in Society*（《传播在社会中的结构与功能》）一文的开头，提出传播过程就是：①谁（who）；②说了什么（say what）；③通过什么渠道（though which channel）；④对谁（to whom）；⑤取得什么效果？（with what effect）。

这一模式提出之后引起了人们的广泛关注，成为传播研究的经典模式，被人们称为"拉斯韦尔5因素传播模式"，又被称为"5W模式"。文字表述转化为图2-1。拉斯韦尔模式较为完整地涉及了传播过程中的基本要素，奠定了传播学研究的范围和基本内容。对传播过程的每个环节都可以进行独立的研究，即传播研究的五大领域，依次是控制研究、内容研究、媒介研究、受众研究和效果研究。

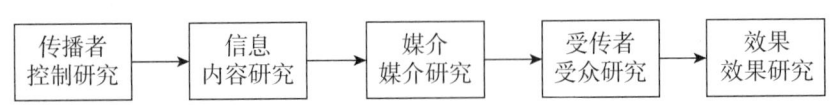

图 2-1 拉斯韦尔 5 因素传播模式及研究领域

但是，拉斯韦尔模式也存在一些的问题，这些问题也是早期传播研究的共同特征。一方面，它过高地估计了传播的效果；另一方面，它忽略了反馈要素，没有揭示人类社会传播的双向和互动的性质。

（二）香农 - 韦弗模式

Claude Elwood Shannon（克劳德·香农）和 Von Wafer（沃恩·韦弗）是信息论的创始人，1949 年，二人在研究信息流动的过程时，在所发表的 *Mathematical Theory of Communication*（《传播的数学理论》）一文中提出了通信的数学原理。他们所研究的是技术科学中通信的信息传输问题，与社会系统无关，但后来的传播学者借用此模式来说明人类传播的过程。这一模式被称为香农 - 韦弗模式（Shannon-Weaver Model），见图 2-2。

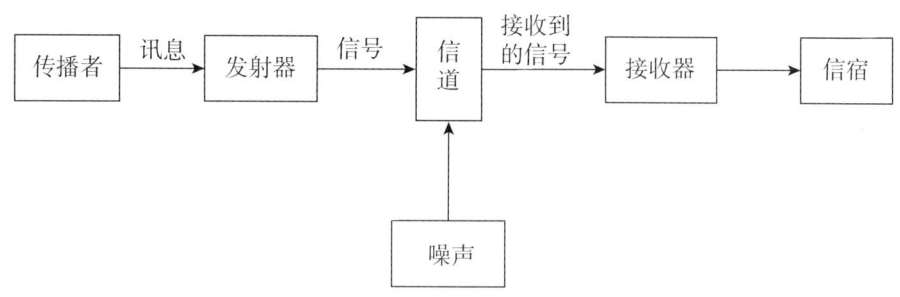

图 2-2　香农 - 韦弗模式

这一信息论范畴中的模式将传播描述为一种直线、单向的过程，是对线性传播模式的进一步发展。它认为信息传播过程包括 5 个正功能和 1 个负功能。

5 个正功能分别为以下几点：

（1）传播者：发出供传播的一个或一组讯息。

（2）发射器：将讯息转换为信号。

（3）信道：传递信号（发出的信号与接收到的信号不一致）。

（4）接收器：将信号还原为讯息。

（5）信宿：讯息的目的地。

一个负功能指的是噪声，即对正常信息传递的任何干扰。实际的传播过程不是在封闭的真空中进行的，噪声会对讯息产生干扰，导致传播者发出的信号与受众接收到的信号之间存在差别。噪声可以是系统内的、自然的噪声，也可以是系统外的、人为的噪声。

排除噪声才能够保证传播的顺利进行，而讯息中所包含的冗余信息能在不影响讯息容量增减的同时消除噪声，具有抗干扰的作用。但是，在一定时间、空间条件下，冗余信息过多会使得讯息的平均信息量减少。因此，在传播过程中，对噪声、冗余信息和平均信息量三者的关系需要特别关注。

香农 - 韦弗模式为传播过程研究进一步提供了重要启发，他将噪声这一概念引入到传播研究中，在拉斯韦尔的基础上拓展了传播研究的内容范围。此外，这一模式分析了技术和设备环节，提高了传播学学者对信息科技在传播中的作用的认识。但这一模式也存在一定的缺陷，香农和韦弗所做的研究针对的是电子通信领域的技术问题，因此这一模式没有过多顾及人和社会的因素，缺乏反馈的环节，并且忽视了讯息的内容和传播的效果。

如上所述，线性传播模式对传播学研究的启发很大，但其存在的缺陷也是显而易见的。首先，在线性传播模式中，传播过程被视为直线的、单向的过程，容易把传播者和受传者的角色、关系和作用固定化，缺乏信息的回路和反馈的环节，不能体现人类传播的互动性质；其次，线性传播模式将传播过程视为非环境互动的静态过程，将其看作只是内部发生的活动，不与传播所在的环境进行任何交换，忽视人的主观能动性和社会的客观制约性。

二、控制论传播模式

1948年，数学家Norbert Wiener（诺伯特·维纳）出版了 *Control Theory*（《控制论》）一书，在书中他提出了控制论的观点，并将这一新的观点从机器和通讯领域推广到整个生物界的研究之中。控制论的基本思想，是运用反馈信息对系统行为进行调节与控制，以达到预期目的。反馈在控制论中原指控制系统中将输出的信息回输至原系统中，而在传播学领域则指受传者在接受信息之后做出的各种心理行为反应，又回到传播者一端的过程。将控制论的方法用于传播研究中，将反馈纳入传播过程，突破了线性传播模式在传播过程研究中的局限性，产生了带有反馈的双向交流过程模式。这些模式被称为控制论传播过程模式，即带有反馈回路的闭环控制系统。控制论传播模式的代表有奥斯古德-施拉姆模式和施拉姆大众传播模式。

（一）奥斯古德-施拉姆模式

在Charles E. Osgood（查尔斯·奥斯古德）的观点的基础上，Wilbur Schramm（威尔伯·施拉姆）在1954年发表的 *How Communication Works*（《传播是怎样运行的》）一文中提出了一个新的过程模式。这一模式被称为奥斯古德-施拉姆模式（Osgood-Schramm Model），又被称为"循环模式"（图2-3）。

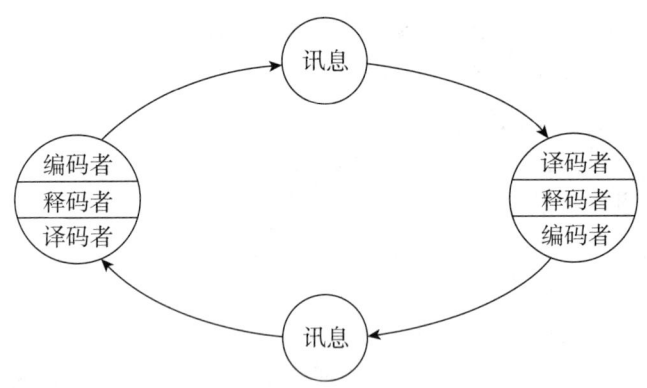

图2-3 奥斯古德-施拉姆模式

奥斯古德-施拉姆模式与线性传播模式具有明显的不同，这是一个高度循环的模式。这一模式不对传播者和受传者进行区分，传播双方在传播过程中互为主客体，在传播过程的不同阶段依次、交替扮演着编码者、译码者和释码者的角色，行使着相同的功能，即编码、译码和释码。

编码、释码和译码是传播过程的重要元素，对传播过程的顺利进行具有重要意义。所谓编码，指将意义或信息转化为符号的过程，是传播过程中极其重要的环节。传播者编码水平的高低会对传播效果产生直接影响，因此提高编码水平是传播者永恒的话题。但是，编码既受到世界观、价值观、知识范围、艺术修养与经验等编码者个人因素的制约，也受到编码者所在的社会和文化环境的制约；因此编码并不仅仅是技巧问题，还有更为深层的领域。而释码指解释信息或意义的过程，译码指将符号还原为信息或意义的过程。

奥斯古德-施拉姆模式强调传播的互动性，特别适用于人际传播。但这一模式也具有一定的缺陷，首先，它将传播双方置于完全对应和平等的关系中，与实际传播过程的普遍情况不相符。在实际传播的过程中，由于传播双方在政治、经济、文化地位、传播资源及能力方面通常存在差异，传播双方往往是不对等的。其次，这一模式虽然能够体现人际传播，特别是面对面传播的特点，但不适用于大众传播的过程。

（二）施拉姆大众传播模式

施拉姆本人也意识到了上述的问题，在同一篇文章中，他又提出了另一个适用于大众传播的模式，被称为施拉姆大众传播模式（Schramm Mass Communication Model）（图2-4）。

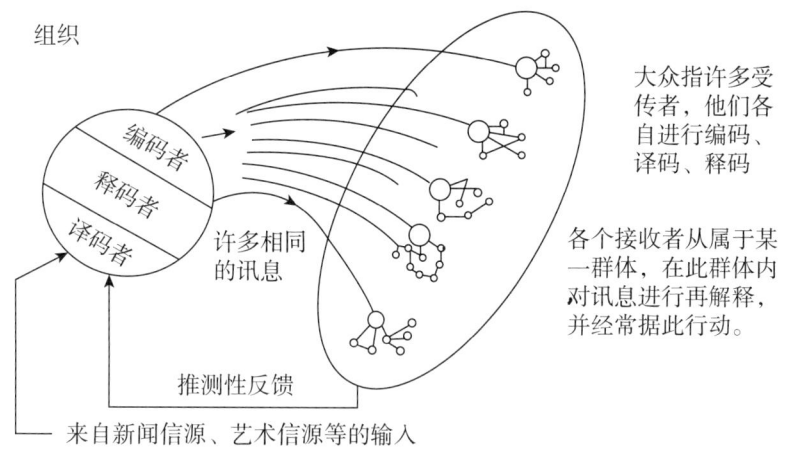

图 2-4　施拉姆大众传播模式

这一模式充分体现了大众传播的特点。媒介组织集编码者、释码者与译码者为一体，是该模式的中心。媒介组织作为传播者，一方面与特定的传播者相连接；另一方面又通过大量复制的讯息与作为受传者的大众相联系，向大众传达讯息并从受众处获得推测性的反馈。作为传播过程的另一方的受众往往由个体构成，每个个体都各自扮演着编码者、译码者、释码者的角色。这些个体分别属于各个基本群体和次级群体，个人与个人、个人与群体之间都保持着特定的传播关系，讯息在群体内部进行再解释，并成为群体行动的依据。

施拉姆的大众传播模式，标志着一般传播模式向大众传播模式的转变。这一模式在一定程度上揭示了传播过程的交互性和联结性，已初步具备系统模式的特征，标志着将大众传播看成社会有机组成部分的趋势的产生。

相较于线性传播模式，控制论传播模式的一大特点就是引入了"反馈"的概念和机制，从而使传播过程成为双向交流的回路，增强了自我调节的能力。但是，这一模式也同样存在一定的缺陷。一方面，该模式认为双向回路的传播过程会成为一个循环、平衡的自我调节系统，但是在现实中，这种平衡、对等的传播过程是较少出现的；另一方面，该模式将传播过程当作是一个独立的本体运动过程，认为传播过程是独立于社会的、自我运行的系统过程，没有将传播过程放置在社会背景中进行分析。

三、系统论传播模式

线性传播模式和控制论传播模式都是在传播过程系统内部进行探索和研究，以揭示传播过程内部的微观环节和要素，可忽略传播过程背后的社会环境。在系统观形成的背景之下，不少传播学者不仅将研究局限于传播过程的内部微观环节，而是将传播过程的宏观环境纳入到研究范围之内，将传播过程当作是整个社会运行过程的组成部分。赖利夫妇模式、鲍尔-罗克希与德弗勒依赖模式即属于系统论的传播模式。

（一）赖利夫妇模式（The Riley and Riley Communication Model）

美国一对从事社会学研究的夫妇 J.W. Riley 和 M.W. Riley 在1959年发表的 *Mass Communication and the Social System*（《大众传播与社会系统》）一文中，批评了传统的大众传

播的观点,而以社会学的方式看待传播过程,提出大众传播是各种社会系统中的一个系统,最早提出了社会系统框架之下的传播系统模式。这个被赖利夫妇称为"工作模式"的模式被后人称为赖利夫妇模式(图2-5)。

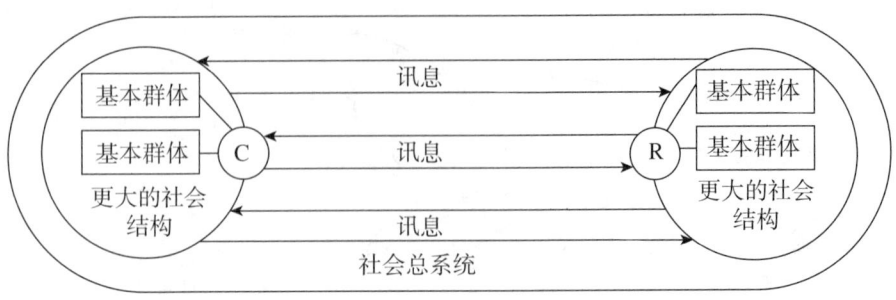

图 2-5　赖利夫妇模式

注:C 为传播者,R 为受传者

从这一模式可以看出,任何一种传播过程都是一定的系统的活动,社会传播系统的本质特点是具有多重结构。首先,每一个传播者和受传者都可以被看作是一个个体系统,这些个体系统存在自己的内部活动,构成人内传播。其次,不同的个体系统之间相互连接,形成人际传播。其次,个体受到基本群体的影响,因此个体系统分属于不同的群体系统,形成群体传播。最后,群体系统也不是在社会真空中发挥作用的,而是在更大的社会结构和社会总系统中运行,与社会大环境相互作用。以报刊、广播、电视为代表的大众传播是现代社会各种传播系统中的一种,大众传播过程与更大的社会中的社会过程是相互影响的。

赖利夫妇模式将传播系统放置在整体的社会系统中进行研究,从微观、中观、宏观层面分析了社会传播系统的各种类型。这些系统具有相对的独立性,但又与其他系统存在相互影响的互动关系,每一个传播过程都同时受到内部机制的制约以及外部环境的影响。这一模式将社会传播当成是一个复杂而有机的综合体系,帮助人们将大众传播的概念与社会学理论相挂钩,开启了大众传播研究的新面貌。

(二)依赖模式

在对美国大众传播体系进行分析的基础上,美国社会学家、传播学家 Melvin L. DeFleur(梅尔文·德弗勒)与其合作者 S.J. Ball-Rokeach(鲍尔-罗克希)在1976年发表的论文 *Dependency Model of Mass-Media Effects*(《大众传播媒介效果的依赖模式》)一文中,提出了"大众传播效果依赖模式"(Dependency Model of Mass Communication Effects),也叫作"媒介系统依赖模式"(图2-6)。

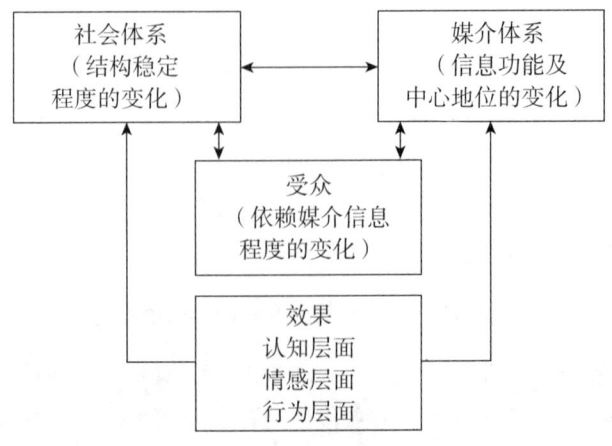

图 2-6　鲍尔-罗克希与德弗勒依赖模式

这一模式是一种社会系统模式，它从传播的社会环境出发考察传播过程，认为社会是一个有机的结构，媒介系统是现代社会结构的一个重要组成部分。在社会、群体和个人层次上，大众传媒都积极参与到社会系统的维持、变化和冲突过程中，媒介系统与社会系统、受众系统三者间存在互动、依存的关系。

在这一模式中，大众传媒效果的产生由受众、媒介体系、社会体系这三个相互联系的要素共同决定：社会体系的稳定程度变化，会刺激和影响信息的发送与接收；社会体系和社会条件的变化会导致受众的变化；社会体系和社会条件改变，大众传媒的数量、多样性、权威性、可靠性等都会有所不同，大众传媒的功能也会有差异。

这一模式认为影响大众传媒依赖程度的主要因素是媒介、受众与社会及这三者之间的复杂关系。第一，剧烈的社会变迁、冲突会增大公众对外在世界的"不确定感"（uncertainty），从而导致受众对大众传媒的依赖加深。第二，德弗勒认为，随着社会向更加复杂的方向发展，媒介体系会变得越来越庞大，大众传媒也将发挥一些更为独特的功能。因此，在更加复杂的社会中，大众传媒发挥的功能越多，受众对媒介的依赖程度也越深；同理，大众传媒在社会中所发挥的功能越重要，社会对媒介的依赖就越大。第三，人、团体和社会文化的不同会导致受众对大众传媒的依赖及依赖程度存在差异。

德弗勒认为，媒介与个人、社会等依赖关系会随着多种因素发生变化，不同因素对这一变化的影响程度存在差异，德弗勒将这一现象称为"波纹效果"（ripple effect），可以用图2-7表示。

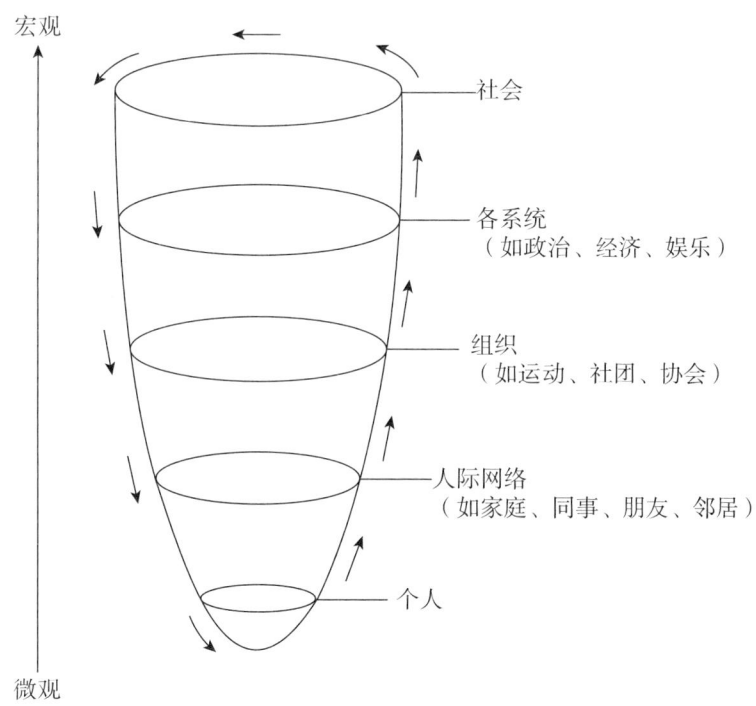

图 2-7　媒介依赖关系变化的"波纹效果"

波纹效果是由于媒介依赖关系的变化产生的，这一螺旋从上至下分别是媒介在社会中的位置，媒介系统与各社会系统、组织和人际网络的依赖关系，以及媒介与个人的依赖关系，涵盖了从宏观到微观的各个层次。媒介系统的社会作用的变化会波及社会行动的所有层次，各系统的变化既可以是自上而下的，也可以是自下而上的。媒介系统社会作用的变化会增大各系统的媒介依赖性。

由于媒介系统与个人、人际网络、组织和社会系统之间的复杂依赖关系，媒介系统已经成

为当今社会延续所必不可少的一个信息系统。媒介系统的生存依赖关系因为社会的不同而有所差异，因此媒介在各个社会中所起的具体社会作用也有所不同。

媒介系统依赖模式是一个整合性的理论，它突出了传播媒介、社会、受众之间的密切的相互关系，表明媒介系统是社会系统不可分割的一部分。但这一模型的局限性在于，一方面，媒介系统依赖模式暗含着个人与媒介间的非对称关系，这种非对称性不是一个常量，而是随着传播技术的变化而变化的一个变量，例如新媒体的快速发展使得媒介、受众个人及群体与社会的关系纷繁复杂；另一方面，这一模型没有充分解释中观层次的动因。

第二节　传播效果的制约因素

传播效果的产生是一个复杂的社会过程，信息从发出到受众接受需经过许多环节，每个环节或因素都可能影响传播效果的形成。本节主要选取了传播者、传播过程、受传者3个重要因素，分析它们是如何对传播效果形成的过程产生影响的。

一、传播者与传播效果

传播者作为传播主体，既掌握传播手段和传播工具，又决定信息内容的选择。因此，在制约传播效果形成的多种因素和条件中，传播者是传播过程的控制者，居于最优越的地位，发挥着主动的作用。传播者本身的特性会显著影响传播效果的产生。

（一）传播者可信性效果

从宣传或说服的角度看，受众对同一信息的接受程度会因为传播者的不同而产生差异，传播者本身的可信度是受众判断信息真伪和价值的重要因素。传播者在受众心中的形象会影响传播效果，传播学者 Carl Hovland（卡尔·霍夫兰）将传播者的可信性（source credibility）分为专业性（expertise）和可信赖性（trust worthiness）两个方面。专业性代表能力，即传播者在特定问题上是否具有发言资格和发言权；可信赖性则代表着人格，包括客观、公正、诚信等品格条件。

1951年，霍夫兰和 Walter Weiss（韦斯）在一项研究中进行了传播者可信度的实验测试。传播主题为"抗组胺药品在没有医生处方的情况下是否能够市场销售"，同一篇文章被标注了不同的来源，高可信度传播者为 New England Journal of Biology and Medicine，而低可信度传播者为某一每月大量发行的图画杂志。结果表明，与低可信度传播者相比，高可信度传播者更容易引导受众朝自己提倡的立场改变，即高可信度传播者的说服效果远远好于低可信度传播者。

在健康领域，传播者的权威性非常重要。真正的专家，能给予受众可以信赖的、有效的医学指导。传播者的信誉和威望越高，传播效果就会越好。传播者的吸引力还包括其自身文化素养、对医学了解的深度与广度、对健康话题的理解与沟通交流技巧等。同时，传播者应努力寻找与受传者之间更多的共同语言（相近知识层或共同经验域）。医学专业术语科普化有助于受传者理解和接受内容。

（二）休眠效果

前文所述的传播者的可信性效果是在受众观看或收听实验材料后立即评估产生的，但是，传播者的可信性带来的传播效果并不是一成不变的，比较稳定的长期态度改变才是传播者更希望达到的目标。为了测量传播效果随时间的变化，霍夫兰在实验前、实验结束时及实验结束后数周进行了追踪调查。结果发现，高可信度传播者的传播效果会随着时间的推移降低，而低可信度传播者的传播效果则有所上升（图2-8）。

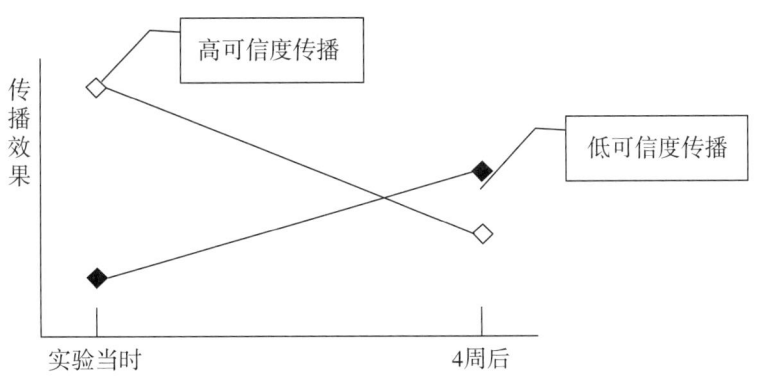

图 2-8　随时间推移传播者可信性的传播效果的改变

出于受众对传播者的信任，由高可信度传播者发出的信息在最初一段时间内传播效果可能会高于信息内容本身的说服力；相反，由低可信度传播者发出的信息，会由于受众对传播者的不信任而产生低于信息内容本身说服力的传播效果。随着时间的推移，传播者特点首先被淡忘，对传播者的不同态度导致的传播效果差异逐渐减弱或消失，传播内容本身的说服力才能逐渐显现出来。

对于低可信度传播者发出的信息，由于传播者可信度产生的负面影响，传播内容本身的说服力会暂时处于一种"休眠"的状态，经过一段时间之后，随着传播者可信性的传播效果减弱或消失，信息本身的效果才能够充分表现，这种低可信度传播者的传播效果随时间回升的现象被霍夫兰等称为休眠效果（sleeper effect）。这一效果表明，从短期效果上看，传播者的可信性具有重要影响，而从长期效果看，内容本身的说服力则起到决定性作用。因此，在进行传播活动时，选择高可信度的传播者是吸引观众注意力的重要策略，但只有信息内容本身具有说服力，才能够获得受众长期的信任，达到长期的、稳定的传播效果。只有不断强调信息的传播者，减少传播者与信息内容的分离，才能够延续高可信度传播者的传播效果。

二、传播过程与传播效果

传播者在传播过程中所使用的策略方法也会影响传播效果，相同主题和观点的内容可能会因为材料组织、论证方法、表达方式的不同而产生不同的传播效果。

（一）"一面提示"与"两面提示"

在组织论据时，传播者通常有两种模式可供选择。第一种被称为"一面提示"，即只聚焦于支持己方观念的内容，仅向受众提供支持己方的论点和论据，这种做法能够集中阐述己方观点，简洁明快，方便受众理解，但是也有可能因为"咄咄逼人"而使受众产生抵抗心理。第二种被称为"两面提示"，即在提供己方观点或有利材料的同时，也附带讨论与所持观点相反的内容，并对之进行驳斥以证明己方观点，这样的做法呈现了对立的观点，容易让受众认为论述是公平的、客观的，从而打消受众的反感心理；但也会导致观点复杂化，增加受众的理解难度，如果无法有效驳斥对方观点，容易导致为对方的观点进行宣传的后果，适得其反。

如果将受传者的原有态度和受教育程度等属性考虑进来，两种方法的传播效果则存在很大的差异。对于那些原本持反对态度的受众而言，"两面提示"的效果显著大于"一面提示"的效果；而对于那些原本就持赞同观点的受众，"一面提示"的效果则大于"两面提示"的效果。对于受教育程度高的受众，"两面提示"的效果较好；对于受教育程度低的受众，"一面提示"的效果更加明显。因此"一面提示"和"两面提示"的效果优劣要依据具体的受传者进行讨论，受传者的属性对传播效果会产生很大的影响。

在健康传播中，需要根据受传者的需求和特征来选择是采用"一面提示"还是"两面提示"。例如，对于生活方式干预无效的高血压患者需要劝说其服药，是只告诉他们服药的益处（改善症状、避免并发症等）还是在告诉益处的同时也告知服药的副作用等负面影响，需要权衡考虑。

（二）"明示结论"与"寓观点于材料之中"

组织论据的另一个问题在于是否应该将结论明示于文章中。"明示结论"可以鲜明地呈现观点，便于受众理解作者的意图、明确作者的立场，但也可能由于文章较为生硬而引起受众的反感。"寓观点于材料之中"指仅仅在文中提供引导结论的材料而不做明确的结论，让观众自己得出结论，使传播者的观点潜移默化地对观众产生影响；但是，这种方式会导致受众理解隐晦的观点较为困难，有时候不容易达到传播目的。一般而言，如何展示观点，需要考虑以下情况。

（1）如果论题和观点较为复杂，"明示结论"的效果好于"寓观点于材料之中"。

（2）如果受众的受教育程度和理解能力较低，"明示结论"的效果好于"寓观点于材料之中"。

（3）如果观点明确、论题简单、受众的受教育程度和理解能力较强，如果再明确提示结论会显得画蛇添足，从而引起受众的反感，影响传播效果。在这种场合中，"寓观点于材料之中"、让受众自己得出结论的方法较为适用。

（三）"诉诸理性"与"诉诸情感"

在传播过程中，传播者有两种传播技巧来"打动"受传者。第一种传播技巧被称为"诉诸理性"，即运用理性或逻辑，冷静地讲道理、摆事实，以理服人，从而达到传播目标；第二种传播技巧被称为"诉诸感情"，即运用具有强烈情感色彩的言辞或营造某种氛围，以情动人，从而感染受众，达到特定效果。

"诉诸理性"和"诉诸感性"究竟哪种传播方式更有效，迄今仍然没有达成一致结论。两种方法的有效性应该针对具体问题具体分析：科学上的争论等问题适合以"诉诸理性"的方式来解决，与医学相关的传播很多时候会采用这种方式，因为这种方式与科学性紧密关联。例如在劝说吸烟者戒烟时陈述大量的吸烟有害健康的数据和事实，希望引发吸烟者的理性思考而戒烟。但是"诉诸感情"的方法有时候比说理更加有效，例如在避免二手烟的公益广告中，通过舒缓的音乐、家庭内小孩子玩耍的温馨画面，来打动吸烟的爸爸使其不在孩子面前吸烟。有些时候需要将理性与情感结合在一起，动之以情的同时晓之以理，可能会获得更好的效果。此外，受众的个人经历、性格、受教育程度等也会影响其行为受到理性和情感支配的程度，有些受众较容易受到情绪的感染，而另一些受众则较容易接受理性、客观的说服方式。因此，只有对问题的性质有正确的把握，对受传者有充分的认知，才能够选择最适合的传播方式，取得良好的传播效果。这一点充分体现了健康传播既是一门科学，也是一门艺术的特征。

（四）"恐惧诉求"

"恐惧诉求"是一种常见的说服方法，这种方法能够激发受众的紧张情绪，并通过向受众提出新的意见和新的问题解决办法以消除这种紧张感，从而促成态度和行为的转变，达到传播效果。"恐惧诉求"在行为心理学上具有双重效果，一方面，通过强调事物的利害关系，"恐惧诉求"可以最大限度地引起受众的关注，促进受众接触特定的传播内容；另一方面，"恐惧诉求"会给受众带来一种紧迫感，促使受众迅速采取行动进行应对。但是，"恐惧诉求"会刺激受众的恐惧心理，一定程度上造成受众的心理不适。如果没有把握好分寸，激发受众的强烈恐惧，可能会使受众产生防卫性反应，产生负面的传播效果。

20世纪50年代初，I. L. Janis（贾尼斯）和H. Feshbach（费什巴赫）对激发恐惧效果的传播进行了实验研究。研究对象为中学生，实验准备了3种不同类型的、以口腔健康传播为主要内容的15分钟图片讲座，每个讲座都包含了蛀牙产生原因及与口腔卫生相关的建议等核心信息，但在呈现的恐惧诉求材料上具有差异。在重度"恐惧诉求"的讲座中，主持人强调不注意口腔卫生带来的不健康后果，并使用彩色图片呈现齿槽溃烂的画面；在中度"恐惧诉求"中，主持人更加以事实为基础，对不注意口腔卫生的后果进行较为轻微的描述，使用黑白图片呈现病灶；在轻度"恐惧诉求"中，主持人使用了相对中性的信息，较少提及忽视口腔卫生带来的后果，仅使用了轻微牙病的X线片进行呈现。结果表明，不同程度的"恐惧诉求"会产生不同的传播效果，心理紧张效果大小与恐惧诉求的强弱呈正比，轻度诉求造成的心理紧张效果最小，中度诉求居中，重度诉求最大。而在引起受众态度和行为改变方面的效果则与诉求的强弱呈相反的倾向，轻度诉求效果最佳，重度诉求效果最差。

但是，针对哪种程度的诉求效果最佳的问题，学界目前没有一致的结论，也有一些研究得出重度"恐惧诉求"效果最佳的结论，而Festinger（费斯廷格）的认知不协调理论则认为中度的惩罚对促成态度转变最为有效。Kim Witte（韦特）等1992年的研究中发现，"恐惧诉求"是否有效不取决于恐惧诉求的强弱，而在于威胁性信息是否能够提供有效的行动来减少或消除威胁，"恐惧诉求"越能够提供有利于消除威胁的信息，那么"恐惧诉求"的效果越好。Paul Mongeau（蒙吉尔）在1998年的研究中发现，控制了年龄等潜在干扰变量之后，"恐惧诉求"与态度改变之间仍存在正向的相关关系，且"恐惧诉求"对老年人更有效，对容易焦虑的人则没有很好的效果。

"恐惧诉求"在禁毒、AIDS防治等健康传播领域起到了积极的作用，但使用"恐惧诉求"的情境和程度的背后涉及复杂的伦理问题与歧视问题。这一方面要求传播者在运用"恐惧诉求"时需要切合实际、把握分寸、反思自己的道德立场；另一方面要求受众需要提高自身的健康素养，提高对信息的辨别能力和理性批判能力。

三、受传者与传播效果

除了传播者和传播过程会制约传播效果之外，受传者也同样会影响传播效果。同一内容的信息即使是通过同一个传播者、以同一种方式进行传播，不同的受传者也会对该信息产生不同的反应。

除了受教育程度、性别、年龄、职业等人口统计学上的特征之外，受传者的特征还包括受众的人际传播网络、群体归属关系与群体规范、受众的人格特点，以及受众的个人经历等，这些特征为受众的媒介和信息接触提供既有倾向或背景，影响受众对媒介或信息的兴趣、态度和看法，从而对传播结果形成产生制约作用。

（一）意见领袖与人际传播

人际传播网络是每个人日常生活中必不可少的，我们不但能够在人际传播中实现社会交往，也能够通过人际传播网络完成信息的获取和意见的交换。1940年，Paul. F. Lazarsfeld（拉扎斯菲尔德）等在美国俄亥俄州伊里县针对1940年的总统选举中选民的投票行为进行了调查。研究结果发现，在政治问题领域，大众媒体的信息是先流向人际传播网络中的积极分子，再通过这些积极分子流向其他选民。在此基础之上，拉扎斯菲尔德等最先提出了意见领袖（opinion leader）的概念，来指称活跃于人际传播网络之中，积极向他人传递信息、提供观点和意见并产生个人影响的人，并把信息从大众媒体经意见领袖再传递到其他个体的传播过程称为"两级传播"（two-step flow of communication）。这些意见领袖在信息传播过程中起着中继和过滤的

作用，对大众传播产生重要影响。如果大众传播想要取得较好的传播效果，必须要重视意见领袖在传播过程中的作用。

意见领袖具有的基本特征有以下几点。

第一，意见领袖与被影响者基本处于同一个阶级。意见领袖并非都是大人物，或与被影响者处于上下级关系；相反，意见领袖一般都与被影响者处于平等关系，他们通常是亲友、同事、邻居等我们身边熟悉的人。他们与被影响者相似，受被影响者信任，因此他们的观点和建议才更加具有说服力和参考性。

第二，意见领袖存在于社会上不同层次的群体和不同的阶层中，而不集中于特定的群体和阶层。散布于各个群体之中的意见领袖与被影响者保持横向传播的关系。

第三，根据影响力的大小，意见领袖可以分为综合型意见领袖和单一型意见领袖。综合型意见领袖多出现在传统社会或农村社会中，他们在几乎所有问题上都能够指导并影响被影响者。单一型意见领袖则是现代社会中更为普遍的类型，意见领袖一般只精通一个或几个领域，只要被影响者认为某人在某一领域的观点是有价值的，这个人就可以在该领域内扮演意见领袖的角色。在其不熟悉的其他领域，意见领袖则可能是被影响者。因此，在不同的领域，人们可能互为意见领袖。

第四，意见领袖具有广泛的信息渠道和易接近性。一方面，意见领袖对大众传播的接触频率大、接触量大，了解某一领域的大量信息；另一方面，意见领袖的社交范围广，经常与人交往，积极向被影响者提供信息和意见。

在健康传播活动中，需要充分发挥意见领袖的作用。例如在少数民族地区，族长是当地重要的意见领袖，在传递与健康相关的信息时获得族长的认可和支持非常重要，尤其是当这些信息可能与传统的文化观念相冲突时。

（二）受传者因素

健康传播的受众是社会人群，他们有着不同的健康需求和信息需求。传播内容要符合受众的年龄、生理与心理特点。根据受众特点制定传播策略是传播学理论在健康传播中的具体应用。

（1）受传者的心理因素：受传者在接受一种新信息或采纳一种新行为时，要经历一个心理发展过程，这一过程大致分为知晓、劝服、采纳、加强4个心理发展阶段。这对健康传播者准确地制定传播策略具有指导意义。假若按受传者的心理发展阶段制定传播计划，决定信息内容、选择媒介渠道，那么传播效果会更好。

（2）受传者在接受信息传播过程中的共同心理特征：受众对新信息除了表现为选择性注意、选择性理解和选择性记忆3种信息选择性的心理因素外，还有"5求"心理。这包括：①求真（真实可信）；②求新（新鲜、新奇、吸引人）；③求短（短小精悍、简单明了）；④求近（与受传者在知识、生活经验、环境、空间及需求欲望接近）；⑤求情厌教（喜欢富有人情味的、动之以情的信息，而厌恶过多的居高临下的说教）。

（3）受传者的社会经济文化特征：如民族、年龄、性别、职业、文化水平、宗教、经济状况等背景与人群的生活方式、卫生习惯、卫生知识需求和对新信息的敏感性密切相关。

（4）受传者的健康状况会直接影响到他对健康信息的需求、选择和迫切的程度：①特定健康需求，患病生理阶段，有强烈的健康信息需求，常常表现为饥不择食的"有病乱投医"，这正是我们为其提供生活服务和避免其受骗上当的最佳时机；②潜在健康需求，每个人都有接受健康信息的客观需要，无病时意识不到，此时我们要提供一些稍微超前的医学防治知识技能，有助于受传者"防患于未然"。

第三节 主要的传播效果理论

一、创新扩散理论

上文中所提及的传播效果影响因素主要涉及受众个体的层面，而没有将传播纳入到更宏观的社会实际中进行分析。创新扩散理论一方面延续了之前的"两级传播"观点，另一方面解答了技术革新这一特殊信息在社会中如何普及的问题，对传播如何影响社会和文化变迁进行了阐释。

（一）创新扩散理论的起源与概要

最早对创新扩散进行研究的是法国社会学家、法学家 Gabriol Tarde（加布里奥·塔德），他在二战期间提出了意见领袖、"S"形曲线等创新扩散理论的关键概念。20 世纪 40 年代，Bryce Ryan（瑞安）和 Neal C. Gross（格罗斯）对美国爱荷华州杂交玉米种子推广过程的研究对创新扩散理论的形成与发展产生了很大的影响。之后，美国传播学者 E. M. Rogers（埃弗雷特·罗杰斯）深入研究了农业产品和新药的采纳和普及过程，于 1962 年出版了 *Diffusion of Innovations*（《创新的扩散》）一书，成为创新扩散理论的经典著作。此后，罗杰斯于 1971 年、1983 年、1995 年、2003 年对此书进行了修订再版，对创新扩散理论进行了进一步的完善。

罗杰斯将创新扩散（diffusion of innovation）定义为创新经过一段时间，通过特定渠道，在某一社会群体的成员中的传播过程。而创新则是指被采用的个人或群体认为全新的方法、实践或客体。因此，一种新的事物或观念是否是创新，是相对于特定群体而言的，对某些群体而言是全新的事物或观念可能对另一些群体而言已经是司空见惯了的。

一项创新是否能够被大众接受，取决于创新具有的一些特征。

（1）相对优越性：即创新相比于它所取代的旧事物或旧观念的优越程度。

（2）兼容性：即创新与现有观念、过去经验、预期采用者的需求的共存和兼容程度。

（3）复杂性：即预期采用者理解和运用创新的难度。

（4）可试验性：即在有限基础上创新可被试验的程度。

（5）可观察性：即创新结果能为他人看见的程度。

一般而言，如果一项创新的相对优势性和兼容性越大，复杂程度越低，并且可以通过试验进行验证，可以直接观察结果，那么这个创新就更容易被人们采纳。

（二）创新扩散过程及要素

1. 创新扩散"S"形曲线　创新的扩散过程随时间变化呈"S"形扩散曲线分布。如图 2-9 所示，具备扩散潜力的创新在早期的扩散速度较慢，之后会进入一个高速增长的起飞阶段，这一阶段过后增长速度变得平稳，直到达到较高的普及率后扩散的速度逐渐下降，形成一个"S"形创新扩散曲线。

2. 创新采用者分类　根据在接受和采纳创新过程中的角色和倾向，罗杰斯将采用者分为 5 种类型（图 2-10）。

（1）创新者（innovators），位于 $\bar{t} - 2\sigma$ 之外，是社会系统中最早采用创新的人。他们大胆，具有冒险精神，热衷于尝试新观念和新事物，并且更加见多识广，具有更广泛的社会关系。

（2）早期采用者（early adopters），位于 $\bar{t} - 2\sigma$ 和 $\bar{t} - \sigma$ 之间，占采用者总数的 13.5%。作为行动楷模，他们通常是社会系统内部最高层次的意见领袖。早期采用者对他人起着角色示范的作用，他们对周围人传达对创新的自我评价，从而影响他人的行为。早期采用者会赢得同伴

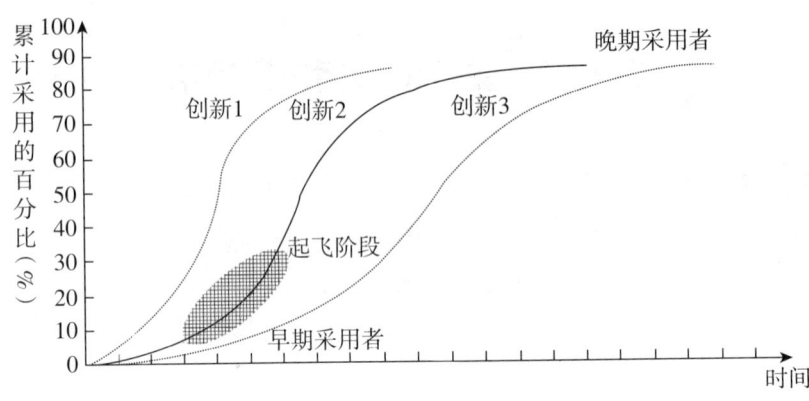

图 2-9 创新扩散"S"形曲线

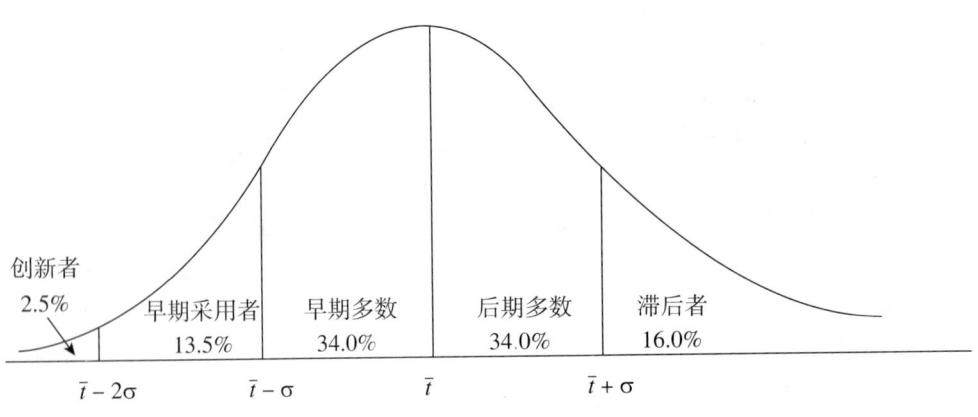

图 2-10 创新采用者的分布

的尊重,而且往往被誉为既成功又谨慎的采纳创新的典范。早期采用者在扩散中的作用,在许多研究中得到了证实。

(3) 早期多数（early majority）：位于 $\bar{t}-\sigma$ 和 $\bar{t}$ 之间,占采用者总数的 34.0%。这些人在做出创新的决策之前,往往要经过深思熟虑,考虑一段时间,因此他们比创新者和早期采纳者需要更长的时间来做出采纳决策。他们位于早期和晚期采用者之间,在扩散过程中具有承前启后的作用。

(4) 后期多数（late majority）：位于 $\bar{t}$ 和 $\bar{t}+\sigma$ 之间,占采用者总数的 34.0%。这些人慎思多疑,对创新总是抱着小心翼翼和怀疑的态度,他们只有在感到创新是安全时才会采用,通常是因为出于经济需要或应对社会关系不断增加的压力。群体规范的力量对他们的采用起了很大作用。

(5) 滞后者（laggards）：位于 $\bar{t}+\sigma$ 之外,这些人是社会系统中的少数保守者,因循守旧,他们总是对创新和创新推动者持怀疑态度,甚至持反对意见。在得知某个创新后,他们通常依据以往经验评估创新,只有确信不失败之后,才会做出采纳决策。

有研究表明,相比于较晚了解创新的人,较早了解创新的人通常受教育程度和社会地位更高、受到大众媒体影响更多、接触的人际渠道更多、与创新机构的接触更多、社会参与更多,且眼界更加开阔。

3．创新的采用过程 从个人角度,个人接受创新的决定过程可以分为 5 个阶段。

(1) 知晓阶段,即接触某项创新,并知晓其功能。

(2) 说服阶段,即对新观点或新事物产生赞成或反对的态度。

(3) 决定阶段,即做出采用或拒绝创新的决定。

(4) 实施阶段，即对新观念或新事物进行应用。

(5) 确认阶段，即进一步寻求并补充与创新相关的信息，并强化或改变原有决策。

4. 创新扩散的传播渠道 创新扩散的传播渠道，从传播方式上可以划分为人际传播渠道和大众传播渠道。从传播者的角度可以划分为本地渠道和全球渠道。本地渠道指与采用者在同一个社会系统中的渠道，而全球渠道或外地渠道则指来自于系统之外的渠道。研究发现，不同渠道在创新扩散的过程中发挥不同的作用。相较而言，大众传播渠道和全球渠道在获知阶段更为重要，而人际传播渠道和本地渠道在说服阶段更为重要。与晚期采用者相比，对早期采用者而言，大众传播渠道和全球渠道比人际传播渠道和本地渠道更为重要。

研究者逐渐意识到创新扩散不是一个线性的过程，开始使用创新扩散网络来取代"大众传播—意见领袖—受众"这一线性扩散模式。从社会网络角度将创新扩散网络划分为两类，将沟通的个体之间相似程度高的网络称为同质性网络，差异程度高的网络称为异质性网络。在创新扩散的速度方面，包括大部分人际扩散网络在内的同质性网络中，创新仅仅在同质性个体之间水平流动，延缓了扩散的速度；而异质性网络促进创新的垂直流动，有利于加快创新扩散。在信息交流潜力方面，同质性的群体构成的强连接网络信息的重叠度高，在传播人际影响方面具有相对优势，但传播信息的功能较弱；成员之间的社会地位相差较大、社会距离较远、具有异质性的弱连接网络能够接触外部信息，能更有效地扩散创新。

5. 创新采纳的结果 一项创新被采纳还是被拒绝，都会对个人或社会带来一定的变化和后果，这些后果有可能是令社会系统满意的，也有可能是对社会系统有害的。罗杰斯认为有三种可能存在的后果。

(1) 满意效果和不满意效果：这取决于创新在社会系统内产生的效果是建设性的还是破坏性的；很多新事物都具有两面性，例如避孕药物和工具的出现和采纳，在一定程度上遏制了人口的迅速增长，同时因为给不愿意生育的人们提供了便利，而在一定程度上为人口老龄化贡献了力量。

(2) 直接效果和间接效果：这取决于个人或社会变迁是对创新的直接回应，还是创新产生的间接后果。例如对共享单车的采用所带来的直接效果是交通的便利，间接的效果是人们运动量的变化。

(3) 预料之中的后果和预料之外的后果：这由创新产生的变迁是否符合期望决定。人工智能给人们带来惊喜和便利的同时，科学家们其实也一直有人类被毁灭的隐忧。

(三) 创新扩散理论的应用

创新扩散理论延续了两级传播的研究，从信息流动、人际传播、小群体传播的角度研究了创新扩散的情况。创新扩散研究体现了大众传播对社会和文化的影响，涉及农业、公共卫生和医疗、新闻学、教育学等多个领域，在高度依赖创新的现代社会中具有很高的实用价值。

早在19世纪60年代，就有研究者对健康信息的扩散进行了研究。1964年，为了确定药品杂志广告的有效性，哥伦比亚大学应用社会学研究所进行了一项药品扩散研究。研究者采访了伊利诺伊州4个社区的所有医生来进行数据收集，并通过药房处方确定医生采用新药的确切时间。研究表明，在17个月的时间内，大多数医生都采纳了新药。最先采纳新药的是频繁参加医学学术会议的医生，说明人际关系网络较多的医生更快采纳新药。以专业医学杂志文章为代表的大众传播对获知新药信息十分重要，但人际传播（如同事的个人经验）在劝说采纳新药过程中同样十分重要，发挥不可或缺作用。

创新扩散理论在健康传播的研究、评估和规划中都发挥着重要的作用。首先，创新扩散理论表明，在设计传播信息和传播活动时，按照群体、阶段、需求、优先级等对目标受众进行细分是十分重要的。其次，创新扩散理论对评估创新在早期采用者群体中的影响提供了一个有效

的框架。最后，创新扩散理论关于个人阶段的划分的内容为探讨行为与社会改变所需的时间和外部条件提供了一种新的视角，为考察关键群体的意识水平、知识水平和兴趣水平提供了一种有用的分析工具。这也提醒我们，让创新者和早期采纳者持续参与到创新的规划和评估之中，对促进更广泛的目标人群采纳创新具有重要作用。

二、框架理论

（一）框架理论的起源与概要

框架（frame）指的是在传播活动中，传受双方如何理解彼此符号、相互约定、产生互动的诠释规则。例如伸出大拇指表示夸赞，伸出小拇指表示轻蔑，就是在全球多数文化中约定俗成的对这两个动作的诠释规则。1974年，社会学家E. Goffman（E. 戈夫曼）出版了 *Frame Analysis*（《框架分析》）一书，戈夫曼将框架定义为"人们用来认识和阐释外在客观世界的认知结构，人们对于现实生活经验的归纳、结构与阐释都依赖一定的框架，框架使得人们能够定位、感知、理解、归纳众多具体信息"。这个定义有双重含义，首先，框架作为一定的知识体系或认知定势，来自于人们过去的生活经验，并存储在我们的脑海中；其次，人们基于既有的框架来建构其对新事物的认识。

框架可以分为个人框架和组织框架。个人框架是个体在感知和解读信息过程中所使用的准则，例如面对同样一则吸烟有害健康的广告，有些人可能很受触动、认真琢磨，有些人可能觉得这些广告都是吓唬人的，不值一提。这是因为人们认知的准则不同。组织框架则是一个组织对信息进行处理的认知结构或定性准则，一个组织会根据其对信息性质的基本判断及组织的动机、立场、倾向和态度对信息进行处理。例如同样一则医疗纠纷事件的新闻，不同的媒体的报道立场和态度可能很不相同。所以说，大众媒体的新闻报道并不是对现实的"镜子式"的反应，而是根据大众媒体所秉持的新闻立场和新闻价值标准对各种事实进行选择和加工的过程，是对现实世界及其意义的一种建构过程。

（二）媒介框架和新闻框架

框架理论被引进到新闻与传播研究领域是在20世纪80年代，并拓展为媒介框架（media frame）和新闻框架（news frame）两个概念。二者都指媒介机构信息处理的组织框架，媒介框架适用于对媒介信息生产和传播过程的研究，而新闻框架则适用于对新闻的选择、加工、新闻文本和意义的建构过程的研究。我们可以从以下4个方面来理解新闻框架这一概念。

（1）新闻框架是新闻媒体对新闻事实进行选择性处理的特定原则，它规定着媒体对新闻事件的基本态度和本质判断，既受到新闻媒体的立场、方针及与新闻事件的利益关系的影响，也受到新闻活动特殊规律（如新闻价值规律）的制约。

（2）一定的新闻文本中，新闻框架表现为一定的符号体系，如定性的关键词、具有特定意义的图像符号等，这些符号建构了新闻事件的意义。

（3）新闻框架的存在具有必然性。新闻事件具有复杂的多重属性，新闻时效性和新闻文本特性要求新闻应简明扼要地将事件的意义和性质提示给受众。因此，新闻记者只能够将事件的若干主要属性纳入到一定的框架之中。

（4）新闻框架是新闻媒体为新闻事件定性的主导性框架，因此，新闻框架会在很大程度上影响受众对新闻事件的认识、理解和反应。

（三）框架效应与受众框架

框架效应（framing effect）是指人们因一个客观上相同问题的不同描述产生了不同的决

策判断。有个人不小心掉进河里,好心人趴在岸边喊到:"快把手给我,我把你拉上来!"他就是不肯伸出自己的手。好心人开始很纳闷,后来突然醒悟,就冲着快要下沉的落水者大喊:"我把手给你,你快抓住我!",他一下就抓住了这个好心人的手。心理学上把这种由于不一样表达导致不一样结果的现象称为框架效应。在传播学中,"怎么说"经常比"说什么"重要。在传递同一个信息时,基于什么样的框架进行表达显得非常重要。

受众框架(audience frame),指的是受众个人接触和处理大众传播信息的认知结构和诠释规则,受众框架产生于受众的社会生活经验、既有的态度和价值观及行为取向,并引导着受众处理新信息。受众的既有倾向、群体规范、社会关系网络和选择性接触等是受众框架的重要组成部分,它们影响和制约着受众对信息的反应,使受众在信息面前具有一定的主动性。受众框架具有多样性,应用不同的框架,受众会对新闻信息有同向式解读、对抗式解读和妥协式解读等多种解读结果。因此,围绕新闻事件的不同的舆论反应,实际上是新闻框架与受众框架相互作用的结果。

国内学者蔡雨阳、施莉莉运用框架效应理论在上海市进行了基于健康和财富两种设计的旨在减少烟草消费的健康教育折页的比较试验。基于健康收益讯息框架的折页如图2-11a,基于财富收益讯息框架的折页如图2-11b。图2-11a正面列举了戒烟1周后、1个月后、1年后给身体带来的益处或疾病风险的下降,反面更细化了随着时间轴的健康收益。图2-11b正面列举了戒烟1周后、1月后、1年后能够节省的金钱花费,反面更细化了财富收益。两种折页被放在医院、银行和社区中来观察受众的喜好倾向。结果显示,在低收入地区,受众更喜欢财富框架设计的折页,尤其是在银行和医院;在中等收入地区,受众更喜欢健康框架的折页,尤其是在医院;在高收入地区,健康框架设计的折页在医院和社区比在银行更受欢迎。研究提示用框架效应理论指导健康教育信息设计可以提高内容的有效性,不同类型的框架设计适用于不同的地区、场所,针对不同受众的健康教育策略需要目标化和个性化的设计。

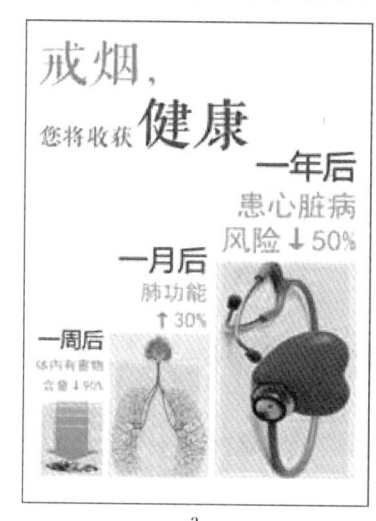

a

b

图2-11 基于不同框架效应设计的折页

a. 基于健康收益设计的折页(正面),b. 基于财富收益设计的折页(正面)

框架理论为理解大众传播活动的本质提供了新的视角,也为健康传播信息设计的视角提供了理论依据。尽管新传播技术的发展和传播资源更加丰富,但是信息与受众形成互动的需求是不变的,在框架理论指导下的健康传播实践会更有效。

三、议程设置理论

如果说框架理论是探讨媒体如何告诉受众"怎么看"的问题,那议程设置理论探讨的是媒体如何影响受众"看什么"的问题。

（一）议程设置理论的概念

20世纪60年代，美国学者B. C. Coher（B.C.科恩）考察报刊的国际报道的影响时指出，新闻媒体不能告诉人们"怎么想"，但是却能够成功地告诉读者"想什么"，这后来成为了议程设置理论最简明的表述。1972年，美国传播学家M.E.McCombs（麦库姆斯）和D.L. Show（肖）在 Public Opinion Quarterly（《舆论季刊》）上发表了一篇名为 The Agenda-setting Function of Mass Media（《大众传媒的议程设置功能》）的文章，首次提出了"议程设置功能"的理论假说。他们是最早将大众传播的环境认知影响概括为"议程设置功能"的人，并对此进行了实证研究。两位学者认为大众传播具有一种为公众设置议事日程的功能，传播媒介（传媒）的信息传播以赋予各种议题不同显著性的方式，影响着人们对周围世界的大事及其重要性的判断。

D.McQuail（麦奎尔）和 S.Windahl（温达尔）绘制了"议程设置功能"假说的示意图（图2-12）。图的左侧代表现实生活中的各种议题，右侧代表公众对议题及其重要性的认知，而中间粗黑线代表媒介对不同议题的报道程度。该图显示了传媒对议程的设置与受众对议程的认知之间具有高度正相关关系。在现实生活中同等强度的议题经过了媒介不同程度的报道之后，会引发受众不同程度的认知。

图 2-12 "议程设置功能"假说示意图

（二）议程设置理论的特点

1. 着眼于认知层面的传播效果 议程设置理论着眼于认知层面的传播效果，而不关注态度和行为的传播。传播效果的形成过程分为认知、态度和行为3个阶段。认知层面的传播效果指媒介对受众思考对象的影响，即影响受众"想什么"；态度层面的传播效果则指媒介对于受众思考方式的影响，以改变人们对事物的看法或观点。议程设置理论以告诉人们"想什么"的方式，影响传播效果形成的最初阶段，即认知层面。

2. 重视更长期限的社会效果 议程设置理论考察作为整体的大众传媒所产生的中长期的、宏观的社会效果，关注整个信息环境对公众的影响，而不关注某次报道活动或某条信息的短期的、微观的效果。

3. 体现媒介对社会的影响　议程设置理论暗示了大众传媒对外部世界的报道不是像镜子一样的直接，而是一种有目的的取舍选择活动。媒介的报道是对社会的"环境再构成作业"，通过影响人们的信息环境来对受众的认知与判断产生影响。

（三）议程设置的作用机制

学者们对议程设置的作用机制进行了一系列的实证研究，一般来说，议程设置的作用机制有3种：

（1）"0/1效果"：也称"知觉模式"，即大众媒体选择对某个议题报道与否，会影响受众对议题的感知。

（2）"0/1/2"效果：也称"显著性模式"，即大众媒体对某些议题的突出强调，会导致受众对这些议题的突出重视。

（3）"0/1/2…N"效果：也称"优先顺序模式"，即大众媒体对一系列议题会按照一定的优先顺序给予报道，从而影响公众对这些议题的重要性所做的判断。

因此，议程设置是一个影响和效果依次累积的过程，从感知、重视到有一定的优先顺序，越往后效果和影响越大。

例如，传统的大众媒体如报纸、电视，对于全球、全国每天发生的健康相关事件，哪些报道哪些不报道，是有选择的。如果报道了，受众就会知晓；如果不报道，受众就不会知晓，这就是"0/1效果的知觉模式"。再如，媒体通常会选择在重要的时间点进行健康信息的集中传播，如每年"世界艾滋病日"（12月1日）前后有关AIDS的报道会铺天盖地，每年"世界无烟日"（5月31日）前后有关烟草的信息会井喷，而其他的时间这些信息都只有零零散散的报道，这就是"显著性模式"。随着互联网的迅速发展，受众在网络传播中的自主性大大增加，从而减弱了传统媒体大众设置议程的"知觉模式"作用，"显著性模式"和"优先顺序模式"的作用越来越重要。

（四）"议程设置"的方式及实例

1. 设置专题是"显著性模式"的典型应用　传统媒体可以通过设置专题，用大篇幅甚至整版，来长时间甚至全天滚动同一个健康话题。网络专题更能极大发挥网络传播的多媒体、超文本、及时性等优势，对健康信息进行全方位、连续、深入的报道。网络专题对于健康传播来说是一个强劲的武器。网络健康专题可以包含多条当前健康事件的简短新闻，也可以对健康事件从纵向、横向进行串联播报，这样更加生动、形象、有逻辑。

2009年H1N1禽流感肆虐，许多网络媒体采用健康专题的方式对H1N1进行全方位报道和知识传播。环球网（www.huanqiu.com）当时为H1N1开辟了健康专题。首先在其健康频道首页上制作了H1N1禽流感标题，标题下设有不同类型的子专题，如"甲流最新消息""疫情播报""甲流疫情特征""预防甲流""环球连线海外记者""看图说事"等。这是通过"显著性模式"来实现议程设置功能的典型案例。

2. 利用排版来确定优先顺序　信息爆炸时代，知识的获取对于受众来说已经不是"如何获得知识"，而是"获取什么样的知识"。网络中的健康信息浩如烟海，网站对新闻的排版往往会影响该议题在受众心中的关注度。由于人的视觉浏览模式总是从左到右、从上到下，所以无论传统媒体还是网络媒体，都可以利用这一视觉浏览规律进行自己的议题设置。如搜狐健康，最重要的健康信息一般以图片＋标题的形式出现于左上角，中间版块由上往下依次为今日头条、健康分类、健康主题月、疾病、社区、微博，右边版块则是疾病互动查询、健康调查等。网民进入主页后，会受浏览习惯影响对新闻进行重要性排序，网络媒体借此实现议程设置功能。

（五）新媒体发展与议程融合

随着新媒体的发展，传统大众媒体的议程设置功能正在弱化，公众议题更加多元化，传统媒体与新媒体的互动成为当下"媒介设置"的新特点和新趋势。这要求我们不能仅从传播者的角度研究议程设置，而是应该将受众的角度和整体社会环境考虑其中。1999 年，麦库姆斯和肖等提出了议程融合（agenda melding）理论。这一理论认为，个体会融入某个群体以降低认知不协调，并获得安全感和确定性。因此个人必须接触与该群体相关的媒介，使自己的议程与群体议程保持一致。议程融合可以分为以下 6 个过程：决定群体归属、是否具有该群体所需要的信息、定向信息需求、媒体接触、议程设置第一层、议程设置第二层。议程融合理论在新媒体条件下"拯救"了议程设置理论，它表明议程设置效果本身并没有消失，只要受众愿意接受并寻求大众媒体的引导，大众媒体仍然会产生强大的议程设置功能。此外，这一理论还表明，在受众细分化的时代，大众媒体在社会中发挥创造社群和社会整合的重要作用。

四、"第三人效果"理论

（一）"第三人效果"的概念提出与内涵

1983 年，美国哥伦比亚大学新闻学与社会学教授 W. Philips Davison（戴维森）在 *Public Opinion Quarterly*（《舆论季刊》）发表论文 *The Third-person Effect in Communication*（《传播中的第三人效果》）。他认为，人们在判断大众传媒的影响尤其是负面影响时，存在着一种普遍的感知定势（perceptual bias），即倾向于认为大众传媒的信息对"我"或"你"未必产生多大影响，然而对他人会产生很大的影响。由于这种感知定势的作用，大众传播的影响和效果，通常不是在传媒指向的表面受众（ostensible audience）中直接发生的，而是通过与他们相关的"第三人"的反应行为实现的。戴维森把这种现象或这种影响机制称为"第三人效果"（the third-person effect）。

可以从以下 3 个方面来理解"第三人效果"。

（1）"第三人效果"是一种感知定势：这种感知定势意味着人们判断大众传播影响时存在双重标准，即倾向于高估大众传媒对他人的影响而低估对自己的影响。人们会倾向于认为最大效果不作用于自己身上，而是作用于广义上的"第三人"身上。

（2）"第三人效果"是一种宣传技巧：运用这种宣传技巧的传播活动将目标人群定位在与作为内容对象的表面受众相关的"第三人"，而非表面受众本身。其基本做法是以影响表面受众的形式，来实现影响"第三人"行为的目的，即使用"声东击西"的手法。例如，儿童食品商品的广告的表面受众是没有购买力的儿童，而商家的目的在于通过激发儿童对商品的需求和欲望，来促进相关"第三人"，即父母的购买行为。

（3）"第三人效果"是大众传播的现实影响的一种发生机制：戴维斯关注到，很多时候，对大众传播内容产生实质性反应的，往往不是表面受众，而是与他们相关的"第三人"。例如，担忧媒体不良内容对青少年有影响的，多是父母、教育界和法律界人士。也正是这些人促进了社会对不良内容的共识和社会舆论的形成，促进了各种媒介内容的监管制度的完善。

（二）"第三人效果"的制约因素

1. 心理机制　个人心理机制是"第三人效果"产生的重要原因。心理学上的"自我强化"理论可以为"第三人效果"的产生原因提供某种程度的解释。该理论认为，高估自己、低估他人是一种普遍的人性，人都有强化个人自尊和自我价值的倾向，因此会在大众传播面前认为自己更有主见，对媒体的信息和影响力更有抵抗力，更不容易受到负面信息的影响。

2．信息的性质　信息的性质会影响"第三人效果"。在评估负面信息的影响时，人们会倾向于认为它对别人的影响较大，容易产生"第三人效果"；在评估正面信息的影响时，人们会认为这些信息对自己的影响较大，有学者称这一现象为"第一人效果"或"反转第三人效果"（reversed third-person effect）。

3．传播者的性质　传播者的性质会影响"第三人效果"。人们对低可信度传播者提供的信息更容易产生"第三人效果"。广告或竞选宣传等说服或宣传色彩越强烈的信息越容易引发"第三人效果"。

4．专业性和相关知识知晓程度　在与我们关系紧密的议题上，我们都是专家，因为我们比其他人能更方便地获得信息。

5．社会距离（social distance）　社会距离会影响"第三人效果"。社会距离指人们感觉与他人的远近亲疏的社会关系或联系的密切程度。研究表明，人们倾向于认为与自己社会距离远的人受到媒介信息的影响较大，而与自己社会距离近的人受媒介信息的影响相对较小。

6．事件涉入程度　当受众对大众传媒所关注的议题有强烈预设立场（predispositions）时，即便报道的内容中立，自我涉入感强的受众也可能会认为媒介内容有偏差，而对信息产生负面态度。人们都有"胳膊肘往里拐"的倾向，从而感觉传播者的新闻立场都是偏袒对方的。

7．社会人口学因素　个人社会人口学因素会影响"第三人效果"。研究表明，年龄越大、学历越高、对相关信息的专业感越强的人越容易出现"第三人效果"。

（三）"第三人效果"引发的社会行为

戴维斯在1983年的论文中，指出了两种可能与"第三人效果"相关的社会显性行为：第一种社会行为是对限制媒体的舆论支持。由于暴力、色情内容等负面信息容易产生"第三人效果"，人们会对这类信息保持较为一致的负面态度，形成限制媒体的强大舆论，为政府制约媒体提供民意支撑，并最终促进媒体内容管制的强化。第二种社会行为是与抢购、挤兑等群体现象有关的集合行为，当人们看到诸如某日用品即将断档、房价将大幅上涨之类的报道时，人们可能会根据"第三人效果"的认知判断其他多数人会针对这一信息立即采取行动，为了避免自己落后于他人而变得被动，自己也会加入抢购的行列之中。例如在COVID-19疫情中，全球范围内发生了抢购口罩、囤积厕纸等风波。

案例 2-1

2011年3月日本发生9级大地震，导致福岛核泄漏。2011年3月16日起，中国各地忽然暴发市民抢购食盐"盛况"，大量超市食盐销售一空。据相关媒体报道，截至2011年3月17日下午，国内各大城市均出现碘盐断货的现象。各大网站纷纷刊发抢盐人群的图片和信息。抢购风潮缘于3月16日主流媒体一则"碘化钾能够防治核辐射"的报道，此报道引起了民众的恐慌。不良商家借机炒作，以手机短信方式散播碘盐断货谣言，继而引发民众抢购风潮。抢购行为持续至次日中午。最后，官方以手机短信、网络媒体、主流媒体等渠道辟谣，才终止了谣言扩散，稳定了民心。

从传播学角度分析该事件，"第三人效果"理论对这种因信息传播而引起"恐慌"的现象具有很强的解释力。据"第三人效果"理论，受众倾向于认为传媒信息对他人（第三人）的影响更大。在此次碘盐危机中，受众首先考虑的不是自己家里缺不缺盐，而是预计他人会因为碘盐恐慌而抢购。因此，为了避免"后下手遭殃"的结局，就必须"先下手为强"。当群体不约而同形成这种共识时，"恐慌性购买"就不可避免地爆发了。

(四)"第三人效果"的意义

"第三人效果"作为一种现实的传播现象,会引发社会显性行为,因此,对"第三人效果"的研究在现实层面和理论层面都具有重要的意义。

首先,在目前的高风险社会中,包括大面积公共卫生事件在内的突发性重大事件频繁发生,风险信息和危机信息的传播越来越日常化。"第三人效果"与这些突发性社会集合行为的发生原因具有某种程度的联系。"第三人效果"理论提醒我们,大众媒体在及时传达危机信息、履行媒体"守望环境"的社会功能的同时,也要更加谨慎、负责地处理危机信息,防止不实报道、炒作式报道所引发的社会混乱。

其次,在新传播技术飞速发展的时代,互联网上的暴力、色情等有害信息及网络谣言等成为社会关注的热点,使对互联网传播的立法管理成为重要的社会议题。但是,在人们评估互联网信息时,"第三人效果"现象同样存在。"第三人效果"理论告诉我们,作为一项科学的活动,立法和制定传播政策应以民意为基础,但是不能被一时的表面民意所左右,应当在科学研究的基础上确定互联网上不良信息的实际危害程度,建立适当有效的法律法规和政策约束机制。

再者,"第三人效果"理论具有很高的理论价值。"第三人效果"是一种强效果理论,它从另一个侧面反映了大众传播的影响力,同时也揭示了受众的媒介认知具有多面性,传播效果的产生具有间接性和复杂性,并揭示了认知和态度层面的传播效果向行为层面转化的机制。因此,"第三人效果"理论有助于对人类的传播行为及其规律的深入理解,具有独特的理论贡献。

思考题

1. 简述几种传播模式的区别及其在健康传播活动中的应用。
2. 简述影响传播效果的因素,在健康传播活动中应如何注意受传者因素。
3. 简述创新扩散理论如何应用到健康传播中。
4. 简述在新媒体时代如何理解议程设置理论的作用。
5. 举例说明"第三人效果"理论的制约因素。

(王 洁 孙昕霙)

参考文献

[1] 威尔伯·施拉姆,威廉·波特,著. 传播学概论. 何道宽,译. 2版. 北京:中国人民大学出版社,2011.

[2] 胡正荣. 传播学概论. 北京:高等教育出版社,2017.

[3] 董璐. 传播学核心理论与概念. 2版. 北京:北京大学出版社,2016.

[4] E.M. 罗杰斯,著. 创新的扩散. 唐兴通,郑常青,张延臣,译. 5版. 北京:中国工信出版集团电子工业出版社,2016.

[5] 郭庆光. 传播学教程. 2版. 北京:中国人民大学出版社,2011.

[6] Lili Shi, Yuyang Cai, Hong Huang. Health education for reducing tobacco consumption in Shanghai based on the health versus financial framing effect: a randomized field study. Tobacco induced Disease,2019,17(1):3.

[7] 黄暐. 谣言传播与"第三人效果"分析——以抢购碘盐风潮为例. 新闻爱好者,2011,11(上半月):18-19.

第三章 健康传播学研究

传播学是研究人类一切传播行为和传播过程发生、发展的规律以及传播与人和社会的关系的学问，是研究人类如何运用符号进行社会信息交流的学科。它具有交叉性、边缘性、综合性的特点。从这个定位思考健康传播学，可发现它是研究人类与健康相关的信息的传播交流行为、过程，以及在此社会过程中各个传播要素之间关系的学问。从健康教育角度，健康传播更注重研究传播技巧、传播效果以及影响传播效果的各种因素，在重视这些内在规律的基础上，可以更有效地传播健康信息。

第一节 健康传播学研究概述

健康传播学是一门应用学科，涉及医学领域、社会科学领域、人文领域、自然科学领域及工程技术领域的许多学科，这就决定了传播学的交叉学科性质和研究方法的跨学科特征。

一、健康传播学研究的交叉学科特征

1. 社会学原理与方法可以被健康传播学所用 社会学着重研究社会系统、社会过程、社会结构、社会组织的形成、发展的规律。应用社会学的原理与方法研究健康传播学，可以揭示具体的传播现象和过程的本质联系和特征，研究健康传播的社会结构、社会功能和传播规律、特性，研究与健康相关的社会舆论问题以及互相影响。例如疫苗安全相关事件在社会中是如何传播的、相关的社会组织是如何反应的等。

2. 心理学与行为学的方法 心理学是研究人的认知、情感、意志等心理过程和能力、性格等特征的科学。任何外界信息是否到达人的大脑皮质以及到达大脑皮质后发生了什么，直接影响到人们对于信息的解读。这些信息当然包括与健康相关的信息，因此研究健康信息时需要考虑心理过程。健康传播的目的是希望人们在接收到健康信息后，能促进态度、观念及行为的转变。我们要弄清态度转变的心理过程是什么、哪些信息或者怎么样的信息传递方式最能促使人们发生行为转变。因此心理学和行为学的研究方法常常用来研究健康传播。

3. 健康传播学离不开语言学方法 语言是人类最主要的交流工具，应用语言学方法可以分析语言在健康传播中的作用，研究语言符号对传播过程、传播效果的影响等。医学的特殊性使得医学的语言符号通常很专业化，这样的专业化虽然是"正确"的，但是传播效果却可能大打折扣，因此语言需要通俗化、简单化。

4. 政治学方法在一些情况下需要用到 传播学与政治学的关系也很密切，传播作为一种社会现象，受到政治的制约和干预。首先，与医学、健康相关的信息，通常具有公益性，在这样的情况下，它们与政治的关系不大；但是在事关受众利益、健康相关事件可能产生国际影响等情况下，传播者、媒介控制、信息表达等方面需要从政治上把关与约束。再者，从社会大系

统的角度，政治学、经济学、法律学等学科的方法可以用来研究与健康相关的传播活动对整个社会可能产生的影响。

二、健康传播学研究方法分类

传播学研究方法有思辨研究方法与实证研究方法两种，以实证研究方法为主。思辨研究方法来自于思辨的哲学传统，研究者通过操作抽象概念得出研究结论，不需要收集事实。在实证研究方法中，研究者通过操作事实得出研究结论。而根据收集事实的方法，形成了实证研究方法的两大体系：定量研究方法和定性研究方法。鉴于健康传播学需要更多实证，本章节重点介绍实证研究方法。

（一）定性研究方法

定性研究（qualitative research），也称质性研究，是在自然场所中通过不断地采集和积累事实来发现理论、产生结论，研究目的是理解事实。它主要采用归纳的逻辑，以文字、图片或影音的形式来收集资料、发现规律，其目标是从行动者的立场以行动者的体验和理解来阐释社会现象的性质与意义。先积累事实，后进行推论。主要凭分析者的直觉、经验，以分析对象过去和现在的延续状况及最新的信息资料为依据，对分析对象的性质、特点、发展变化规律做出判断。它的基本程序是资料收集—整理定性资料—分析程序（分析归纳、建立理论）—得出定性研究报告。这种方式形成的理论，是从收集到的许多不同的证据之间相互联系中产生的，这是一个自下而上的过程。

定性研究资料收集方法主要是访谈和观察。

1. 访谈 主要以研究者自身为研究工具，通过研究者与访谈对象的互动来获取资料，并试图用丰富的细节与描述来探索事物发生的社会环境和事物所传递的社会意义。按照对访谈的控制程度进行分类可以分为结构性访谈和非结构性访谈两种。按照参与对象的人数也可分为个人深入访谈和专题小组讨论，前者是一对一访谈，后者是一对多讨论。

2. 观察 常适用于对社会现象的研究，尤其是人们不甚了解和很少有机会接触到的社会现象。据观察场所的不同，可分为实验室观察和实地观察；据研究者扮演的角色不同，可分为参与式观察和非参与式观察。

（二）定量研究方法

定量研究（quantitative research），也称量化研究，用实地调查、控制实验、内容分析等方法收集数据和资料，在占有大量量化事实的基础上，通过计算机进行统计，再对数据进行科学的分析、解释、描述、解释或预测研究对象，通过逻辑推论与相关分析，证实、否定研究假设或提出新的假设。它主要采用演绎的逻辑，将问题与现象用数量来表示，并进行分析、考查与解释，从而获得其意义。它建立在假说的基础上，根据证明假说的需要，有目的地收集事实，对假说进行证真或证伪，即先推论、后证实。研究对严密性、客观性、价值、是否中立都有严格的要求，以求得到客观事实。它的基本程序是提出研究假设—确定研究方法—收集数据—分析数据—得出结论。定量研究是基于一种称为"先验理论"（prior theory）的基础研究，这种理论以研究者的先验想法为开端，是一个自上而下的过程。

健康传播学定量研究的主要方法包括以下几种：

1. 抽样调查 又称为实地调查法、调查研究法，是从研究对象的全部单位中抽取一部分单位进行考察和分析，并用这部分单位的数量特征去推断总体数量特征的一种研究方法。抽样调查也是社会科学最为常用的研究方法之一，最早发源于社会学。健康传播学在研究与健康相关的传播关系、传播效果、传播中的社会系统变化规律时，经常采用抽样调查方法。抽样调查的详细内容可以参考统计学、社会学研究方法等相关书籍，本书不再赘述。

2．内容分析法 是将文献内容转化为定量数据之后加以分析，并由此对整个文献的特征进行判定和推断的方法。内容分析专用于文献研究，是诞生于传播学的一种社会科学研究方法。这里所指的文献内涵丰富，不仅仅是专业文献，也包含各种媒介形式的文献记录，如报纸、影视、社交媒体等。本章第三节将对此进行详细介绍。

3．实验研究 实验研究是非常重要的验证因果关系的研究方法。

源于心理学的实验研究在传播学领域通常被称作控制实验，是在额外变量进行最大控制的条件下，对因果关系进行测试的实验程序。这种实验程序通过对额外变量的控制使得研究者可以检测一个变量对另一个变量的影响。传播学中的控制实验主要关注以下条件：①传播者的条件，测试传播者可信性与传播效果之间的关系；②信息内容的条件，测试不同的信息内容是否会导致不同的认知和行为反应；③传播方法和技巧的条件，测试不同的内容提示法、说理法和诉求法各自具有什么样的说服效果；④受传者的社会条件，测试受传者的各种社会属性、群体归属关系、群体规范等对他们接收信息的影响；⑤受传者的个性条件，测试个人的信息处理方式和习惯、自信心的强弱等个性特征对他们的信息处理过程及其结果的影响等。

源于医学、流行病学的实验研究，也被称为干预研究，是指研究者根据研究目的，按照预先确定的研究方案将研究对象随机分配到实验组和对照组。对实验组人为地施加或减少某种因素，然后追踪观察该因素的作用结果，比较和分析两组或多组人群的结局，从而判断干预因素的效果。干预研究属于前瞻性研究，它随机分组，具有均衡的对照组，也有人为施加的干预措施。健康传播的干预研究通常是给实验组施以信息传播、使用某种传播媒介等干预，来验证这种干预是否有效果。

（三）定性研究与定量研究的差异

如果说定量研究解决的是"是什么"的问题，那定性研究解决的就是"为什么"的问题，具体而言，两者在研究层面上有以下差异：

（1）从研究者的角色来看，定性研究者试图成为数据的一部分，没有研究者的参与，就没有数据的存在；定量研究者则努力寻找客观的、独立于研究者之外的数据。

（2）从研究设计来看，定性研究是在研究过程中设计、调整和改变；而定量研究是在研究开始之前，其内容已经设计好了。

（3）从研究情况来看，定性研究是在自然环境中捕捉事情发生、发展的一般状况，不排除多余变量的干扰；定量研究试图在控制的条件下进行研究，以限制干扰变量的影响。

（4）从测量手段来看，定性研究者本身就是手段，就是研究工具，无人可取代；定量研究的测量工具独立于研究者之外，研究者不在时，其他人可使用测量工具收集数据。

（5）从理论建构来看，定性研究在研究过程中发展理论，是一种数据推动的理论；而定量研究用研究来验证、支撑或确定理论。

（四）混合方法研究

混合方法研究（mixed methods research，MMR）是指在单个研究或者某个研究方案中同时使用定性研究方法和定量研究方法来收集、分析数据资料，整合研究发现以及做出推断的研究方式。在传播学研究中经常采用定性、定量相结合的方法，近年来学者称之为混合方法研究。

适合使用MMR的研究具有以下特征：

（1）单一数据源不够充分，主要表现为：一种类型的证据可能无法完整地讲述故事，或是研究者不认为一种类型的证据足以回答研究问题。

（2）研究结果有待解释：采用一种研究方法产生的结果并不能完整地回答研究问题，结果需进一步解释。在这种情况下,研究者可以采用 MMR,使用第二种研究方法的结果来协助补充和解释第一种研究方法的结果。

(3) 推广探索性研究的发现,研究者先通过定性研究进行探索,然后利用定量研究来检验定性研究结果是否可以推广。

(4) 深化研究,在某一种研究方法得出的结果下,再进一步进行深化研究。

(5) 通过多个研究阶段解决研究问题,在耗时较长且包含多个阶段的项目中,研究者需要联结多个研究来达到总体目标。

定性和定量如何结合,可以有很多种方案,目前常见的有 4 种类型:

(1) 三角互证测量型设计(图 3-1):该种设计是指在一个特定阶段中,研究者同时、同等地使用定量和定性方法,同时进行量化和定性数据收集工作,它也被叫做并行三角互证设计。该设计的目的是为了更好地理解所要研究问题而获得关于同一主题、不同的、但相辅相成的数据。它需要研究者具备更多的经验,对定量和定性研究有一定的掌握和良好的专业素养。

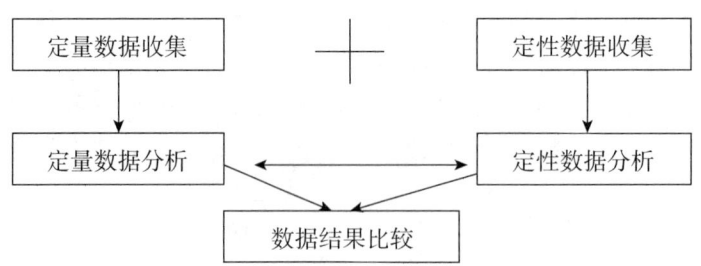

图 3-1　三角互证测量型设计的混合研究

(2) 嵌套型设计(图 3-2):该种设计是在定量和定性研究中选择一种研究方法为主,而另一种研究方法为辅。在主要研究方法中,没有优先次序,另一种方法是插入其中的。该设计的目的是解决一种研究方法提供的数据信息不充分的问题,采用定量和定性材料一起来解决研究的问题,具有节约人力、财力和物力的优势。

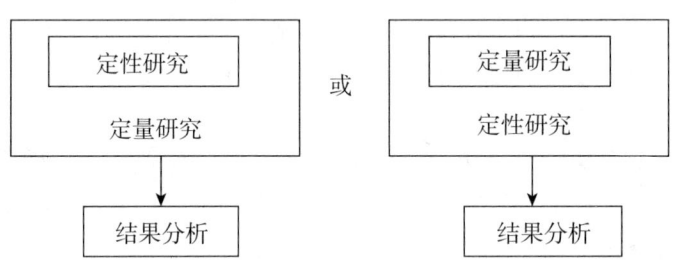

图 3-2　嵌套型设计的混合研究

(3) 顺序解释型设计(图 3-3):这种设计的目的是用定性材料来帮助解释初步的定量结果。一般情况下是定量数据优先采集分析,出现一些意想不到的结果时再采用定性分析来检验这一非预期结果。这种设计中,两种研究方法相对独立,易于实施,但会花费较长时间进行数据收集;但当两个环节都很重要时,就会比较难以把握。

图 3-3　顺序解释型设计的混合研究

(4) 顺序探究型设计(图 3-4):该设计通常分为两个阶段实施:首先进行的是定性研究数据收集,接下来进行定量研究数据收集分析。该设计中,定性研究具有有限性,设计将两个研究阶段的结果在解释阶段进行整合。该设计适用于既想探究某一现象，又想拓展定性研究结果的研究。它与顺序解释型设计相似，需要充足的时间来完成两个阶段数据的收集和分析。

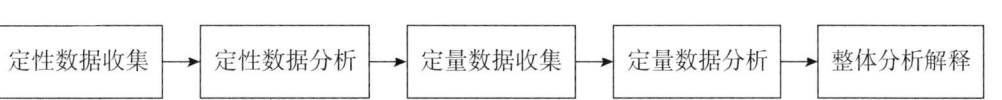

图 3-4 顺序探究型设计的混合研究

三、健康传播学研究的大体流程

健康传播学实证研究的过程，同其他社会科学调查一样，要遵循科学的程序和原则，大致可以分为 4 个阶段：准备阶段、实施阶段、分析阶段和总结阶段（图 3-5）。从社会调查研究的内在逻辑来看，一项社会调查研究一般要包含研究选题、设计课题、选择研究对象、收集数据、分析资料和撰写报告等关键步骤。

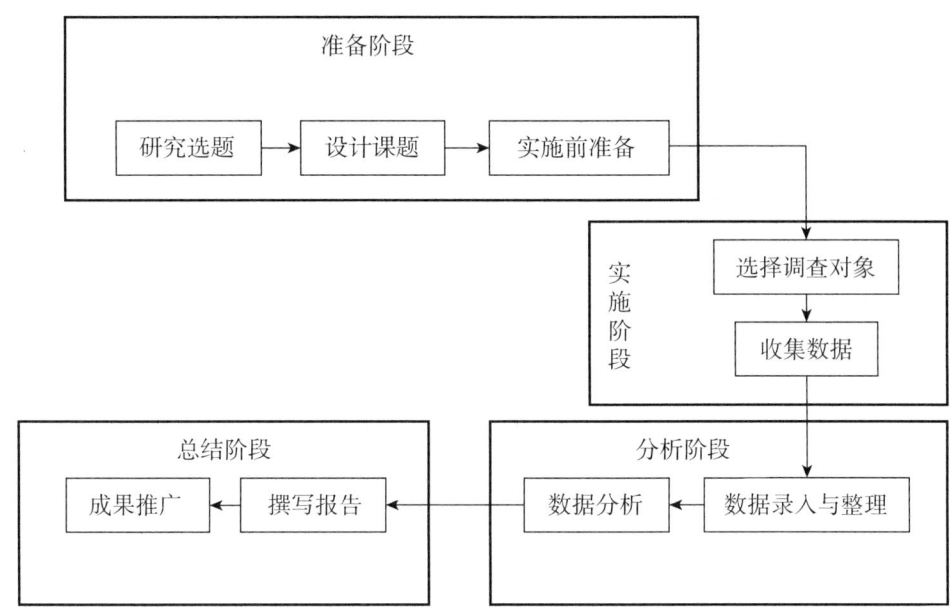

图 3-5 健康传播学实证研究的基本过程

（一）准备阶段

准备阶段对于一项健康传播学研究具有重要的意义，如果准备工作比较充分，就能抓住现实中的关键问题，明确调查的中心和重点，避免盲目性，使调查的实施工作更加顺利，进而使调查研究具有更大的理论价值和应用价值。该阶段的主要任务如下：

1. 研究选题 选好研究课题是健康传播学研究的逻辑起点。需要遵循科研选题的一般原则。

（1）科学性原则：是科研选题的首要原则。健康传播领域的理论研究或实践研究都应以已知的科学理论或技术事实为基础，符合已经为人们所认识的规律和客观事实。不应选择那些明显相悖于已有理论的题目，除非已经掌握或确信将来能够找到有力的反驳证据。这一点在定量研究中尤其重要。

（2）创新性原则：也是科研选题的重要原则。没有创新性的课题是没有任何价值的。在健康传播领域，无论是理论研究还是实践研究，都要求在已有研究成果的基础上另辟蹊径找出创新点，实现突破，必须避免重复劳动。创新可以在研究领域、研究视角、研究内容、研究方

法等方面体现出来。

（3）应用性原则：健康传播领域的实践性课题通常都满足这一原则，偏理论性的课题也必须重视应用性，要为人群的健康服务，要具有社会价值。

（4）可行性原则：反映实施科研选题是否具备基本条件。可行性包括研究人员的知识结构、研究能力、研究方法的可行性，组织体系的可落实性，研究人群的配合度，研究经费、时间、技术、设备等物质条件和社会政策的可行性。

（5）时效性原则：不同于其他社会科学的是，传播学的选题在一些情况下要具有时效性的特点。与健康有关的话题、事件在信息时代可能如同浩渺宇宙中的流星一闪而过，因此话题需要具有一定的敏感性。要敏锐捕捉热点、迅速开展研究，研究的机会可能转瞬即逝。

研究选题需要大量查阅已有的研究资料，也可以通过了解当前人们所关心的问题来寻找研究线索。通过文献的综述，在选题依据中阐明研究所涉及的健康传播问题的重要意义，在此问题上国内外的研究进展如何。如果前人研究过，那么结果如何，此次研究能否提供新的假设或见解，是否有助于从更深的层次上回答问题；如果前人没有研究过，此次研究的目的是什么，是否有助于推动此问题研究的发展。

2．课题设计 健康传播涉及的科学研究类型大体分两类：观察性研究和干预性研究，它们在研究中需要遵循一些共同的原则。

（1）课题设计的原则

1）通用原则

a．客观性原则：客观性原则是指在调查时，调查者应该按照事物的本来面目了解事实本身，必须无条件地尊重事实，如实记录、收集、分析和运用材料。调查者在实施调查计划时，对调查对象不抱任何成见，收集资料不带主观倾向，对客观事实不能有任何一点增减或歪曲，必须遵循实事求是的科学态度。这一点，无论定性研究还是定量研究都需要恪守。

b．实证性原则：实证性原则指调查研究的结论及与此相联系的所有观点，都必须被真实、可行的资料所充分支持。在调查中贯彻实证性原则主要体现在：①调查报告以资料、数据为依据，观点、意见、建议等不能凭空臆想。②调查所产生的结论既要来自于调查材料；真实可行，又要避免以偏概全，以局部的、零散的材料说明总体、全面的情况。③要坚持对调查材料进行定性与定量相结合的分析，才能真实、具体地反映现象。

c．系统性原则：系统性原则指调查任何与健康相关的客观现象，都要从系统整体性出发。调查研究不是就事论事，而是把事物放在一个系统内，从整体来分析。要充分注意到系统内部诸要素之间及系统与环境之间相互作用的有机联系，认识系统与系统之间、子系统与大系统之间的关系。

2）健康传播项目的干预性研究由于其特殊性，还需要另外遵循一些原则：

a．随机化原则：随机指被研究的样本是从所研究的总体中任意抽取的，也就是说从研究的总体中抽取样本时，要使每一个观察单位都有同等机会被抽中及被分配到干预组或对照组。由于许多健康传播项目的干预是在社区人群中进行，如果遵循个体水平单纯性随机的原则，可能造成非常大的信息"污染"，因此可以考虑在社区水平上进行随机化。

b．对照的原则：选择除了所要研究的处理因素如大众传播、人际传播、新媒体应用外，其他非处理因素具有可比性的一组或几组人群同步进行观察，对比参照称为对照。最简单的对照是自身对照，但是具有一定的局限性。在研究条件允许的情况下，最好设置空白对照或标准对照。

c．盲法的原则：盲法是流行病学研究中很重要的原则之一。由于健康传播研究的特殊性，通常盲法不容易实现。在健康传播的干预性研究中有3个基本角色：目标人群、执行者和设计者。他们当中的1个、2个或3个不知道研究对象接受的是何种干预措施（被分配在干预组还是对照组）时称为盲法。设计者和目标人群是不容易设盲的，因为传递和接触健康传播活动或工具是个自然的、公开的过程。但是在项目执行过程中如进行问卷调查、数据分析等时，可以在一定程度上对调查员、分析员实施盲法，例如调查员不知道他调查的对象被分配到哪个组；分析员只知道有 A 和 B 两组，但是不知哪个是干预组或对照组。

d．重复的原则：干预组和对照组的人数需要有一定的数量，以避免把偶然的结果当作必然规律的现象发生，将错误结果推论到群体。干预的方案措施也需要在一定范围内可重复，以便于推广应用。

（2）课题设计的内容

1）确定研究目的：研究目的是一项健康传播研究项目的核心。研究目的的陈述需要清晰、明确地界定研究目标。目的陈述的基本要素包括研究设计或调查方法、调查的变量或现象、目标人群、研究场所等，例如"通过问卷调查了解社区老年人健康类 APP 的使用情况，分析其影响因素"就是研究目的。

2）理论建构与确定研究假设：理论建构是调查研究设计的起点，也是一项研究的基础和前提。理论建构的核心在于界定相关概念和提出科学假设，科学假设是调查研究得以顺利进行的根本保证。研究假设是在对选题进行分析后提出的猜想，通过研究来证实假设是否成立。

研究假设大致有三种来源：一是个人的思考，这种思考依赖于个人良好的思维品质，特别是思维习惯；二是前人已有研究中尚未解决的问题；三是已有的理论，学界对某个问题较为系统的理性思考。

研究问题是一个疑问语句，它反映了该研究想要回答的核心问题，例如"老年男性和老年女性相比，谁使用健康类 APP 更多？或者说性别是影响健康类 APP 使用的影响因素吗？"将研究问题表达成可验证的语句，就是研究假设，如"性别是影响健康类 APP 使用的因素或者老年女性比老年男性使用健康类 APP 的频率更高"。为了将研究问题转化为假设，需要对调查变量给出操作性定义，即将问题转换为可测量的变量。例如，关于健康类 APP 的使用，需要进行操作化，如询问"一周内使用健康类 APP 的频率或一周内有几天使用了健康类 APP"。对复杂的变量还要构建相应的指标体系。指标体系必须具有内在的逻辑结构，这类结构也是在理论建构的基础上形成的。

研究假设的一个关键特征是它必须是可以被证伪的。可证伪的概念通过零假设来表现。零假设是研究者怀疑的命题，表述为"变量之间没有关联"，如"性别不影响健康类 APP 的使用"。相反地，备择假设则认为变量之间存在关联，如"性别影响健康类 APP 的使用"。备择假设也可以是有方向性的，如"老年女性比老年男性使用健康类 APP 的频率更高"。在定量研究中，使用统计推断检验的方法来确定变量之间是否存在关联。通过将数据带入统计检验程序，可以确定是否拒绝零假设。

3）研究方案的确定：观察性研究和实验性研究均需要根据研究目的选择适合的研究方案。

观察性研究也称为描述性研究，对于健康传播现象的发生、发展规律、传播要素的作用与相关关系、影响因素等进行探索、描述、解释。当只在一个时点进行观察时是横断面研究，可以描述研究对象在某一时点上的特征；当观察时点为多个时，研究需要较长时间的观察，称为纵向研究，可以反映研究对象随时间的变化趋势。这里的研究对象可以是受众，也可以是信息。

实验性研究是依据研究目的人为地设置一个特定的非自然状态环境，按一定程序改变某些因素或控制条件，并通过观察和分析两个以上变量的变化过程，以测试其相互关系和变化规律的研究方法。在传播研究中，控制实验是研究信息与受众相互关系的一种精密的研究方法。实验性研究的重要特点是设置两个组：一个实验组和一个对照组。因研究现场不同，可以分为实验室内的控制实验和真实世界的干预试验。前者借鉴的是心理学研究方法，需要在专门的实验

室中进行，实验室内应配有阅读机、录音机、放映机，以及各种记录、测量反应的仪器，对实验室的形状、灯光、色彩等也会有特殊的要求，实验进行时必须人为地控制某些变量以观察特殊变量与传播效果之间的因果关系。后者在真实的受众人群中进行，对干预组人群施以健康传播的干预，对照组不进行干预，通过比较数据来验证健康传播的实际效果。

4）研究工具编制与选取：任何一项健康传播研究都必须借助于特定的工具来实施。这里所讲的工具包括问卷、量表、访谈提纲、资料摘录表等。问卷、量表和访谈提纲是健康传播研究中以人为研究对象（受传者、传播者）时最为普遍的工具。问卷由一组问题和提示所组成，旨在从受访者那里获取相应的信息。量表和问卷之间有区别：量表一般是依据特定的理论编制的，具有更强的结构性。量表在编制的过程上通过项目分析，最大限度地保证其信度和效度。例如，采用创新扩散理论为理论基础对健康类 APP 进行研究时，需要针对受众对健康类 APP 的兼容性、有利性、可观察性等方面的感受编制一定数量的题目，形成量表进行测评。访谈提纲是由一组开放性问题组成的问题组合，题目之间在一定的逻辑指引下逐渐推进，如"您在使用健康类 APP 有什么感受？有什么困难？有什么改进建议？"等，多用于定性研究。资料摘录表是适用于以文本、视频资料为研究对象的健康传播研究，事先制定出要从资料中提取的信息要点作为记录表。例如对报纸中刊登某种疾病相关信息的内容分析，需要记录信息在报纸中的版面位置、文字数量、版面大小、信息撰写人、信息的主题等。

5）确定调查对象及样本来源：调查对象与研究对象并不完全相同。一般而言，研究对象是针对理论总体而言，在实际调查研究中是难以实现对其整体的研究的；而调查对象是针对调查总体而言的，必须能够加以操作。实际调查研究很少针对调查总体进行普查，而在许多情况下进行抽样，确定一个足够大的样本，然后针对所抽取的样本进行调查。因此，调查对象确定环节的关键在于抽样。抽样方法可分为概率抽样和非概率抽样。前者主要应用于定量研究，更强调样本的代表性；后者主要应用于定性研究，更强调样本的典型性。

3．实施前准备

1）需要根据研究计划制定详细的、具体的实施方案，包括人员安排、样本获取、时间进度、经费预算等。

2）对调查工具进行预调查：预调查旨在回答数据收集工具能否一致地测量应测量的内容。问卷和量表等定量工具需要通过开展预调查收集不纳入研究的样本对象数据来确定工具的信度和效度。在完成预调查后，研究人员和评估人员应保证所收集的数据可以提供一致性的测量结果，并为结果的效度提供保障。访谈提纲等定性工具也需要进行预调查。

3）对干预工具或实验程序进行预试验：预试验通常是将健康传播方法在样本以外的小范围同质人群中试用，初步评估该方法的可行性、适用性，然后进行修改、完善后大规模正式使用。控制实验的操作程序、材料准备等也需要预试验来确保其可以正常运行。

4）调查人员培训：在定量研究和定性研究中，调查人员的培训都非常重要。培训内容包括调查目的、调查研究要遵循的原则、调查工具的使用方法、调查的技巧等。由经过培训的调查员来收集所有数据，可以在一定程度上控制由研究者造成的偏倚。以下步骤有助于减少由于调查员间信度相关问题可能导致的误差：①与调查员一起查看工具，并提供具体指导；②向调查员提供一份完成的工具或访谈记录示例；③为调查员提供明确的指导语和（或）讲稿（用于电话调查或访谈）；④提供给调查员使用标准数据集或示例练习，以确保每个人都获得相同的答案，保证一致性；⑤让访谈者和小组讨论协调员通过"角色扮演"加强练习；⑥向调查员提供反馈或提供督查结果，以进一步改进方法。

全程监督与管理，在科学研究过程中需要安排特定的人员对项目实施的各环节的运行现场进行全方位的监督，确保各环节工作不疏漏，工作质量不打折。

（二）实施阶段

实施阶段是整个调查研究过程中最重要的阶段，其主要任务是利用各种调查方法收集相关资料。

观察性研究实施阶段的主体工作是开展调查。需要严格按照研究计划书中来选取研究对象，确定抽样方法、样本量、调查方式，进行质量控制，目的是客观、准确、系统地获取第一手资料。资料的客观性、准确性是课题研究成功的基本保证。数据收集者应遵循所有既定方案，并在必要时采取措施控制质量，还必须仔细监测和管理数据收集过程，以确保收集数据的可用性。为了确保收集的数据发挥最佳效用，通常需要加强研究者对统计的理解并接受广泛的培训。

具体调查时应注意如下几个问题：① 要获得被调查的地区、单位及个人的支持与协助，要做到知情同意；② 要熟悉调查对象，了解他们的工作和生活环境；③ 要采取适当、有效的调查方式，保证调查质量；④ 调查者在进入实地时，应根据具体情况调整和补充调查的方式、方法和具体的调查项目，保证调查的真实性和有效性；⑤ 调查人员应当认真、准确、详细地做好观察和访问的所有记录。

干预性研究的主体工作除了进行干预前、后的调查外，还包括干预的实施。干预实施工作也需要按照研究计划书中的干预方案和预试验之后的调整方案严格执行。干预过程中需要关注研究对象的依从性，记录干预活动的数量和质量，追踪所联系的个人。在适当时机与无应答者进行联系，记录失访情况和原因，最大可能地减少失访。

（三）分析阶段

分析阶段是从感性认识到理性认识飞跃的阶段，它不仅能为解答实际问题提供理论认识和客观依据，找出问题的症结所在，还能为健康传播学理论的发展做出贡献。该阶段的主要任务如下：① 在全面占有调查资料的基础上，通过对资料进行系统的整理、分类、统计和分析，达到去粗取精、去伪存真的目的；② 通过对资料的检查、核对、归类，研究者把大量的原始资料进行简化、系统化和条理化，使其适宜进一步分析；③ 在分析资料时，要采取由此及彼、由表及里、层层深入、具体分析的方式，然后从事物的相互联系中进行综合的、抽象的分析和理论分析，从整体上把握现象的本质特征和必然联系，找出事物发展的趋势和一般规律；④ 针对研究假设的检验结果展开讨论并进行理论分析，在补充、修正的基础上深化原有的假说，从中得出新的理性认识。

1．定量数据的整理与分析 如果运用纸质问卷进行定量资料收集，需要对纸质问卷进行逐份审核，然后通过数据录入软件把问卷信息录入到数据库中。一些软件可以设置逻辑纠错、设置录入范围等，大大减少录入错误的发生。用计算机辅助数据收集时需要进行前期准备，但可以大大加快数据收集、监测和质量控制的进程。所有数据都应经过仔细编码，并组织成可用格式，这对于后续分析非常重要。

管理数据是研究过程的重要组成部分。数据管理方式取决于数据类型、数据收集方式以及数据在整个项目周期中的使用方式。有效的数据管理有助于研究者对文件和数据进行整理，进而访问数据库并进行分析。它有助于确保研究质量，并为发表研究结果提供支持。目前通常使用基于网络的计算机平台和程序来管理数据。

数据库核查清理结束后，就可以进行定量分析了。通过调查所获得的数据资料往往并不能直接为研究者提供有效的信息，需要借助于统计方法和技术对观察资料进行整理和分析。就统计方法的具体应用而言，对社会调查数据的分析可以从两个层面进行，即描述统计和推断统计。如果仅对某次调查的数据进行整理、概括，对该组数据的分布特征加以描述，或者对变量

之间的关系加以探讨,则称为描述统计。推断统计是根据样本所提供的信息,运用概率的理论对总体的分布特征和变量关系进行估计、推测。社会调查研究在运用推断统计时,主要是对总体参数进行估计和对研究假设进行检验。描述统计是推断统计的基础,推断统计通过样本的描述统计信息来估计、推测总体,从已知情况推测、估计未来情况。具体方法请参见统计学书籍。

2. 定性资料的整理与分析 与定量资料的整理相比,定性资料整理的工作量更大,难度也更大。定性资料是研究者从实地研究中所得到的各种以文字、符号表示的观察记录、访谈笔记,以及其他类似的记录材料。定性资料的特点有来源多样性、形式的无规范性、不同阶段的变异性。因此,定性资料的整理是一件很辛苦的事情。

(1) 整理笔记与建立档案:具体的整理工作包括分类、建档等,原始的记录内容必须保留存档。

(2) 编码定性资料:编码是定性资料整理过程中非常重要的一环。编码有3种方式:①开放式编码,研究者先设置一些主题,同时将最初的代码或标签分配到资料中,以便将大量零散的、混杂的资料转变成不同的类别。无论编码开始时是否有一张主题名单,研究者在开放式编码结束后都应该形成这样的主题名单。②轴心式编码,从一组初步的主题或初步的概念开始,研究者更注重的是主题,而不是资料,即研究者的头脑中带着基本的或初步的编码主题去看待资料、阅读资料。③选择式编码,在浏览资料和进行开放式编码或轴心式编码工作的基础上,有选择地查找那些说明主题的个案,并对资料进行比较和对照。

(3) 撰写分析型备忘录:分析型备忘录是实地笔记的一个特殊类型,它是实地研究者对于编码过程的想法和观点的一种备忘或讨论的记录。备忘录可以在资料后面用其他颜色和字体进行的备注;也可以单独建立文档,用于记录即时的想法和灵感。把这些想法用容易进一步加工整理的形式保存下来,存档在最容易看到的地方。

(4) 分析定性资料:使用定性方法分析数据有助于增加研究者对所关注变量或现象的经验。因此,研究者常使用定性分析方法来深入理解所关注的条目或变量的相关问题。定性研究对于调查复杂性和敏感性问题具有特殊价值,能够深入了解人们对特定主题的思考。定性分析使研究人员能够通过研究研究对象的原始语言对所关注的现象的详细描述从而得出结论。

定性研究的研究者经常努力建立一种扎根于具体资料而且抽象层次较低、结构相对简单的理论,来概括社会生活的现实画面或总结对社会生活的理解,而不是像定量研究那样去进行因果假设的检验。定性资料分析的主要目标是将大量的、特定的细节组织成一幅清楚的图画、一种概括的模式,或一组相互连接的概念。

1) 定性数据分析涉及以下几个步骤:①简化数据,此步骤涉及对数据的选择、聚焦、浓缩和转换。该过程应以对"哪些数据能够最好地回答评估问题"的思考为指导。②展示数据,涉及通过一种有组织的、压缩的方式(即通过图表、矩阵或文本)来整理数据。数据展示有助于确定主题、模式和联系,从而帮助回答评估问题。此步骤通常涉及对文本(或图像、视频的不同部分等)中包含相同信息或彼此联系的段落进行编码或标记,并对所选段落中的相同点进行进一步解释。③得出结论及验证,在最后一步中,重新审查数据以验证、核实或确认所确定的主题和模式。定性分析是一个周期性的迭代过程,需要多轮地调查证据、修改假设,并从新的角度重新思考数据。当新的问题、主题和联系出现时,研究者将重新审视数据。

2) 常用的健康传播学的定性分析思路

a. 扎根理论研究:是研究者试图从参与者的视角,获取有关过程、行动和互动的、全面、抽象的理论。这个过程包括使用多阶段资料收集方法、提炼各类信息,并明晰分类资料的相互关系。扎根理论研究需要注意两点:①研究者对不断出现新类别的资料进行的比较需要具有一致性;②为了尽可能多地收集到反映共性和个性的相关资料,研究者要对不同群体进行理论上的抽样。

b．叙事研究：是一种研究者研究个体生活的调查形式，它通过研究者向一个或多个个体询问来获得关于他们生活的故事，之后研究者用一种叙事年表的方式把这些信息转述或重新编写。最后，通过这种叙事法把研究对象的生活及其观点与研究者的生活及其观点连接，变为一种新的叙事体。

（四）总结阶段

总结应用阶段实际上是返回研究的出发点，即对社会领域中某一理论问题或应用问题进行解答，以便深化对社会的认识或制定解决问题的方针、政策和措施。该阶段的主要任务有以下几条：

（1）撰写调查研究报告，阐述调查结果或研究结论。规范的学术研究报告一般包括引言、研究方法、结果分析、对策建议、小结、参考文献等部分。撰写报告，要对研究过程、研究方法、政策建议等进行系统的叙述和说明。对研究中发现的重要问题以及进一步研究的设想应该给予特别的说明。

（2）将调查报告中的研究成果应用到实践领域或理论领域。应用的方式主要有公开出版、学术讨论和交流、政策论证、内部简报或汇编等。调查研究报告不应在向领导汇报之后就束之高阁，而应用主要研究成果服务社会，为民造福。

（3）认真总结调查和研究工作中的优缺点，为今后的社会调查研究提供正反两方面的经验和案例。

（4）研究成果评估：要从科学性和应用价值这两方面进行系统分析，检查本项调查研究在方法、程序、事实、数据、统计分析、逻辑推理、研究结论等方面是否有错误，对研究成果的理论价值和应用价值进行客观评价。

综上所述，社会调查研究的4个阶段是一个相互关联的、完整的循环过程。

第二节　健康传播的媒介控制研究

按照拉斯韦尔5因素传播模式，控制研究是针对传播者的研究，而对于大众传播而言，媒介与传播者的关系非常密切，相当于香农-韦弗模式中的"信源"部分，因此本书将针对传播者和媒介的研究一并进行介绍。

控制研究主要针对新闻传播学5W要素中的传播者和媒介这两个领域。控制研究主要涉及3个内容：首先涉及与传播者相关的所有概念和理论，其次涉及对媒介组织进行管理、规范和约束，最后涉及媒介与政治权力和商业资本之间的关系。

一、控制研究、传播制度与媒介控制

（一）控制研究的含义及内容

控制研究是指考察和分析各种制度和制度因素在大众传播活动中的作用，是传播学研究的一个重要领域。传播者对信息传播具有控制权，同时又受到社会制度和传播制度的制约。大众传播是一个具有强大影响力的社会信息系统，所有国家和社会都会把它纳入社会制度的轨道，因此大众传播也是一种制度化的传播。传播制度是以社会根本制度为基础的，主要内容围绕着大众传播媒介与政府的关系、媒介与社会群体和受众的关系。它是一整套社会规范体系，包括言论、出版的自由与权利问题，媒介所有权问题，也包括传播者应承担的责任和义务问题。

控制研究包括两个方面：一是考察传媒机构的内部制度对信息的生产、加工和传播活动的制约，二是考察外部制度对传媒机构及其活动的控制和影响。

（二）传播制度和媒介控制

一定的社会制度对大众传播的控制体现为一定形态的传播制度。传播制度就是社会制度中对大众传播活动直接或间接地起着制约和控制作用的部分。传播制度作为社会制度的反映，其内容是十分复杂的，它体现了社会制度或制度性因素在各个方面对传播媒介活动的制约和影响。传播制度体现了全部社会结构和社会关系的复杂性。传播制度既包括媒介与政府的关系问题，也包括媒介与社会群体以及广大受众的关系问题；既包括言论和出版的自由与权利问题，也包括言论出版者应承担的责任和义务问题。

1．国家和政府的政治控制　规定传媒组织的所有制形式是政治控制主要内容，是确立传播体制的前提。我国的大众传播媒介所有制是公有制。国家和政府对传播媒介的活动进行法制和行政管理，包括对传媒创办进行审批、登记，分配传播资源，对媒介活动进行多方面的监督管理等。限制或禁止某些信息内容的传播，如与国家制度或意识形态有关的内容、危害国家安全及国防机密的内容、名誉侵权和隐私侵权的内容、淫秽和非法的内容、对公众利益和社会文明风气有害的内容。

2．利益群体和经济势力的控制　国家和政府对传播媒介的控制属于直接的制度控制，除此之外，还存在着种种社会利益群体和经济势力，他们也会影响媒介的活动。我国社会各阶层、政党或团体都拥有创办自己媒介的平等权利。社会群体通过自己的媒介来维护自身的权益，传播自己的主张，参与国家的政治、经济、文化和社会生活；经济势力通过广告赞助来影响媒介的活动。在资本主义制度下，垄断资本以3种方式控制传播事业：一是以强大的资本为后盾成立超大型媒介联合企业，对大众传播事业的主要部分实行垄断；二是通过控制议会党团对公营传播媒介的活动进行干预；三是通过提供广告或赞助来间接地控制和影响其他中小媒介的活动。

3．广大受众的社会监督控制　受众对传播媒介的活动拥有进行社会监督的正当权利。受众对媒介活动进行社会监督控制的手段可以分为以下四种：①个人的信息反馈，来信、来电、来访，批评和建议；②结成受众团体，以群体运作方式对媒介活动施加影响；③诉诸于法律手段；④通过影响媒介的销售市场来制约媒介活动。受众的社会监督力量不容忽视，公众利益是制约传媒活动的一个重要的社会原则。

4．传播媒介的内部控制　职业传播机构内部通过建立规章制度和行业规范来约束自身的传播行为：①制定媒介组织制度、报道方针，对信息传播过程进行控制，以服务于媒介的政治立场。任何媒介都有其政治、经济和意识形态的倾向性，通常体现在按照报道方针进行层层把关，体现了媒介组织内部对信息传播过程的控制。②媒介自律，即通过制定职业纪律或道德准则来主动约束职业行为，以维持媒介信誉，争取广大受众和提高传播效果。保证职业道德规范的外在机制包括行业组织及其制定的自律规范条文、行业评议制度等。

健康传播关系到人类的健康和生命，与健康相关的大众传播活动和群体传播活动受到传播制度的控制和社会大众的监督。

二、媒介控制研究主要理论

（一）把关与把关人（gate keeper）理论

1．把关与把关人的概念　*Human Relations* 在1947年11月发表了德裔美国社会心理学家 Kurt Lewin（库尔特·勒温）生前撰写的最后一篇论文，*Channels of Group Life-Social Planning and Action Research*（中译文经常简称为《群体生活中的渠道》），这篇论文首次提到了把关和把关人的概念。论文研究了家庭主妇如何决定购买食物以及向家庭成员推荐食物的过程，他发现食物总是沿着某些包含有"关卡"的渠道流动。在那里，根据把关人的意见决定着信息是否被允许进入渠道或继续在渠道里流动。他进一步推论这种情况不仅存在于食品选择渠道中，也可用于解释新闻如何通过传播渠道而在群体中传播。

把关是指传播者对信息的筛选与过滤。传播者都不可避免地要站在自己的立场与视角上，对信息进行筛选与过滤，这种传播行为就叫做把关（即守门），凡有这种传播行为的人就叫做把关人。在向受传者传递信息的过程中，传播者（人或机构）有权控制信息的流量和流向，影响对信息的理解，决定让哪些信息通过以及如何通过。把关人在传播过程中起着过滤和筛选的作用，决定报道什么、不报道什么、把报道重点放在何处、如何解释信息。

在大众传播中，把关人是指大众传媒中决定什么性质的信息可以被传播、传播多少以及怎样传播的人或者机构。在人际传播或群体传播的两级信息流动中，把关人是审查、筛选媒介信息，并传递信息以帮助其他人共享其观点的人。

2．影响传播者把关的因素　传播者进行把关都有一定的标准，这种标准因传播者所处的社会、媒介组织以及个人等因素的不同而有差异，影响把关的因素包括以下几点：

（1）政治、法律因素：传播者的把关行为必然受所处的社会的政治体制的制约，而法律是现代社会影响与制约把关人行为的一种有效的规范体系，政治和法律是传播者必须考虑的基本因素。

（2）经济因素：把关人必须顾及由信息带来的经济压力，他的行为在某种程度上最终将影响到其个人及其所在的媒介组织的经济目标的实现。

（3）社会、文化因素：指社会价值标准体系、文化开放程度。

（4）技术因素：技术条件、技术水平和要求影响着把关过程中的信息制作、传播等环节。

（5）信息自身因素：信息本身是否具有较强的传播价值。

（6）组织自身因素：涉及传播组织的目标、对象、功能和工作重点，把关人必然按着本传播组织的要求、规范、传统、标准进行把关。

（7）受众因素：把关人为实现传播目的，必须了解受众的需求、心理和行为等特征。

（8）传播者个人因素：包括传播者的世界观、价值观、个性特征、创造力、经验、个人传播能力等因素。

因此，大众传媒的新闻报道与信息传播并不具有纯粹的"客观中立性"，而是根据传媒的立场、方针和价值标准而进行取舍的选择和加工活动。新闻和信息的选择尽管受到媒体的经营目标、受众需求以及社会文化等多种因素的制约，但是与媒介方针和利益一致或相符的内容更容易优先入选，优先得到传播。媒介的把关是一个多环节、有组织的过程，其中虽有记者、编辑个人的活动，但把关的结果在总体上是传媒组织的立场和方针的体现。

3．把关模式

（1）White（怀特）的简单把关模式：1949年，Kurt Lewin（勒温）的学生怀特继续研究把关模式。他跟踪研究了美国一家小报的一位电讯编辑，发现在一周的工作中，这位编辑接收到的电讯稿长达11 910英寸（1英寸=2.54厘米），但最终被选用的电讯稿只有1 297英寸，不足总稿量的11%。怀特因此提出了新闻选择把关模式（图3-6）。

在怀特的新闻选择把关模式中，原本有4条新闻，在通过新闻从业人员的"大门"时，N_1和N_4两条新闻被滤掉、舍弃了，只留了N_2和N_3两条新闻可以到达受众处。新闻从业人员就是新闻的把关人。

这个模式可以用简单的数学公式表达，即输入信息－输出信息＝把关过滤信息，通过输入信息与输出信息的对比，考察在一个具体的把关环节上，信息是怎样被过滤、被筛选的。

该模式通常被认为过于简单，它将把关人当作一个孤立的因素来考察，过分强调把关人独立的权限，而忽略同把关人相联系的社会因素对把关活动的制约。该模式容易让人产生一种错

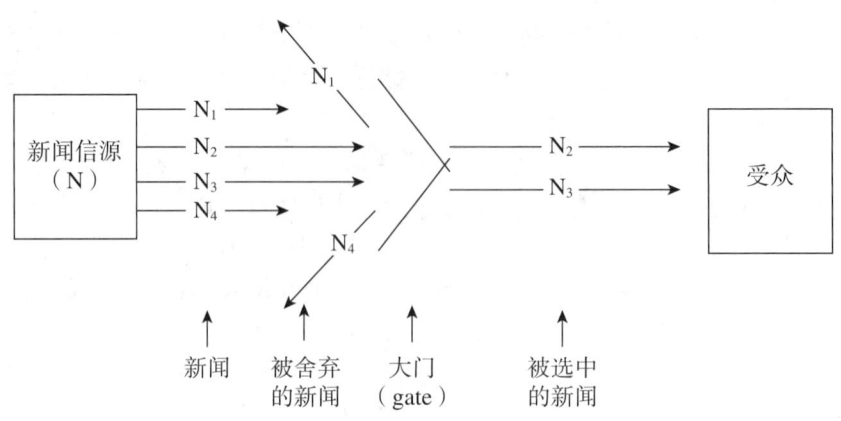

图 3-6　怀特的新闻选择把关模式

觉，那就是把关人对信息的传播可以为所欲为。不过，怀特的把关研究为以后的同类研究打开了思路。

（2）Bass（巴斯）的双重行动模式：巴斯认为信息流通中的把关环节很多，但最关键的把关人还是传播媒介。巴斯把传播媒介的把关活动分为前后相连的两个阶段、两个步骤，这就是他所说的"双重行动"。其中的第一阶段是新闻采集，这里的把关人主要是记者。记者不是有闻必录的，他会进行取舍和加工。传播媒介中的第二个把关阶段是新闻加工，这里的把关人主要以编辑为代表。这一阶段的把关活动（编辑）比第一阶段的把关活动（采写）更具有决定性意义。经过新闻媒介的双重把关之后，一幅人为的现实图景便呈现在受众眼前，而这幅图景同世界的本真面貌不完全一致（图 3-7）。

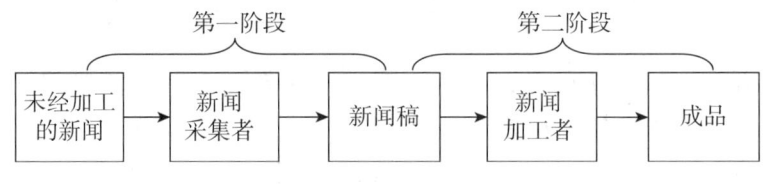

图 3-7　巴斯的双重行动模式

总之，在信息的传播过程中，始终存在着决定信息中转或中止的把关人，把关人的行为包括对信息的抑制和疏导（筛选与过滤）两个方面。从整个社会系统上看，传播媒介起着关键的把关作用，是信息流通渠道上的主要把关人。

（二）民主参与理论

20 世纪 70 年代以后，社会的信息化进入了一个新的阶段，美国、日本、欧洲等发达国家的普通民众对媒介的要求不断提高，而同时媒介的垄断程度也更加严重，这就形成了民众与媒体之间的矛盾。民主参与理论正是在这一背景下产生的。它的产生反映了广大民众对社会责任理论的失望和主动争取自身的传播权和媒介接近权的决心，也称受众参与理论。美国学者 Jerome A. Barron 1973 年出版的 *Freedom of the Press for Whom？The Right of Access to Mass Media*（《媒介接近权：为了谁的出版自由》）和 Ben H. Bagdikian 1983 年出版的 *The Media Monopoly*（《传播媒介的垄断》）对受众参与理论的诞生和发展产生了重要影响。

该理论主张：①任何民众个人和社会群体都有知晓权、传播权、对媒介的接近和使用权，以及接受媒介服务的权利；②媒介应主要为受众而存在，而不是为了媒介组织、职业宣传家和广告赞助人；③社会各群体、组织、社区都应该拥有自己的媒介；④与大规模的、单向的、垄断性的巨大媒体相比，小规模的、双向的、参与性强的媒介更合乎社会理想。该理论的核心价值是多元性、小规模性、双向互动性、传播关系的横向性或平等性。受众参与理论属于一种体制外的理论。

受众参与理论虽然具有一定的影响，但是它仍然只是民众的要求的体现，在体制外起着一种牵制作用。在传统的媒介环境与传播体制下，受众的知晓权、传播权与媒介接近权是十分有限的。受众在参与的过程中存在各种障碍，主要受到以下因素的影响：

1）政治、经济力量的不平等，传播必然反映出其所在社会的性质，不平等、不民主的社会中很难会有民主的参与和交流。财富分配上的不平等也必然造成交流方面的不平等。

2）传播内容的集中控制，不管是控制在国家当局的手中，还是因为媒体的并购而被少数私人企业所掌握，多元化都会蒙受损失。受众参与意味着受众能够就自己感兴趣关心的话题发表不同的意见，如果传播系统只有一种或者少数几种意见发言的话，这与真正意义上的受众参与是没有任何共同之处的。

3）传统大众传媒自身的特性也决定了它很难为受众提供能够直接发表言论、进行相互交流的平台。媒介具有高度的选择性，并拥有信息准入的特权，只有那些符合媒介（把关人）利益的信息才会得到传播。符合公众利益而与把关人利益相违背的信息则可能被遏止，媒介的利益超越于公众利益之上。在传统的媒介环境下，信息的传播处于一种纵向交流结构："流动是从上到下进行的，而且是少数人从少数人的观点出发，向多数人谈论有关多数人的需要和问题"。

4）对公民个人来说，缺乏传播渠道、传播手段和传播工具，使得个人传播权的实现极为困难。

5）传统媒介缺乏互动功能，受众一般也只是事后进行一些反馈。反馈多是滞后的，在传播的过程中传受双方不能进行即时的沟通与交流。这些因素都不同程度地阻碍着受众参与理论付诸实践。

互联网的诞生带来了改变这一局面的契机。在过去媒介与受众一边倒的天平上，第一次出现了重心偏移。融合大众传播与人际传播于一体的网络传播赋予受传者和传播者平等的地位，只要上了网，不管是传统大众传媒职业传播者还是一般用户，都可以面向广大的受众发布信息，并迅速甚至即时地获得反馈或直接与信息受传者进行交流。交互性是网络传播区别于传统媒介的重要特征，网络传播的交互性是网络受众参与意识产生并发展的重要条件。信息传播者和受传者能够通过网络提供的多种沟通手段进行信息的有效交流，这是一种双向传播。在交互性传播中，单对单、单对多、多对单、多对多的传播方式逐渐成为传播方式的主流。时间和空间的开放无限制，突破了以往传统媒体时空局限，可以使信息更有效地传播。网络传播时代的到来，给把关人理论带来了新的诠释与挑战。

网络时代的把关具有以下特点。a.把关人角色泛化：①网络去中心化，没有集权；②交互性强，反馈及时，受众主动性增强，使得传播者和受传者界限模糊。b.把关的可行性变弱：①互联网强调速度，导致把关人无暇把关；②海量信息提高了把关难度；③网络的操作简单导致把关非组织化，新闻网站常常采取新闻采集—编辑—发稿合一处理，把关步骤趋于弱化。c.网络权力分化：①网民权力增强，可以采集、制作、发布；②同时正规媒体的编辑权力被弱化；③版主存在于网民和网络编辑之间，靠人格魅力、影响力控制信息。新时代的到来，并不意味着把关理论的结束，而代表着把关人理论的重生。从信息筛选到受众阅读，把关行为仍然发生在整个传播过程中，就算把关形式有所改变，但追溯根本都源于理论的根基。把关人要深刻认识到自己角色的嬗变，重新定位，规范信息传播，从根本上落实把关。

第三节 内容分析法

内容分析是针对传播过程中信息的研究,是传播学很有特色的研究方法。内容分析最初起源于战争中的宣传,20世纪20年代,拉斯韦尔使用内容分析法研究了第一次世界大战期间各参战国所使用的宣传技巧,他认为"宣传是现代世界中最强大的工具之一"。第二次世界大战期间,盟军情报部门监听德国电台播放音乐的数量和类型,并与德国在欧洲的占领区内电台音乐节目比较,以此推测欧洲大陆上盟军反攻的状况。拉斯韦尔以德国公开发行的报纸作为分析对象进行内容分析研究,提炼出了许多军政情报,并在研究过程中探讨了抽样、测量、类目,以及信度和效度等核心问题,使内容分析方法更加成熟。战后,新闻传播学、政治学、图书馆学、社会学等领域的专家学者与军事情报机构一起,对内容分析方法进行了多学科研究,使其应用范围大为拓展。内容分析法同样适用于健康传播学领域。

一、内容分析法概念

(一)内容分析法的定义

内容分析(content analysis)法是传播学定量研究方法之一。1952年美国学者Bernard Berelson(贝雷尔森)发表了权威著作 Content Analysis in Communication Research(《传播研究中的内容分析》),确立了内容分析法在传播学的地位。贝雷尔森给出的定义是内容分析法是一种对于明示的传播内容(manifest content)进行客观、系统和定量的描述的研究方法。其实质是对传播内容所含信息量及其变化的分析,即由表征的有意义的词句推断出准确意义的过程。

内容分析法的研究对象是先于研究而存在的文本,包括书籍、杂志、报纸、报告、会议记录、信件、网页、采访记录、电影、电视节目、音乐、图片等。

(二)内容分析法特性

在贝雷尔森的定义来看,内容分析法具有如下特性:

(1)客观性:即必须保证分析结论不受研究人员主观偏好、性格、经验的影响,操作分析的结论仅取决于被分析的内容本身,与分析者无关。研究者不能将个人的事先预设和主观倾向带到研究中,在资料收集和分析过程中必须要有明确的客观规则,如明确变量分类的操作性定义和资料收集、整理、分析规则,保证不同的分析者分析同一素材时可以得出相同的结论,以保证良好的信度和效度。

(2)系统性:①整个分析过程的操作采用一套前后一贯的原则和标准,讯息内容或类型的取舍选择要有首尾一致的标准,防止分析者仅选择支持自己见解的材料。②内容的类目结构必须符合一定的准则,不能以偏概全;而且类目和编码指南一旦确定,所有要收集的内容需要以完全相同的方式被对待。③整个研究计划要求设计严密,并在资料收集和分析阶段与计划保持一致。④所分析的材料是严格根据系统的科学抽样方法从客体的全部内容中抽取出来的、能够代表客体的样本。

(3)量化性:内容分析法的实现方式是将文本转换为数字,然后以数字来精确地再现信息主体。所获得的结果通过百分比、平均值、相关系数等指标用统计方法对传播内容进行描述、解释、推断和总结。

(4)显性内容:这是内容分析的对象性特征,内容分析的直接对象仅限于可观察的表面信息,至于隐含的深层内容则是内容分析的结果而不是内容分析的对象。

贝雷尔森奠定了内容分析法在传播学的基础，但是学界关于显性内容与隐性内容的争论一直没有中断，对于只重视量化分析的方法也有争议。随着内容分析法的不断发展，研究内容有从明示讯息扩展为潜在讯息的趋势，研究方法有从单纯量化扩展为定性与定量相结合的趋势。

（三）内容分析法的优点

内容分析法具有以下几个方面的优点：

（1）它是较为客观的研究方法：内容分析法是一种规范的方法，具有程序的明确性和操作的统一性，对类目定义和操作规则十分明确与全面。它要求研究者根据预先设定的计划按步骤进行，研究者主观态度不太容易影响研究的结果。不同的研究者或同一研究者在不同时间里重复这个过程都应得到相同的结论，如果出现不同，就要考虑研究过程有什么问题。

（2）它是一种非接触性研究：内容分析法不以人为研究对象，而以事物为研究对象，所面对的数据资料是既存的，即便不是研究时已有的，其内容本身的生成也不受研究者掌控，因此研究者与被研究事物之间没有任何互动，是非反应性的或非介入性的，被研究的事物也不需要对研究者做出反应。研究者主观态度不易干扰研究对象，相对减少了信息偏倚的可能性，这种非接触性研究较接触性研究的效度高。同时非介入性使得内容分析者既能研究当前的事件，也能研究过去的历史，也即分析者的在场与否被排除在研究前提条件之外。可以说，在所有社会科学研究方法中，内容分析法是唯一一种不受时空限制的方法，分析者可以在其方便的时间和地点展开研究。

（3）可以定量与定性结合：虽然在内容分析法的定义中明确指出了其定量研究的特征，但事实上内容分析通常从定性方法来入手进行研究。这是内容分析法最根本的优点，它以定性研究为前提，找出能反映文献内容的一定本质的量的特征，并将它转化为定量的数据。但定量数据只不过把定性分析已经确定的关系性质转化成数学语言，不管数据多么完美无缺，仅是对事物现象方面的认识，不能取代定性研究。因此这种优点能够使内容分析法获得对文献内容所反映的"质"的更深刻、更精确、更全面的认识，得出科学、完整、符合事实的结论，获得一般从定性分析中难以找到的联系和规律。

（4）对语境具有敏感性：内容分析研究各种媒介所传播的信息数据，这些信息都存在于一定的语境下。必须承认数据的文本性（textuality），也就是说内容分析法的使用，要认识到数据由他人阅读，为他人所理解，并在特定的语境中展开。因此通过采用内容分析法而得出的推论与所分析文本的使用者相关。对语境相对不敏感的方法，如控制实验、问卷调查和结构性访谈等所生成的数据无法揭示原有的语境，因此数据的产生、数据成分之间的关联、数据的解读都不涉及语境问题。

（四）内容分析法的缺点

（1）内容分析法只适合研究那些明确的、显性的媒介内容，在处理意识形态、观念、价值、意义这些含义精妙的概念方面比较薄弱。

（2）内容分析法只能够研究那些被记录和流传下来的媒介内容，当需要获得的媒介内容超出了研究者能力范围的时候，就无法采用内容分析。

（3）内容分析法的内在效度不高，因为人为的编码过程会产生误差。单一的内容分析法外在效度并不高，因为媒体总量巨大。内容分析法的材料虽然较为容易获取，且它可以处理大样本数据；但也正是因为所涉及的材料一般都很多，所以内容分析法的时间消耗量和人工强度都很大，研究成本很高。

（4）内容分析都是对媒介内容的描述，其在解释传播者动机和测试对受传者的影响等方面的推断性分析能力不如其他研究方法（如实验法和问卷调查法）直接，最多能够证明变量之

间的相关关系,很少能够揭示因果关系。只有跟其他方法配合,内容分析法才能用于解释性研究之中。内容分析法的一大弱点是仅内容分析法本身较难得出强有力的论断,要实现这一点,需要相当精巧的研究设计并结合其他研究方法。

(5) 有时很难确定所研究的样本具有代表性,尤其在采用非概率抽样/立意抽样来抽取样本时,很难做到有代表性。例如对北京电视台《养生堂》节目进行内容分析,可能不能够说明我国健康类电视节目的变迁。

二、内容分析法的应用

(一) 内容分析法在健康传播中的应用领域

内容分析法主要应用于以下几个方面:

1. 描述某一时间段内媒介内容和媒介再现手段

(1) 描述媒介内容和再现手段的特征和趋势、比较不同时期的媒介内容,由此对历史变化立论。例如,通过对期刊、杂志中与健康传播相关的主题进行内容分析,可以描述该领域的主题历年的变化。

(2) 比较不同媒体之间的内容差异,例如综合报纸与以医疗保健为主题的报纸在传递健康信息的差异。

(3) 通过研究媒介内容和再现手段来体现真实世界的社会观念和行为,即比较"媒介现实"和"社会真实"。例如通过研究保健品广告来了解大众健康观的变迁,通过研究电影、电视吸烟镜头探讨它与公众实际吸烟行为之间的关系等。

2. 推断传播者的特征和态度

(1) 通过媒介内容和再现手段来描述传播者有关的变量的特征,如分析医学出身和文学出身的记者的作品出现在报纸版面上的位置及其内容来衡量他们在媒介组织内部的地位,通过研究健康广告在报纸中的地位和比例来体现广告对报纸的影响等。

(2) 了解媒介对某些群体(如少数民族、外国人、儿童、女性等)和某些议题(如AIDS、癌症等)的态度,以此来评价媒介在社会权力运作过程中的地位和立场。例如,通过研究媒介对AIDS的报道,可以看出它们在AIDS防控事业中的舆论导向作用。

3. 与受众调查结合估计特定媒介内容的传播效果 用调查法来研究受众的态度和媒介接触习惯,同时用内容分析法来统计媒介健康相关信息的程度和出现频率,比较两者就可以看出媒介是否实现了传播效果。

(二) 内容分析的步骤

内容分析法的一般过程包括建立研究问题和假设、确定研究总体和选择分析单位、设计分析维度体系、抽样和量化分析材料、进行评判记录和分析推论6部分。具体来讲有以下7个步骤:

1. 建立研究问题或假设 研究者要将内容分析的目的清楚地表达出来,避免为了统计而统计所导致无目的的数据收集。确定研究问题或假设不仅能便于分析内容,还可以有目的地获得更具价值的数据,可参见本章第一节内容。

2. 确定总体和选取样本 在研究问题和假设的指导下,首先要界定研究问题所针对的传播内容总体和抽样单位。抽样的前提是确定研究总体,包括所研究的主题和时间跨度。在确定总体之后,可以选择普查,也可以进行抽样。如果从总体中根据一定的方法选取样本,样本大小则取决于多种因素,如研究目标、研究总体的大小、研究推断的置信水平和置信区间等。所有抽样方法均适用于内容分析。具体的抽样方法可以参见统计学书籍。

大众传媒研究运用最广的抽样方法是多阶段抽样。第一步先抽取媒介,第二步该媒介下对研究日期进行抽样，第三步对媒介的内容进行抽样。选取样本的标准要符合研究目的、信息量大、具有连续性、内容体例基本一致，简而言之，应能从样本的性质中推断与总体性质有关的结论。

3. 确定分析单位 分析单位指的是描述和解释的个体单位，对分析单位的选择与确定是研究设计的一项重要内容，分析单位是否合适、能否清晰地界定与使用，直接关系到研究结果的有效性，甚至在很大程度上决定了整个研究的成败。

内容分析往往包含两种类型的内容单位：一个是分析单位（unit of analysis），即被研究的现象，如研究健康新闻报道的平衡性问题。分析单位可以是每篇新闻报道，也可以是新闻报道中出现的每个新闻消息源。确定恰当的分析单位关系到下一步编码是否成功。分析单位界定不清，会导致编码表题项的错位进而造成编码的混乱。另一个是记录单位（unit of recording），即在个体层面上所测量的具体单位。记录单位是内容分析里最小的一个要素，要小于抽样单位、不大于分析单位。记录单位可能就是分析单位，但也可能不是分析单位。

4. 建立类目建构及编码系统 所谓类目，就是指内容的分类。它是内容分析的基本单位，是将内容单位归类的标准。任何内容分析的核心都是对内容进行分类。准确的分类对内容分析来说是相当重要的。

一般有两种方式来对内容进行分类：一种方法是初始编码，初始编码是在对数据进行初步测试之后进行分类。这一分类系统是基于数据本身呈现出的普通事实和主题。另一种方法是在理论和概念的基础上，在数据收集好之前提前编码、建立分类。

类目建构需要注意以下问题：①类目的确定必须是在进行内容分析判断之前预先制定的，不能一边分析，一边适应性地修改补充；②分类要详尽全面，应包括该研究课题所规定的内容的所有部分，不能出现无处归放的分析单元；③类目之间不能相互包含或重叠，含义要明确。

从实用角度来说，所有分类系统都必须相互独立、相互排斥、穷尽一切可能性，并且可靠。内容分类的互斥是指一个分析单位能且只能被划分入一个类别。如果研究者发现一个分析单位可以同时被放入两个类别中，那么这样一些类别的定义就需要被修正。除了互斥，内容分析的分类还应该做到穷尽。应该存在这样一个分类，可以使所有的分析单位都可被归类。如果研究者发现有的分析单位不适用于任何分类标准，那么既有的分类系统就肯定存在问题。在大众传媒内容分析方面，做到穷尽并不困难。即使有一两个比较特殊的例子，也可以被归到"其他"这样的类别中。但是如果太多的条目都被归入这样的类别中，就有必要对初始的分类进行重新考察了。另外一个保证穷尽的方法是采用二分法或三分法。二分法是指将一个事物分为2个方面，三分法是指将事物分为3个部分或方面。一般来说，我们对一个问题可以采用两个极端对立的分类法或者极端加中立的描述方式，如好与坏，有益于健康的与不益于健康的，喜欢、中立、不喜欢等。确定一个分类系统是否穷尽的实用方法就是将一些样本试用到整个分类系统中，如果出现了一些无法归类的条目，那么需要在分析之前修正原始计划。

编码有两种基本方法：第一种是根据研究需要，在基于理论和概念的基础上事先设计一种相对容易的编码方案或是利用一些既有的研究方案，也称为"先验编码"，如性别的分类可固定为男/女。第二种是根据资料编码，即研究者在不可能预测到所有答案时，根据答案进行编码，这种编码被形象地称为"急诊编码"。可以对数据进行初步测试后，根据数据的特性进行分类和编码，并设置一个选项"其他"，以备不时之需。

编码系统的一个重要组成部分是一个全面的手写的编码表。它要包含需要研究的变量，并为研究者提供一个连贯一致的研究框架。编码表将类目等制成表格的形式，包括编码类别、日期以及编码员姓名等内容。对大多数内容分析而言，每检查一个样本就需要记录一份编码表。

5. 培训编码员及编码 编码员是对研究样本进行编码的人员。训练编码员的目的是让每一位编码员理解研究者意图，以统一的方式进行编码，理解每个测量指标的含义和每个分类的界定，掌握编码的流程和技巧等。

首先，研究者要给予每位编码员一份详细说明和指导编码的培训材料，即编码说明。编码说明是事先确定好的，它对每一个测量指标及其类别进行说明。接着，编码员尝试编码几个案例，并与研究者自己做的案例进行比较，检查编码是否正确。当编码结果一致性达到较高水平时，编码员才算通过培训；如果一次培训后未能达标，可以再次培训，达标后才能继续对总样本进行大规模编码。

对编码员进行培训以后，要检测编码员之间的内部信度（intercoder reliability），这是保证研究效度和研究意义的一个必要的标准。编码员间信度可以采用一些公式来计算，如百分比一致性、霍尔斯蒂（Holsti）公式、斯科特pi指数（Scott's pi，π）、克里彭多夫的α系数（Krippendorff's alpha）、科恩Kappa值（Cohen's kappa，κ）、皮尔森（Pearson）积差相关系数、斯皮尔曼相关系数（Spearman rho）。详细内容参考其他相关书籍。

在培训后，编码员就可以依据编码表对每个样本进行编码，这是将资料转化为可机读格式的操作性阶段。在所抽取的样本有足够代表性的前提下，内容分析法所得出结论的客观性程度完全取决于编码的客观情况。可见，编码在内容分析法研究中居于至关重要的核心地位，会直接影响着研究成果的客观性。

6. 录入计算机和进行统计分析 将收回的纸质编码表录入计算机软件系统形成数据库。当编码表为封闭式问题时，研究者可以使用光学扫描单来收集资料，也可以借助"问卷星"等工具直接采用电子编码表，这样可以省去从纸版录入到计算机的步骤，直接生成数据库。数据库经过核查清理之后，就可以将这些定量资料应用统计软件如SPSS等进行分析。相关方法请参见统计学相关书籍。

7. 报告研究结果 对数据进行分析、比较、统计检验之后，需要撰写研究报告。报告研究结果时，要注意使结论具体化，以体现研究结果的重要性和方便读者的理解。要从前言、研究目的、研究内容与方法、结果、结论、参考文献等几方面来撰写研究报告。

第四节 健康传播研究案例

本节介绍2015年进行的"如何利用微博进行有效的健康传播——基于'生命时报'微博账号的研究"案例。此研究从传播者、传播内容、传播受众和传播效果4个维度进行：①传播者及媒介控制研究，采用自拟访谈提纲，对"生命时报"微博就受访者基本情况，微博内容生产及把关过程，对用户和用户需求的了解，"生命时报"微博的历史、现状、目标、定位、优势、发展策略，运营"生命时报"微博的经验、困难和需要的帮助6方面进行深度访谈；②传播内容研究，对"生命时报"微博账号2014年的所有微博分层随机抽样后进行内容分析，采用Kruskal-Walls秩和检验对分类变量与转发量进行关联研究，对慢性病类微博进行可读性评价；③受众及效果研究，通过线上发放自填问卷，对"生命时报"微博粉丝进行问卷调查，调查内容包括粉丝基本情况，活跃度及影响力，关注点、态度、行为及意向，并与内容分析的结果做供需比较；④控制实验，探讨健康类微博在大学生中的传播效果及影响因素。此研究评价了"生命时报"微博的科学性，可读性和供需平衡，探究影响健康类微博传播效果的因素，为如何利用微博进行有效的健康传播提出建议。鉴于篇幅的限制，本节略去研究背景、文献综述部分，重点介绍研究方法和部分研究结果。

一、传播者及媒介控制研究

(一) 研究目的

1. 了解"生命时报"微博的生产过程和把关过程。
2. 了解"生命时报"在利用微博平台进行健康传播中所积累的经验、遇到的问题和困难、需要的帮助。

(二) 研究对象

参与"生命时报"微博内容生产和把关的工作人员，共4人："生命时报"采编中心主任、新媒体部主任、微博编辑、美术编辑。

(三) 研究方法——个人深入访谈

采用自行设计的访谈提纲进行调查，内容包括受访者基本情况，微博内容生产及把关过程，对用户和用户需求的了解，"生命时报"微博的历史、现状、目标、定位、优势、发展策略，运营"生命时报"微博的经验、困难和需要的帮助共6方面，详见附录3-1。

(四) 控制分析结果（节选）

1. "生命时报"微博的内容生产过程和把关过程　"生命时报"微博的内容生产过程和把关过程如图3-8所示，虚线框的部分是《生命时报》纸媒所刊登的文章采编成稿见报的过程，实线框的部分是将纸媒内容经过二次加工后在微博发布的过程。生命时报纸媒的编辑、记者会通过学术会议和网络了解热点话题，选择值得做的、可能会受到欢迎的医学话题作为他们的选题。在选题策划会上，主编、采编中心主任、部门主任、编辑和记者会共同讨论这些选题做出筛选。如选题通过，记者就可以开始查找背景资料，方式一般是通过医学相关书籍和网络。之后记者们将会联系相关的专家进行采访。生命时报拥有20多位院士顾问，并和40多家政府机构、300多家全国三甲医院建立了联系。采访对象是来自三甲医院的主任医师及副主任医师级别的医生。采访结束后，记者会根据背景资料和采访所得到的信息来撰稿，完稿后交回专家审稿。其中有一部分内容会直接与专家约稿，由专家直接撰稿。稿件撰写完毕后会编排上报、印刷出样报，看版领导（部门主任）会进行修改，之后主编进行审稿修改，最终印刷出版，所有文章都会归入《生命时报》的数据库。

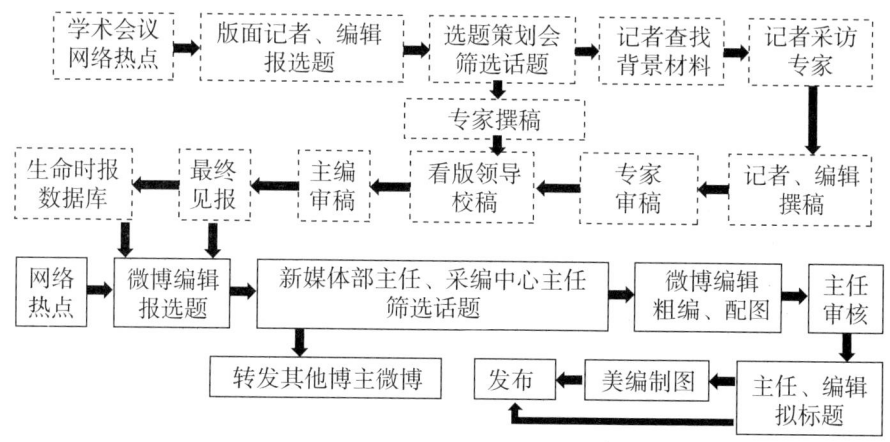

图3-8　"生命时报"微博的内容生产和把关流程图

大部分微博的编写过程是一个把纸媒内容进行二次包装和精编的过程。微博编辑会根据网络热点在他们的数据库中寻找一些相应的选题,从最近出版的报纸稿件中挑选一些选题,把这些选题报给新媒体部主任和采编中心主任来筛选。微博编辑在对纸媒内容进行粗编辑和配图后交由主任审核修改,一些内容会交给美编来制图,其中一小部分内容是转发其他博主的微博。内容制作完毕后,新媒体部的所有工作人员会一同头脑风暴构思标题。

在整个把关过程中,我们筛选出了几个比较重要的把关环节,见表3-1、表3-2。

表3-1 《生命时报》纸媒内容把关环节

把关环节	把关人	注重因素
选题策划会	版面编辑、部门主任、采编中心主任、主编	话题的适宜性
采访专家和专家审稿	专家:三甲医院的主任医师副主任医师	科学性、权威性
医学编辑撰稿(部分稿件)	有医学背景的编辑	科学性
领导看版和主编看版	部门主任、采编中心主任、主编	可读性、逻辑性、规范性

表3-2 "生命时报"微博内容把关环节

把关环节	目的	把关人	注重因素
报选题	从海量信息中寻找话题	微博编辑	网络热点:新闻性 靠谱的专家:权威性
微博话题筛选	剔除不合适的话题	采编中心主任、新媒体部主任	话题吸引力:趣味性 受众会不会转发:实用性 会不会引起争议:可靠性
微博编辑	用网络化的语言 呈现知识要点	微博编辑	语言:通俗易懂有趣 导语:吸引人
微博内容审核	确定微博最终如何呈现	采编中心主任、新媒体部主任	形式、语言、图片、标题

2. 经验总结

从访谈中总结了《生命时报》工作人员的经验,他们认为传播度高的微博有以下特点:

(1)形式很重要:通过生动的制图或视频,深入浅出地表达医学知识。

(2)内容要新颖:结合时事热点话题的内容和一些比较新颖的研究结果更易受到欢迎。

(3)生活常能用:和生活都息息相关的、在生活中能够使用到的医学知识传播度较好。

(4)一看就能懂:常用微博的人阅读习惯比较倾向于浅显易懂的语言,而且时间比较分散,他们更喜欢较直观的内容。

(5)一些客观因素:如发布的时间、每天发布的微博数等。

"生命时报"微博在短期内实现了粉丝数量的迅速增长和影响力的快速提升。从访谈中,我们发现,从传播者角度,生命时报拥有以下几点优势:

(1)强大的采编团队:虽然生命时报新媒体部人员配置并不多,但它的内容基础其实是由纸媒的采编团队提供,强大的采编团队保证了它的内容的原创性。

(2)严格的把关流程:采访专家、专家审稿的方式在一定程度上保证了它内容的权威性和可靠性,同时多层的把关机制使错误率降到最低。虽然不能保证信息是完全正确的,但从把关程序上和他们对权威性的重视程度上来说,不会出现完全不真实和有误导性的信息。

(3)庞大的数据库:《生命时报》纸媒已经成立了11年,积累了一个很庞大的健康信息数据库。在遇到热点话题的时候,相关人员可以迅速地反应,把相关的知识找出来,再去做整合精编、二次加工和包装。这样就比原创要省时省力,保证了它的时效性。

（4）群策群力、扁平化管理：在管理的层面上，团队的运作比较扁平化，成员的参与度很高，有利于激发创造性思维。

"生命时报"微博发展所遇到的困难和问题主要有以下两个方面：

（1）营销手段和互联网思维：让内容更好地推广、扩大影响力，是"生命时报"微博传播者正在努力的方向。如今，网络健康信息质量参差不齐，"博眼球"的段子手大行其道，"伪健康"信息充斥网络，如何能在鱼龙混杂的网络环境中脱颖而出、受到用户的青睐是"生命时报"微博传播者亟待解决的问题。

（2）缺乏技术人才：如上文所说，形式对于微博健康传播来说很重要，"生命时报"微博缺乏技术人才，外包的制作又非常昂贵，因此技术对他们来说是一个瓶颈。

二、传播内容分析

（一）研究对象

以4个季节中有代表性的月份——1月、4月、7月、10月的微博为研究对象，通过随机数表选取每月10天的微博。

（二）编码表

利用 EpiData 3.1 将得到的微博样本进行数据录入（表3-3）。

表3-3　录入编码表

项目	标号
A 议题类型	健康类 生活方式：① 营养　② 运动/体重管理　③ 睡眠　④ 吸烟/戒烟　⑤ 中医养生　⑥ 两性　⑦ 生活小窍门　⑧ 其他 疾病：⑨ 慢性病　⑩ 精神障碍　⑪ 传染病　⑫ 杂病 非健康类： ⑬ 心灵鸡汤、生活技能小贴士、人际交往等
B 表现形式	① 纯文字　② 文字+图片（有辅助解析作用）　③ 文字+图片（无辅助解析作用）　④ 文字+视频　⑤ 文字+链接　⑥ 长微博
C 针对人群	① 无　② 有
D 内容指向	① 提醒型　② 劝诫型　③ 指导型　④ 讨论型
E 微博显示的信息来源	① 医疗卫生专业人员　② 医疗卫生专业机构　③ 期刊、文献、学术研究　④ 其他_____　⑤ 未显示
F 原创/转发	① 原创　② 转发
F 传播效果	转发量_____　评论数_____　点赞数_____

（三）统计方法

1. 用 IBM SPSS20.0 进行统计分析　对内容分析中的"议题类型""表现形式""针对人群""内容指向""微博显示的信息来源""原创/转发"进行分类变量的描述性分析，对"传播效果"进行数值变量的描述性分析。采用方差分析或非参数检验，对分类变量与数值变量进行假设检验。

2. 对部分微博进行可读性评价并与传播效果进行相关性分析　将"文字+图片（无辅助解析作用）"的微博筛选出来，随机抽取其中的40条，用 SMOG（simplified measure of gobbledygook）值进行文字可读性评价，其计算公式如下：

$$\text{SMOG} = 1.043 \times \sqrt{[\text{难度词汇总数} \times (30/\text{句子的总数})]} + 3.1291 \qquad \text{公式 3-1}$$

其中难度词汇界定为"词义或结构上较难辨认或理解的词汇,如生僻、专业、结构复杂的词汇",SMOG 值对应相同数值年级的文化水平。用 SPSS20.0 对微博的 SMOG 值与转发量进行线性相关分析。

(四) 内容分析的结果(摘要)

在完成了对 812 条微博的信息提取后,研究者发现健康类微博的转发量高于非健康类微博,且差异有统计学意义($P < 0.05$)。指导型或劝诫型微博的转发量高于提醒型,且差异有统计学意义($P < 0.05$)。针对慢性病的 27 条微博的平均 SMOG 值为 10.75。

三、受众及传播效果分析

(一) 研究对象

研究对象为"生命时报"微博账号的所有粉丝。

(二) 调查内容

以微博及私信的形式向研究对象发放线上问卷,调查其基本情况、活跃度及影响力,关注点、态度、行为及意向,并与内容分析的结果做供需比较。"生命时报"微搏粉丝意向调查问卷见附录 3-2。

(三) 统计方法

用 SPSS20.0 软件进行统计分析,对调查对象的基本情况、活跃度及影响力、关注点、态度、行为和意向等情况进行描述性分析,采用卡方检验对微博的议题类型和表现形式进行供需比较。

(四) 结果(摘要)

共回收 296 份问卷。问卷来源 IP 地址在全国各地分布较为均匀,男女比例约为 4∶6,年龄段以 18 ~ 25 岁以及 26 ~ 35 岁最多,粉丝学历多为大学本科(58.5%),职业以学生居多(40.9%),粉丝的粉丝数多在 100 以下以及 100 ~ 500 之间,粉丝每天发表的微博数多小于 1 条或在 1 ~ 5 条之间,粉丝每天微博使用时长较为分散,粉丝对微博的阅览情况较好,粉丝对"生命时报"微博的信任情况较好。议题类型与表现形式均不满足供需平衡($P < 0.05$)。

(五) 讨论

生命时报微博共有 163 万粉丝,问卷发出后只回收到 296 份,回收率较低。主要原因是线上问卷没有激励机制,填写问卷不会得到奖励,故参与率低。回收的问卷统计后显示男女比例为 4∶6,这与"生命时报"微博管理者给我们的信息吻合,推测问卷代表性良好。粉丝年龄分布多在 18 ~ 35 岁,可能原因一是该年龄段的微博使用率较高,二是该年龄段对健康信息的关注度较高。粉丝的学历多为大学本科,而对微博进行内容分析得出该微博适合高二及以上的人群阅读,推测其对受众的普适性较好。粉丝对"生命时报"微博的阅读情况、信任情况以及行为改变情况均较好,但由于我们使用的是线上问卷调查,参与调查的个体均为自愿,得出的结果可能存在志愿者偏倚。粉丝的影响力受到其活跃度的影响,这符合微博的传播特征:一名博主使用微博时长越长、发表微博数目越多时,其微博的内容覆盖面会越大,越容易被其他人看到,因此粉丝数增长得也就越快。粉丝的活跃度与其二次传播效果相关,每天发表微博数目越多、越倾向于转发"生命时报"微博,二次传播效果越好。慢性病史与粉丝对疾病防治、慢性病防治的关注情况，以及对"生命时报"微博的态度及行为改变情况均不相关；但因样本量较少，得出的结果不一定可信，需要进一步扩大研究。粉丝对内容类型中最关注的是生活方式类，因粉丝年龄分布较为年轻化，更倾向于获得对生活质量提高有用的信息，如饮食、减肥、睡眠等。粉丝最喜欢的表现形式是文字＋图片类，可能因为此类微博最为生动易懂，满足了大众对网络信息的需求。

四、控制实验法的应用

通过健康类微博在大学生中的传播效果及影响因素研究的例子来说明控制实验法的应用。

（一）对象与方法

抽取北京大学在校大学生180人。采用方便抽样，抽取出席某两个课堂的所有学生。将每个课堂分为两个区域，每个区域的学生人数大致相同，一个区域发放A问卷，另一区域发放B问卷。由经过统一培训的调查人员在现场组织进行自填式匿名问卷调查。问卷回收后核查，将缺失和模糊的选项达到总选项20%的问卷视为无效问卷。采用EpiData3.1软件录入资料。用SPSS20.0软件进行统计分析，采用秩和检验，$P<0.05$为差异具有统计学意义。

（二）调查问卷及研究假设

问卷内容包括3部分：第一部分是调查对象基本情况，第二部分是调查对象的微博使用情况，第三部分是3条微博的传播效果。问卷分为A、B两种，前两部分两种问卷完全相同，第三部分在两组问卷中略有不同。第三部分包含3条微博，第一条微博"吃饭快，发胖风险增加4倍"在两组问卷中只有发布者不同，A问卷为权威性博主，B问卷为草根类博主，以此来探究假设一：信息来源权威性会对传播效果产生影响。第二条微博"盘腿坐可以通血脉"在两组问卷中只有针对人群不同，A问卷中针对的人群是上班族，B问卷中针对的是大学生，以此来探究假设二：信息的针对性会对传播效果产生影响。第三条微博"爱运动的人，更聪明"在两组问卷中只有评论、点赞、转发量不同，B问卷中的评论、点赞、转发量明显多于A问卷，以此来探究假设三：微博的转发、评论、点赞量会对传播效果产生影响。

体现研究假设三的问卷内容见附录3-3，其余内容略去。

（三）研究结果（节选）

针对研究假设三，分析微博的转发、评论、点赞量对态度的影响。发现两组问卷中男生对"爱运动的人，更聪明"这条微博的态度不同（$P=0.039$，表3-4）。B组问卷的男生比A组的更倾向于相信微博的内容，而女生对这条微博的态度在两组问卷中没有差别。

表3-4 微博的转发、点赞、评论量在男生和女生中对传播效果的影响

性别	组别	微博转发量	例数	平均秩次	Z值	P
男	A组	少	26	47.25	-2.068	0.039
	B组	多	53	36.44		
女	A组	少	58	49.53	-0.616	0.538
	B组	多	43	52.98		

（四）讨论（节选）

针对男、女性的微博可采用不同的传播策略：如针对男性，可选择使用一些转发、评论、

点赞量更高的微博。

思 考 题

1．简述健康传播学研究的思路。
2．简述把关人理论的核心。
3．简述如何进行内容分析。

（孙昕霙）

参考文献

[1] 董璐．传播学核心理论与概念．2版．北京：北京大学出版社，2016.
[2] 周翔．传播学内容分析研究与应用．重庆：重庆大学出版社，2014.
[3] 胡正荣．传播学概论．北京：高等教育出版社，2017.
[4] 李琨．传播学定性研究方法．北京：北京大学出版社，2009.
[5] 戴元光．传播学研究理论与方法．2版．上海：复旦大学出版社，2008.
[6] 约翰·W·克雷斯威尔，著．研究设计与写作指导：定性、定量与混合方法研究的路径．崔延强，译．重庆：重庆大学出版社，2007.
[7] Creswell JW，Clark V. Designing and Conducting Mixed Methods Research. 2nd edition. New York：SAGE Publications，2011.
[8] 谢甜，段玉洁，董梁，等．健康类微博在大学生中的传播效果研究．中国健康教育，2016，32（10）：900-903.

附录 3-1 "生命时报"微博工作人员访谈提纲（节选）

开场白

您好！我们是北京大学公共卫生学院的学生，我们现在正在进行一项微博在健康传播中应用的研究。我们希望了解"生命时报"微博的内容生产和把关过程以及"生命时报"在利用微博平台进行健康传播中所积累的经验、遇到的问题和困难，以及需要的帮助。我们了解到您在微博的采编过程中起到至关重要的作用，所以希望对您做一个深度访谈。我们的访谈已经经过丁主编同意，我们获得的一切信息仅用于学术研究，绝不用于其他途径或向外泄露，所以您不必有任何担忧。您的回答将对我们的研究起到非常重要的作用，希望您能按照真实情况认真回答，感谢您的支持与配合！

基本信息

1. 您的性别：_____
2. 您的年龄：_____
3. 您正在攻读或已经获得的最高学位是：_____

    A．本科以下　　B．本科　　C．硕士　　D．博士

4. 您的专业是：(如修过多个专业，请全部列举，详细到学系)_____
5. 您在"生命时报"中的职位：_____
6. 您是否有医学专业（医疗卫生机构工作人员及政府卫生系统工作人员）从业经历：_____

    A．有：单位_____，职位_____，年限_____　　B．无

7. 从事健康相关新媒体工作的年限：_____

主任部分

采编中心主任问全部 17 个问题，新媒体部主任只问 1~13 题

微博生产过程和影响因素

1. 请您描述一下生产一条医学相关微博的大致过程，主要有哪些步骤，需要经过哪些人的编辑、修改及审核？您在这个过程中主要负责哪一部分？
2. 您在审核一条微博的过程中主要审核哪些方面？在审核过程中微博各有什么侧重？
3. 在进行微博内容和话题的选择时会考虑哪些方面，哪些因素会决定是否采用某条信息？请把这些因素按重要程度做一个排序。

对用户和用户需求的了解

4. 您是否关注过"生命时报"微博的转发，评论，点赞的情况？传播度较高的微博有什么特点？您认为哪些因素会影响微博的传播效果？
5. 您了解"生命时报"微博粉丝的构成情况吗？您会针对受众的需求来选择微博的话题或侧重某类话题吗？会分析关注者的反馈情况吗？会根据关注者的反馈来调节发布的内容吗？

历史、现状、目标、优势、展望

6. 能否介绍一下"生命时报"微博的发展史？建立之初是什么状况？建立微博的初衷是什么？

    微博是如何发展到有 160 万粉丝的？在您的印象里，有没有哪几条微博为"生命时报"带来了粉丝的激增，或者哪一段时间粉丝的增速特别快？现在微博处于一个怎样的阶段？粉丝数是在增加、下降还是维持稳定？

7. "生命时报"微博发展的这些年，人、财、物投入情况是怎样的？成本 - 效益情况如

何?主要的收益来源是什么?

8. "生命时报"微博的发展有没有遇到什么问题、困难或阻力?需要获取哪些方面的帮助?在具体的话题选择和内容生产过程当中有没有经常遇到的问题?

9. 您认为,运营"生命时报"微博账号的目的和目标是什么?除了作为媒体本身发展壮大的目标外,是否设定了一些社会目标或者公益目标?

10. 您认为"生命时报"微博主要的竞争对手是什么?与其他健康传播类微博相比,"生命时报"有什么优势?如何吸引受众?

11. 对今后"生命时报"微博的发展有什么策略和展望?新媒体的发展日新月异,您认为应当怎么应对?

微博与微信的关系,新媒体与纸媒的关系

12. "生命时报"微博和公众号各有什么特点?受众有什么不同?内容有什么不同?各有什么侧重?哪一个传播效果更好?有没有更倾向于发展其中的哪一个?2011年微信迅速发展,对微博产生了不小的冲击,您有没有感受到这种冲击?当时是怎样应对的?

13. 微博与报纸的关系是怎样的?微博的开通是否对报纸的销量造成影响?是怎样的影响?

关于《生命时报》纸媒内容的信源和质量控制

14. 《生命时报》现有的采编团队构成是怎样的(人数,层级分工)?采编人员是否有医学背景?有医学背景的采编人员大概占多少?在招聘工作人员时是否会考虑应聘者的医学相关背景或医学素养?如果考虑,以什么方式考核,笔试(题目)或是面试?

15. 《生命时报》采编人员入职后是否会对他们进行医学相关的培训?如果有,谁来培训,是老员工、专业的医疗机构、卫生部门、医学院校、研究机构还是医务工作者?会对采编人员的医学知识进行考核吗?

16. 《生命时报》的信源主要有哪些?怎样核实信息的可靠性?一条信息的采用需要几个信源的佐证?对此有没有相关的规定?

17. 《生命时报》有没有和专业的医疗机构、卫生部门、医学院校、研究机构或医务工作者建立长期的合作?如果有,有哪些方面的合作?如何合作?如果没有,您认为是否需要建立一些的合作?为什么?

微博编辑部分

工作内容及信息质量控制

1. 您的工作内容和流程是怎样的?在一条微博编写到发布的过程中您负责哪些步骤,具体做哪些工作?

2. 您在将《生命时报》纸版内容改写成微博内容时,会关注哪些方面?在哪些方面做出改动?将《生命时报》纸版内容编写成微博时,会核实其真实性和可靠性吗?

3. 您用"生命时报"账号转发其他账号的微博时,主要转发来源是哪些博主?会关注哪些博主?能列举几个账号吗?

4. 您用"生命时报"账号转发其他账号的微博时,会核实信息的真实性和可靠性吗?
   不会——为什么?
   会——通过什么方式,询问什么人或参考什么资料?

5. 生命时报的微博内容中,有您自己编写的吗?大概占多少比例?是什么内容?信源是什么?您会核实信息的真实性和可靠性吗?

6. 在您工作过程中,有没有出现过发现已经发布的微博不实或存在质疑,如果有的话您是怎么做的?

话题选择和对用户的了解

7. 在选择微博的内容和话题时会考虑哪些方面?哪些因素会让您决定是否采用某条信息?请把这些因素按重要程度做一个排序。
8. 您知道"生命时报"微博的受众是哪类人群吗?或者您预期"生命时报"微博的受众会是哪类人群?在编写微博的过程中,您会针对这些人的需求和喜好来选择话题吗?会在微博中表现出这种针对性吗?
9. 您有没有关注过"生命时报"微博的转发、评论、点赞的情况?传播度较高的微博有什么特点?在您的印象里,有没有哪几条微博为"生命时报"带来粉丝的激增,或者哪一段时间粉丝的增速特别快?
10. 现在"生命时报"微博处于一个怎样的阶段?粉丝数是在增加、下降还是维持稳定?

遇到的困难和需要的帮助

11. 在健康及医学相关的微博内容采编过程中,您会遇到哪些问题或困难?会寻求谁的帮助?
12. 如果您能够与医学专业人员或机构建立长期联系,以获得医学专业知识的指导和帮助,您认为您需要这样的指导或帮助吗?

    需要——希望与什么机构或什么人建立联系?

    不需要——为什么?

美术编辑部分

1. 您在制作微博图文的时候会考虑哪些方面?哪些因素会影响您是否配图,制作成什么样的形式?
2. 您认为微博的形式会对影响微博的传播效果吗?怎样影响?
3. 您有没有关注过"生命时报"微博的转发、评论、点赞的情况?您认为粉丝或关注者更喜欢什么形式的微博?

附录3-2 "生命时报"微博粉丝意向调查问卷

致亲爱的粉丝：

2014年，生命君在大家的关注、转发与点赞下，茁壮地成长。在新年即将到来的时候，生命君真诚地邀请你参与这份问卷调查。你的答案将成为生命君为大家提供更多优质、专业、科学内容的参考，生命君也想更多地听到大家的呼声。

1. 您的性别
   □ 男　　　　　　　　　　□ 女

2. 您的年龄（周岁）＿＿＿＿＿＿

3. 您的学历（包括在读）
   □ 小学　□ 初中　□ 高中（中专）　□ 大专　□ 大学本科　□ 硕士　□ 博士及以上

4. 您的职业
   □ 学生　□ 教育行业　□ 金融行业　□ 医疗卫生行业　□ 服务业　□ 新闻、出版、广告业　□ 农林牧副渔业　□ 制造业/建筑业　□ 政府/事业单位　□ 其他

5. 有无慢性病病史（高血压病、糖尿病、血脂异常、肿瘤等）
   □ 有　□ 无

6. 您曾患过哪种疾病？
   □ 高血压病　□ 糖尿病　□ 血脂异常　□ 肿瘤　其他＿＿＿＿＿＿

7. 您的微博粉丝数
   □ 100以下　□ 100～500　□ 500～1 000　□ 1 000～5 000　□ 5 000以上

8. 您平均每天使用微博的时间是多长？
   □ 半小时以下　□ 半小时到1小时　□ 1～2小时　□ 2～4小时　□ 4小时以上

9. 您平均每天发表微博（包括原创和转发）的数量？
   □ ＜1条　□ 1～5条　□ 6～10条　□ 10条以上

10. 您对"生命时报"发表的内容最关注的是哪些？
    □ 生活方式（包括营养/烹饪、运动/体重管理、睡眠、吸烟/戒烟、中医/养生）
    □ 疾病防治　其他＿＿＿＿＿＿

11. 关于生活方式，您最关心以下哪些方面？
    □ 营养/烹饪　□ 运动/体重管理　□ 睡眠　□ 吸烟/戒烟　□ 中医养生　其他＿＿＿＿＿

12. 关于疾病防治，您最关心以下哪些方面？
    □ 常见病（感冒、口腔溃疡等）　□ 慢性病（高血压病、糖尿病、血脂异常、肿瘤等）
    □ 精神障碍　□ 传染病　其他＿＿＿＿＿＿

13．对于"生命时报"微博，您的阅读方式是？
□ 每条都会认真阅读　□ 经常认真阅读　□ 通常大体浏览　□ 不怎么浏览

14．您对"生命时报"微博内容的态度是？
□ 完全相信　□ 多数相信　□ 偶尔相信　□ 少数相信　□ 基本不信

15．看到"生命时报"发表了对您有用的微博时，您是否会转发？
□ 总是　□ 经常　□ 偶尔　□ 很少　□ 从不

16．您是否会在"生命时报"微博的评论中@其他人？
□ 总是　□ 经常　□ 偶尔　□ 很少　□ 从不

17．若"生命时报"微博建议改变一些不良的行为习惯，您会尝试着改变自己的行为吗？
□ 经常尝试，并能坚持下来　　□ 选感兴趣的尝试，并能坚持下来
□ 经常尝试，但是不能坚持　　□ 很少尝试　□ 从未尝试

18．您更倾向于阅读哪一类的微博？
□ 纯文本　□ 图文并茂　□ 纯图片　□ 长微博　□ 视频

19．您希望将来更多地获得哪方面的内容？
□ 生活方式（包括营养/烹饪，运动/体重管理，睡眠，吸烟/戒烟，中医/养生）
□ 疾病防治　　其他_____

20．关于生活方式，您希望将来更多地获得哪方面的内容？
□ 营养/烹饪　□ 运动/体重管理　□ 睡眠　□ 吸烟/戒烟　□ 中医养生
其他_____

21．关于疾病防治，您希望将来更多地获得哪方面的内容？
□ 常见病（感冒、口腔溃疡等）　□ 慢性病（高血压病、糖尿病、血脂异常、肿瘤等）
□ 精神障碍　□ 传染病　　其他_____

附录3-3　健康类微博在大学生中的传播效果及影响因素研究问卷

A组

 北京sweetmelon

【爱运动的人，更聪明】想知道变聪明的秘诀吗？有氧运动能促进海马体（大脑中负责学习和记忆的关键区域）的功能，改善记忆力，让人更聪明。常见的有氧运动项目包括步行、慢跑、游泳、骑自行车、打太极拳、跳舞等。别老坐着了，赶紧选择一项你喜欢的有氧运动动起来吧！

4分钟前 来自 搜狗高速浏览器

收藏　　转发1　　评论1　　👍2

B组

 北京sweetmelon

【爱运动的人，更聪明】想知道变聪明的秘诀吗？有氧运动能促进海马体（大脑中负责学习和记忆的关键区域）的功能，改善记忆力，让人更聪明。常见的有氧运动项目包括步行、慢跑、游泳、骑自行车、打太极拳、跳舞等。别老坐着了，赶紧选择一项你喜欢的有氧运动动起来吧！

4分钟前 来自 搜狗高速浏览器

收藏　　转发5223　　评论2508　　👍9541

（请您务必耐心看完这篇微博）您相信这篇微博的内容吗？
①非常相信　②比较相信　③一般　④比较不相信　⑤非常不相信

第四章 健康传播活动策划与实施

健康传播是一门应用科学。健康传播学研究解析整个健康传播的流程，其目的终究是为了获得更好的传播效果，应用于相关健康传播活动实践。近年来，随着全社会对于可持续发展的关注、人们健康素养的提升，健康传播活动日益普遍。如何策划一项健康传播活动并成功实施？如何将社会营销的理念应用于健康传播活动中？这都是值得健康传播研究者和实践者深入思考的议题。

第一节 健康传播活动策划

健康传播活动要成功开展，离不开两个要点：精心的活动策划和有效的活动实施。健康传播活动策划是指为实现预定的传播目标，根据目标受众特点和现有的资源条件制定计划，对传播途径、传播方法和传播技术开展综合选择及运用。健康传播活动的策划是整个健康传播活动的基础。

通过健康传播活动策划，可以帮助我们了解需要解决的健康问题、分析环境因素、明确健康传播的目标人群和方法；同时，还可以明确健康传播活动的目标和项目的努力方向。通过活动策划确定优先事项、优化责任分配、评估进展情况、避免错误发生。

一、策划的步骤

健康传播策划过程包括以下 6 个步骤：开展需求评估、确定健康传播项目的目的和目标、定义并了解目标人群、探索吸引目标人群的活动形式和传播渠道、确定潜在合作伙伴并制定合作计划、确定健康传播活动的评价计划。

（一）开展需求评估

健康传播活动是否成功的重要评判就是要能够确保解决人们的需求，因此需求评估是健康传播活动策划的基础。要想知道如何提高人群的健康，首先需要了解他们目前的健康状况和他们理想的健康状况。这些信息的收集过程就是需求评估的过程，它可以成为解决特定健康问题和健康传播策划的基础数据，还可以帮助我们分配项目资源，并作为基线数据来评估活动的有效性。

1. 评估的内容 为了更好地规划健康传播活动，需要全面评估健康问题，健康问题包括以下几个问题：

（1）存在的健康问题。
（2）健康问题的发生率或患病率。
（3）受到影响的人群（潜在的目标人群），包括该人群的年龄、性别、民族、经济状况、

教育或阅读水平，工作和居住地点以及致病或预防行为，应务必提供基本人口学信息。

（4）健康问题对个人和社区的影响。

（5）造成健康问题的可能原因和预防措施。

（6）可能的解决方案、治疗方法或补救措施。

（7）其他组织、机构是否向目标人群传播过有关信息，他们的做法和结果。了解过去的经验可以为本次健康传播活动策划提供借鉴。

（8）分析环境因素，了解可以争取哪些机构的合作与支持以更有效地开展健康传播，以及如何防止和消除环境中不利因素的影响。

2．数据收集方法与来源　数据的收集对于需求评估至关重要。数据主要分为一手数据和二手数据。一手数据是指新的数据，是自己亲自获得的，往往通过问卷调查、焦点组访谈、个体访谈或者以观察的方式从现场直接获得。二手数据是指已经存在、现有的收集资料。二手数据的来源可以包括图书馆、互联网上与健康相关的资源，卫生统计资料（当地医院、卫生部门、CDC 网站上资源），相关人群的行政数据库，政府机构、大学或自发的健康专业组织提供的资源，行业协会和基金会资源，以及媒体提供的资源。但在使用这些资源时，尤其是网上和媒体资源时，需要仔细甄别。

（二）定义健康传播目标

在完成了对于健康传播项目的需求评估之后，接下来的重点就是确定健康传播的目标。定义健康传播目标可以帮助确定健康传播活动的优先级、每个活动的信息和内容、应该达成的可测量结果。

一般来说，健康传播的目标分为总目的和具体目标。总目的设定了项目的方向，阐述了健康传播项目的重点、预期结果和目标人群，一般使用"减少""消除"或者"增加"这样的词来描述，如提升该社区居民的健康意识。

而项目的目标则更为详细具体。健康传播目标的具体要求应符合 SMART 原则，即特定的（Specific）、可测量的（Measurable）、可实现的（Achievable）、与现实关联的（Relevant）和有时限的（Time-bound）。

1．目标特定　特定目标的制定，可以总结为 4W 原则：① Who，该活动针对的人群；② What，预期发生什么样的变化或者多少变化，改变的数量或者是程度；③ Where，活动开展的地点；④ When，变化发生的时间是多久，例如到 2020 年底该城市道路交通事故的发生率将下降 10%。

2．目标可衡量　这样在项目结束后可以评价项目是否完成，在项目进程中可以评价项目进展，例如上述交通事故发生率下降 10% 就是一个可以测量的指标。

3．目标可实现　目标的设定必须考虑到现实性和可行性，好高骛远的目标是不现实的。目标的设定应当基于需求评估的结果、结合现有的资源设定。

4．目标相关联　目标的设定与活动内容相关联，如作为道路交通安全项目，其设定的目标必须能够反映道路交通安全情况。

5．目标有时限　有效的目标必须设定明确的时限，打算什么时候完成必须在目标中有明确约定。

（三）确定并描述目标人群

首先根据健康相关问题的流行病学分布（谁受影响最大？谁有风险？）以及导致问题的其他影响因素来确定计划的目标人群。

在描述目标人群时，应注意目标人群的以下特征：

1. 生理特征 包括性别、年龄构成，暴露于何种类型、何种水平的健康危险因素，异常或疾病情况，个人及家庭健康史。

2. 人口学特征 民族、受教育程度、职业、收入、居住和工作场所以及文化特征。

3. 心理特征 目标人群的信仰、价值观、自我评价、其他个性特征及与健康有关的态度。

4. 行为特征 目标群体的行为特点、利用现有卫生服务的情况，以及其他与健康有关的行为和生活方式，如他们暴露于何种媒介、偏爱何种媒介和传播途径、信任何种信息来源（传播者）。

区分目标人群，通过制定适应不同人群的战略，提高计划的有效性。在目标人群内部作更进一步的区分，能够使我们明确健康传播的优先或重点人群，从而能更有针对性地进行传播，也能够更合理地利用有限的资源、详细了解目标人群群体。

有时，除了确定我们的一级目标人群即我们最期望被影响的目标群体，我们还会确定二级目标人群，即可能对一级目标人群产生影响的群体。例如，帮助吸烟者戒烟，吸烟者是一级目标人群，而他们的家人能够对他们的戒烟行为产生影响，因此家人为二级目标人群。

（四）探索吸引目标人群的活动形式和传播渠道

为了有效和高效地覆盖目标人群，首先要确定他们最容易接受并能够对消息采取行动的形式。

要确定达到目标人群的适当形式，请考虑以下事项：首先是在哪里实施（如在家里、学校或工作场所、汽车里、公共汽车上或在社区活动中、在当地医疗服务提供者的办公室或诊所）；其次，目标人群对健康传播可及的时间与途径，例如对于开车者而言，上下班时间通过交通信息电台播放一些健康传播信息对于他们就是可及途径。

探索最优传播渠道，每种渠道和活动都有其优点和缺点，通常通过考虑以下因素来衡量利弊：

1. 传播渠道和活动是否会影响目标人群（如个人、非正式社会团体、社会组织）？
2. 传播渠道和活动对于目标人群而言是否具有较高的可接受度和信任度，并且可以影响态度？
3. 传播渠道是否适合传达信息的内容？如对于一般的信息性传播，可以通过广播、海报等方式，但较为复杂的技能的传达，可能面对面的演示、培训更为可行。
4. 有多少人会接触到这条消息？一般来说，人际传播能够取得较好的效果，但能够涉及的目标群体有限；而大众媒体则可以涉及大规模群体。
5. 传播渠道能否满足目标人群互动需求？如果有互动、可以解答相关问题，则健康传播收效更好。
6. 传播渠道是否允许目标人群控制信息传递的速度？一般来说，人际传播或者通过组织传播可以控制信息传递的速度，但如果通过大众媒体甚至自媒体，则传播速度难以控制。
7. 是否有资源使用传播渠道和活动？如有些付费媒体需要较为昂贵的预算。
8. 渠道是否适合计划生产的活动或材料？一般而言，通过政府等官方渠道发布的信息更具有权威性、可信度更高。

（五）确定潜在合作伙伴

与其他组织合作可以成为提高计划信息可信度和覆盖面的有效方式。找到合适的合作伙伴，可以使消息或计划的可信度更高。如果合作伙伴是目标人群可信赖的机构，要增强与目标人群的联系。合作可以增加有形资产或者无形资源（如志愿者），也可以扩展专业知识和能力。

与合作伙伴合作对于实现健康传播目标至关重要，但还应该意识到寻找合作伙伴可能同样需要付出代价：如延长项目时间，寻找到合适的合作伙伴并建立合作机制需要时间。不仅如此，合作伙伴可能希望进行计划变更以适应他们自己的结构或需要，从而导致失去所有权和控制。

因此，在寻找合作伙伴之前需要对上述问题充分考虑并做出预案。

（六）确定健康传播活动的评价计划

健康传播活动的评价对于项目的成功实施非常重要，而且应当贯穿于项目的始终：在活动的设计中，对于受众的人口学变量、知识、态度、行为的分析以及媒体偏好的了解属于形成评价，有利于我们根据受众的特点开发传播信息、设计活动；在项目期间定期对于项目的实施情况开展评估，确定项目是否按照预期计划开展，了解受众的反馈，对于项目不断进行优化，这属于过程评价；在项目结束后对于项目的结果开展评估，并与项目目标开展对照，以评估项目是否达到了预期目标，是否值得进一步推广，这属于项目的结局评价。在健康传播活动的策划中，应该包括这三个方面的内容，并应该事先确定这样的评价由谁来完成，即是内部评价还是外部评价。

二、制定健康传播计划书

（一）计划书格式

以下提供了一个制定健康传播计划的基本格式。每一部分的具体要求也在这里一并列出。

1．健康传播目的　提出本次健康传播活动总的目的和方向。如果有几个目的，请为每一个目的单独列出一个计划表。

2．背景和问题描述

（1）对你所关注的问题进行描述，问题的严重性、普遍性如何？哪些人群是主要的受累人群？可以利用文献或者研究中的支持性证据来说明。

（2）哪些人将会从本次健康传播活动中受益？

（3）为什么你所在的组织会关注此项议题？组织的优势和机会是什么？又面临哪些问题和挑战？

（4）描述本次项目用到的理论和模型。

3．目标人群　明确你的目标人群，想要得到什么样的效果，以及如何来测量这些效果。如果需要，请说明这些受众将如何进行进一步的细分，而且详细描述每一个人群的特点，包括他们的人口学指标、文化背景、媒体使用习惯和偏好，以及相关的感受、知识、态度和行为。除了一级目标人群，也可以确定能对他们产生影响的二级目标人群。

4．健康传播的具体目标　设定在特定的时间节点和资源条件下项目所要达成的具体的目标，注意目标的设定要符合 SMART 原则。

5．传播策略　针对于不同的目标人群，明确他们的特点、项目可能的受益以及可能的传播途径。了解不同人群对传播信息、形象等的喜好，在此基础上确定传播策略。

6．具体活动与途径　结合项目目标和现有的媒体资源与环境，确定相应的活动途径，如广告、公共关系、媒体倡导和社区为基础的社会营销策略。根据每一目标人群确定什么样的传播途径或者传播途径组合是最合适的。根据目标人群、预算和资源确定到达每一目标人群的最好方法。

7．合作机会　首先确定你是否需要合作伙伴，如果需要的话，需要多少合作伙伴。然后找到那些具有相同目标和愿景的组织。纳入合作伙伴的标准包括具有接触到目标人群的途径，是可以增加健康传播信息的可信度的权威机构、合作可以获得更多的资源（财务、行政、人力等）、对活动有赞助。

8．评价方案 在项目目标的基础上制定评价计划，确定最重要的评价问题、需要了解的信息以及将如何获得、分析这些信息。要确定评价由谁来执行。

（二）健康传播计划书案例

节选健康加拿大组织"鲍勃与马丁"戒烟项目策划作为健康传播计划书的案例。

1．项目目标

（1）主要目标

a．提升40～54岁人群的戒烟率。

b．提升40～54岁人群的尝试戒烟率。

c．提高吸烟者获得戒烟资源的比例：包括网上戒烟资源、戒烟资源的印刷品以及戒烟热线。

（2）次级目标

a．提升临床医生、护士、药师等提供戒烟帮助的比例。

b．提升40～54岁人群对戒烟能力的认知。

c．提升人们对于戒烟好处的认识。

d．进一步倡导无烟生活方式。

2．目标人群

（1）一级目标人群：加拿大的40～54岁的城市和农村人群，尤其是那些低收入人群。

（2）二级目标人群：①40～54岁的那些近期戒烟人群，尤其是低收入人群；②35～39岁的成年吸烟者；③医务人员、药剂师和其他利益相关者；④媒体。

3．关键信息

（1）戒烟的健康收益以及它们将如何提升吸烟者及家人的生活质量；为了保证健康，戒烟最值得做的事情。

（2）制定计划可以帮助戒烟，戒烟可能需要不止一次的尝试，但是可以获得成功。面对着吸烟的成瘾性，你不是孤身一人，每天都有越来越多的人在尝试戒烟。

（3）目前有很多的戒烟资源，使用这些资源可以让戒烟更轻松、更容易成功。

4．策略

（1）在电视和网络中播放八集的系列广告，广告里鲍勃和马丁作为两个主角展示他们的戒烟经历，鼓励吸烟者戒烟。在每一集的最后都将展示戒烟热线和戒烟网站等戒烟资源。

（2）其他传播策略：海报、日报、当地的电视广告和印刷广告等。

5．伙伴关系 之前的研究表明，药店是获得戒烟信息的可以信赖的重要资源。在2005年1月，健康加拿大组织和一个全国连锁的药店联合开展帮助吸烟者戒烟的"全国无烟周"活动。活动展示了健康加拿大的戒烟小册子和海报，在药店还有扮演成鲍勃和马丁的工作者引导吸烟者到药师那里获得戒烟建议以及专门制定的戒烟小册子。

这个项目中，健康加拿大组织和加拿大药师联盟以及8所全国连锁药店达成了伙伴关系。

6．时间 2003年1月至2005年3月。

第二节 应用社会营销手段开展健康传播

一、社会营销概述

(一) 社会营销的定义及演变

人们往往对一些品牌耳熟能详,这不得不归功于这些品牌的营销。营销的概念来自于商业领域,其基本内涵是通过对产品、价格、渠道、促销手段等关键要素的关注以实现商品销售的最大化。

营销解决的不仅仅是商业问题。目前随着经济的发展以及社会结构的调整,也产生了大量的社会问题。从垃圾分类到 AIDS 预防,都需要我们改变社会公众的认知、意愿和行为。公众行为的改变需要新的科学方法的指导,而社会营销就成为改变社会公众行为的新视角和新模式。

从 20 世纪 70 年代,传统的商业营销理念向社会公共领域拓展,出现了社会营销的概念。最早的定义是 Kotler 和 Zaltman 在第一次提出社会营销这一概念时给出的:"社会营销是通过设计、实施和控制有计划的运动来影响社会观念的接受程度,并采用产品开发、定价、沟通、分销和市场研究的技术"。

在 Kotler 和 Roberto 于 1989 年出版的第一本社会营销教材 *Social Marketing-Strategies for Changing Public Behaving*(《社会营销——变革公共行为的方略》)中,他们对上述定义进行了完善,提出社会营销是一种用于变革的战略。这个术语逐步演变为社会变革管理,通过设计、实施和控制变革运动,实现在一个或多个目标接受者群体中提高某种社会观念或实践的接受程度的技术。社会营销利用市场细分、消费者调查、产品概念开发和测试、针对性交流、便利设施、鼓励手段和交换理论的概念,追求目标接受者反应程度的最大化。

在 2002 年 Kotler 在其著作 *Social Marketing-Wag to Improve Quality of Life*(《社会营销——提高生活质量的方法》)给出了最新的定义:社会营销(social marketing)是通过使用市场营销的原理与技术来影响目标受众,让他们自愿地接受、拒绝、改变和放弃某种行为,从而促进个人、集体或社会整体的利益。

(二) 社会营销的特点

从这些定义的演变中,可以看到社会营销的几个特点:

1. 社会营销的目的是社会变革 社会营销的最终目的是行为变革,其关注点是影响受众的行为。但是这里的行为变革,不同于一般的行为改变,关注的是大范围内的公共行为,即具有一定规模的人群的行为。

在社会营销改变人们行为中,包括两个方面:首先,改变人们的认知和价值观、知识和理念的传播要获得受众的认同。从浅层次的知识的获取到深层次的价值观的认同需要一个过程,这是整个行为改变的基础。其次,在受众的认知和价值观改变的基础上,改变人们的行为,这包括短期的行为改变,但更重要的是长期行为的改变和习惯的养成。这不仅仅涉及个体行为的改变,更重要的是社会规范的变化,这样个体的改变才可能持久。

2. 社会营销是市场营销的方法在社会学领域的应用 社会营销是传统的市场营销理论在社会领域的应用,因此在商业领域所采用的社会营销的原理和技巧,都可以在社会营销中得到广泛的应用,如交换理论、顾客导向、市场研究、目标群体的行为分析、市场细分等方法。它们是社会营销用来进行社会行为变革的最强有力的武器,是社会营销区别于其他社会变革方法最为鲜明的特征，也是社会营销比其他社会行为变革方法更为有效的基础。

3. 社会营销以目标群体的自愿行动为准则 社会营销是通过以目标群体为导向，借鉴商业营销手段，帮助和促使目标受众自愿的变革行为，其目的是促使受众建立对于变革行为的自我兴趣并帮助其行为持续。社会营销的实施以目标群体的自愿为原则实施，主体可以是政府企业或者是非营利组织。这与传统的通过政治手段、法律手段和经济手段等社会变革策略不同，社会营销可以在一定程度上弥补国家强制行为而不能够触及的方面，从而推动社会进步。

4. 社会营销以提高人群和社会的整体利益为目标 商业营销强调以顾客需要为导向和满足消费者需求和承担企业的社会责任，其最终目的是提高企业的声誉，提升品牌的知名度，增加盈利。而社会营销的重要特点是不以盈利为目的，并以提高人群和社会的整体利益为目标。因此，社会营销的产品总是表现为符合集体和社会共同利益的观念或者行为，例如环境保护关乎全球的人类生存问题，教育问题与社会的发展息息相关。

（三）社会营销策略的 4P 组合

社会营销借鉴了商业营销的方法，最主要的核心策略为 4P 组合，即产品、价格、渠道、促销。

1. 产品（product） 在营销学中产品是任何能提供给市场以满足人类某种需要的东西，可以是有形的物品也可以是无形的服务或者创意；而在社会营销中的产品是社会产品，包括所期望的行为以及与这种行为相关联的任何各种利益。社会营销的产品包括行为（如减少盐的摄入）、相关的知识（了解高盐膳食增加高血压风险）、理念（愿意为健康而减盐）、服务（提供健康烹调课程），也包括一些有形的附带产品（如盐勺）。

营销理论认为产品的整体概念包括核心产品、实际产品和附加产品 3 个层次，这样的概念同样可以应用于社会营销当中。核心产品（core product），处于产品层次平台的中心，是目标群体在开展期望行为时所能体验到的利益，如健康水平的提高、生活质量的提升以及幸福感的增强。实际产品（actual product）是社会营销者努力推广的特别的行为方式，如推广每天锻炼、戒烟或者低盐饮食。附加产品（augmented product），包括了营销者随同期望行为一起推广的有形产品或者服务，如社区的健身设施、戒烟门诊、盐勺等就属于附加产品。

2. 价格（price） 商品的价格就是想获取该产品所必须付出的成本。商业营销的成本主要是货币成本，也就是其价格；而在社会营销中其成本包括了货币成本和非货币成本两个方面。例如购买儿童安全座椅以提升出行安全，这是货币成本；而为了购买儿童安全座椅而进行的询价、比较所花费的时间、精力等，以及在安装儿童安全座椅中所花的时间，使用时需要克服的一些不便，则为非货币成本。尽管很多的社会营销活动是免费参加，但是我们必须考虑到目标受众为获取该产品而付出的交换成本，包括时间成本、生活方式的改变，以及个体在情绪、心理、身体状态上的改变。其实对于社会营销来说最重要的是，如何有效地降低受众参与营销活动成本，吸引他们参与，进而有机会改变他们的态度和行为。

3. 渠道（place） 渠道是使社会产品达到目标群体的通道，是促使社会营销的实际产品或者服务抵达目标群体的一套互相依存的组织网络。渠道是连接目标群体和社会产品的桥梁，如果目标群体无法接受到社会产品，则社会营销无从谈起。例如近年来针对高校中 AIDS 发病率上升的现象，在部分高校试点 AIDS 匿名检测，将 AIDS 的检测包隐藏在普通饮料自动售卖机里，可以匿名购买并匿名查询检测结果。这种渠道的选择，以最为方便、可行的形式接触了目标群体，而且有效保护了他们的隐私，因此参与率很高。在选择渠道的时候，应考虑以下几点：①使渠道更加接近目标群体；②延长服务时间；③增加渠道的吸引力；④尽可能使渠道出现在目标群体可能做出决策的关键场所。

4. 促销（promotion） 促销指在社会营销活动中向目标群体推销社会产品的方式，选择合适的媒体渠道、进一步发挥人际传播的说服优势，并运用情感因素强化传播的效果等都是常见的促销手段。促销的任务是确保目标群体能够知晓该产品，体会到该产品所承诺的益处，并被激发采取行动。在这个阶段，营销者关注的是如何依靠营销组合等手段，把目标群体推进到变革行为的新阶段。

（四）社会营销的基本原则

在社会营销过程当中，有几个基本的原则需要注意。

（1）以受众为中心原则：开展社会营销活动必须对于受众有充分了解。基于受众的需求制定营销策略，才可能产生有效的社会营销效果。对于较为复杂的受众群体，可以采取受众细分的原则，即根据受众的社会学变量、行为变量和心理变量将他们分成更小的、相似性更强的子群体，使具有相似性的群体能得到更有效的服务。

（2）自愿交换原则：营销的核心是交换。社会营销的目的包括产生更好的生活质量、更文明的行为、更健康的生活方式以及其他符合公众利益的公共目标。在社会营销中，通过资源交换、花费货币成本或者是非货币成本，促成相互利益和需求的满足。在这样的一个过程当中是没有任何强制色彩的，只有当受众真正意识到交换产生的艺术和价值，才可能实现社会营销。任何法律的、强制的措施，都不属于社会营销的范畴。

（3）营销组合原则：上述营销的 4 个要素，构成了营销活动的基本条件。而且这些因素之间相互联系、相互影响，忽略了任何一个都可能导致整个营销策略的失败。因此在制定过程中，必须综合考虑。

二、社会营销在健康传播策划中的应用

自营销概念问世以来，社会营销已经被广泛应用于环境保护、节约能源、预防接种、骨髓捐赠、预防 AIDS 等社会议题的诸多方面。以下以控烟为例，谈谈社会营销策略在健康传播策划中的应用。

烟草的使用是一个重大的公共卫生问题，在我国男性群体中具有相当的普遍性，可以称为一种群体的社会行为。如何采用社会营销的策略，将社会营销理念应用于社区控烟干预之中，是值得健康传播工作者思考的问题。

2002 年起，复旦大学公共卫生学院在上海市徐汇区长桥街道开展社区控烟研究。长桥街道位于上海市西南的城郊结合部，当时有常住人口 10 万人、3.3 万户家庭，经济水平一般，中低收入者占相当的比例。在中华医学基金会的支持下，项目开展了为期三年的控烟干预研究。以社会营销的策略为指导，将 4 种要素组合，制定控烟的干预措施。

（一）4P 策略

1. 产品 核心产品是目标群体在进行期望行为时所能体验到的利益。在本项目中，即为社区人群在控烟中所获得的健康水平的提升与清新的无烟环境。

实际产品也就是期望人群的目标行为。以往的控烟干预的效果评价指标主要关注人群的有关吸烟危害知识的获取，对控烟的认同和接受等。然而，知识和态度的改变并不意味着行为的改变，因为本项目的实际产品就是减少成年人吸烟使用行为、降低吸烟者的吸烟量、促进戒烟行为以及减少青少年的尝试吸烟行为。设定这样的干预目标并不意味着不重视人群认知和态度的变化，相反，项目组根据市场营销方法策划了大量旨在提高社区人群对吸烟危害认知、增强对控烟支持力度的社区行动。

附加产品指为达到目标行为所提供的有形物品和服务。本项目的附加产品为在学校开展的

青少年控烟课程、社区医院的戒烟门诊、社区的戒烟者培训、戒烟热线等服务。为了提高社区人群对控烟的关注与接受程度，针对不同的目标人群设立不同的社会产品定位。学校的目标为"在无烟环境中健康成长"，针对社区一般非吸烟者提出"无烟，健康的选择"，而针对吸烟者则进一步明确"我要戒烟，我能戒烟"的行动目标。找到不同目标人群的准确定位，突出控烟带来的潜在利益，符合目标群体的心理需求，有利于他们接受并愿意开展行为改变。

2．成本 控制成本有两个策略：一是提升采纳新行为所能得到的利益，二是降低采纳新的行为方式的成本。根据成本-效益分析，对于吸烟者而言，戒烟属于高成本，但个人明显得益的行为。戒烟在实施控烟的过程中，获得健康的同时，必然需要放弃已有的东西，如吸烟带来的愉悦和吸烟环境下人际交往的便利。在对于吸烟者的定性访谈中，项目组发现很多吸烟者较多地强调吸烟的好处而影响了戒烟动机。为此，在针对吸烟者设计的戒烟课程中特别设置了"权衡利弊"的内容，请吸烟者比较吸烟与戒烟的利弊，明确克服戒烟带来的障碍是值得的，有效地提升了戒烟动机。项目还邀请成功的戒烟者来分享戒烟带来的健康、生活质量的改变，突出戒烟的利益。免费戒烟培训、方便的戒烟门诊降低戒烟者的直接经济成本，而居委会、社区医生、健康志愿者对戒烟人群的随访，加强了社会支持，尽力使戒烟成为方便的选择。

3．渠道 社会营销中的分销渠道是社会产品送达目标群体的途径。根据不同的目标人群，选择学校、医院、社区等不同的干预场所，通过学校教师、医院医生、居委会干部、社区志愿者等开展健康传播，使目标人群能在最方便、最容易的场所获得社会产品的理念或有形服务，促进行为改变。

4．促销 社会营销的促销是通过营销手段，使目标群体知晓、认同社会产品，并产生行为变革。如何把控烟的信息传播给目标人群并被他们所接受、实施和维持，是项目成功实施的关键。在该项目里，我们以受众为导向，针对受众策划健康传播的方式和内容。例如，每年制作一份健康小年历，把控烟以及健康的相关内容，以群众喜闻乐见的漫画、诗歌等形式发放到家庭；把吸烟危害下一代健康的知识带到孕妇学校；在每一个无烟家庭门上张贴标志，倡导健康家庭的建设。在传播途径上，利用了多种媒介与渠道（报刊、电视等新闻传媒报道，宣传折页，自助阅读手册，版面巡回展览，戒烟竞赛，社区领导的倡导等）相结合；在设计传播信息内容时，内容既要包括强调吸烟与疾病关系的理性诉求，又要涵盖一些吸烟对家庭、子女健康、经济、幸福感等影响的感性诉求，同时应通过宣传控烟与国家发展、烟草控制框架公约等内容强化公民的道德诉求。诚然，随着科技的发展，我们的促销方式也在不断地进步，网络、微博、微信等新媒体以及人工智能等方法都可以成为健康传播的有效载体。

（二）成功经验

3年的社区类实验研究发现，干预社区的吸烟者戒烟率、中学生尝试吸烟率、二手烟暴露率等指标优于对照社区，证实了干预效果。对此，有以下几点成功经验：

1．尊重市场细分原则，开展针对不同目标群体的差异营销 在本项目中，我们根据通过学校、医院、社区的场所健康促进，对每一类目标人群取不同的干预策略：在学校，努力提高青少年拒绝烟草的自我效能和拒烟技能，同时通过学生对家长的戒烟劝导将学校控烟成果辐射到社区；在医院，倡导医生的健康示范作用，强调医生成为社区不吸烟的典范，并将门诊医生对患者进行戒烟劝导纳入工作流程，加强对吸烟的就诊者的戒烟干预；在社区，通过宣传、媒体和领导者的倡导，致力于创建无烟的社会风气，并为吸烟者开展免费戒烟小组培训。不仅如此，在具体制定针对每一目标人群的干预策略前，不是只传统地针对性别、年龄等进行干预策略的区分，而是通过定量调查与定性访谈相结合的方法，获得大量的基线数据，深入了解目标人群的行为方式、戒烟意向与行为改变障碍，为制定干预目标奠定基础。例如，在策划戒烟班

的课程之前,专门对36名吸烟者进行一对一访谈,深入了解吸烟者戒烟意愿薄弱以及戒烟成功率低的原因,有的放矢地设计戒烟课程,获得了良好的效果。在针对学生的控烟教育中,采取实验、角色扮演、讨论等直观互动的学习方式,更易为青少年所接受。事实上,这种细分受众的过程与策略,也体现了社会营销中以目标人群为导向的原则。

2. 采用鼓励、支持、倡导、自愿的行动 无论是吸烟者还是不吸烟者,只要让他们相信所倡导的无烟行为符合他们的利益(个体、家庭、社区、社会利益)时,他们就有可能采取行动。在针对控烟干预中,我们不仅强调吸烟对于个体的危害,也强调了被动吸烟(二手烟)对家庭、下一代造成的危害;同时澄清了一些烟民认为吸烟有利于增加税收,有利于社会经济发展的片面认识。当吸烟者认识到吸烟于己、于人、于国家都有百害而无一利时,戒烟就会成为自觉、自愿的行动。而戒烟技巧传授和社区戒烟资源的建立,为戒烟成功提供了进一步的可能。特别注意吸烟者是值得帮助的人群,应对他们的所有想法予以充分的尊重,避免在戒烟干预中产生歧视。

3. 营造支持性社会环境 控烟事实上是一场竞争。不仅仅是控烟干预与吸烟者继续原有的吸烟行为的竞争;也是公共卫生等控烟工作者与传统的吸烟的习俗,与以获利为目标的烟草生产、销售企业的竞争。目标人群在接受控烟干预的同时,也正处于社会交往中的吸烟压力、传统的吸烟风气以及烟草商所制造的烟草广告、促销氛围中。一方面,社区可根据法律规定,对社区内的烟草广告、促销实施限制,另一方面,社区可帮助公众认清烟草广告和烟草商的本质。同时社区要积极倡导无烟的交往方式,创建无烟家庭,力求为戒烟创造支持性的社会环境。

4. 重视合作,结成联盟 社会营销的成功,不是单个组织能够完成的,必须联合各种社会力量,形成合作团队。在社区控烟项目中,形成包括社区、学校、医院、居委会参与的组织网络,确定协作方向,制定行动计划。通过签订项目合同的方式,学校、医院、街道明确各自的任务;在实施中,充分调动组织间关系,如学校控烟和社区控烟相结合、医院和社区控烟相结合、家庭计划和社区控烟相结合。不同场所、不同人群健康促进的互相包容和渗透有力地促进了整个项目的推进与发展。

第三节 健康传播活动的准备、实施与优化

仅仅有周密的健康传播计划并不意味着健康传播活动能获得成功,健康传播活动要获得成效,必须依靠有序地组织和有效的实施。为此,本章节将具体介绍在健康传播的准备、实施与优化的不同阶段需要关注的内容。

一、准备阶段

在健康传播的准备阶段,需要关注几个方面:制定项目的行动计划、做好人员的招募和管理、建立预算与财务管理、建立合作联盟、进行信息开发和预试验。

(一)制定项目的行动计划

在健康传播活动的设计阶段,我们已经有了初步的项目计划,如针对什么样的受众、借助于哪些传播渠道、开展什么样的活动。但这样的计划往往不够具体,可操作性还需加强。在准备阶段,一个重要的任务是根据项目的目标以及实际情况,将项目计划转化为切实和具体可行的行动计划。这样在项目启动后,项目人员可以借助该计划来追踪项目的形成,应对意外情况,记录项目过程中的责任追溯情况。因此,应该针对某一目标确定具体的行动。往往某一目标可能需要几项不同的活动,则要针对某一项活动,确认具体的负责人员,以及行动需要完成的时间节点。这样,就可将活动细化成为明确的分工,各司其职,确保项目的顺利开展。

（二）做好人员的招聘

人员招聘是项目管理最重要的工作之一，高质量的招聘将带来积极的工作氛围，提高项目的运作效率。因此在招聘环节，投入时间精力和资源对于项目的成败至关重要。一般来说应聘人员应该对机构的使命有兴趣、表示认同，具有与项目目标相符的技能与经验，具有良好的人际关系处理能力，具有良好的团队协作精神，可以与不同背景的人交往并建立良好的人际关系。

在团队内部对于招聘人员的方向和能力获得一致性共识的基础上，项目组撰写高质量的招聘信息，并且通过报刊、网络、新媒体等不同的形式，广泛发布招募信息，并且采用统一的标准综合评估，严格、系统地筛选应聘人员。

在应聘的面试过程中，可以针对应聘者的相关技能经验提问，以了解其是否认同机构使命、是否能与其他人员良好共事，还可以要求应聘者针对特定的项目场景给出方案以展现特定的技能。在招募到合适的项目人员之后，还应该给新人足够的辅导培训、优秀的管理和有效的绩效评估，以促进新人与项目的融入和个人的成长。

（三）项目预算与财务管理

一般来说，组织机构越大、项目越复杂，越需要专业的财务管理。健康传播项目可以招募专业财务人员，但同时即便是最基层的健康服务人员，也应该了解一些基本的财务管理知识和技巧。有效的项目执行离不开细致的财务预算，而项目在具体实施出现变化时也要进行及时的报告。高效的组织领导者，应该在项目的财务管理方面做到公开透明，尤其做好资源利用和预算执行的情况，这样也可以获得员工的信赖。

（四）社区开发，建立联盟

简单的健康传播活动可能可以依靠一个组织的力量，而大型的、有影响力的健康传播运动则离不开有效的合作联盟。健康传播活动的准备阶段，应该走访社区相关部门，介绍该项目并获得他们的支持。同时，尽可能邀请到目标受众代表积极参与到项目的筹备和策划中，确保项目方案符合受众的需求。

健康传播活动的有效合作依靠每个人和每个团体的力量，如一方可能有资金，另一方可能有较好的动员能力，也有些人可能有更大的影响力。在开展健康传播活动寻找合作伙伴的时候，首先应反思需要什么类型的资源，哪些机构能够拥有这些资源。我们既要考虑所有的传统的健康合作伙伴，也应该考虑到非传统的合作伙伴，包括企业、学校、卫生保健提供者、社区志愿者、社区领袖等，确保合作伙伴能够代表社区的多样性，并能建立有效的合作关系。只有双方达成共识，充分协调并心甘情愿地付出，合作关系才能够成功地保持和维护下去。

（五）健康传播材料开发与预试验

具体内容见本书第九章。

二、实施与监测

在健康传播活动的实施过程中，需要关注几个内容：项目的传播、项目的启动以及项目实施中的监测与管理。

（一）健康传播项目的传播

健康传播项目本身也需要传播，使目标人群、项目有关机构、相关组织更充分地了解健康传播项目的意义和目的，从而争取最广泛的合作和支持，提升项目的影响力。因此我们需要与

向政府有关的机构、社区组织、公众介绍健康传播项目。另外，介绍传播项目也可以形成良好的传播环境，为传播项目的全面发展打下基础。

项目传播的方法多种多样，主要包括媒体传播与卫生专业人员的传播。我们可以列出全部可能联系到的媒体，通过媒体报导相关健康问题、宣传健康传播项目，使涉及的组织和机构对健康传播项目有一定的了解，从而进一步争取他们的支持。同时，通过会议、培训、宣传等方式，加强社区相关专业人员（如医生、保健工作者、教师等）对健康传播项目的了解，在项目需要时获得他们的指导和帮助。

在充分利用健康传播主渠道的同时积极发挥辅助渠道的作用，与非政府组织（NGO）、志愿者合作，使更多的人了解支持项目，为健康传播项目献策出力。

（二）健康传播项目的启动

为健康传播项目起一个响亮而容易记住的名字、选一个值得纪念的时间开场，都会为健康传播活动的成功实施奠定好的基础。例如，为了减少二手烟的危害、创建无烟环境，比尔及梅琳达·盖茨基金会联席主席比尔·盖茨于2011年提出"被吸烟我不干"，旨在提高民众对被动吸烟危害以及维护自身健康权益的意识。这六个字通俗易懂且朗朗上口，得到多名社会领袖的支持，很快在公众中广泛传播。彭丽媛也积极参与该活动，并担任了控烟形象大使。中国首支控烟公益歌曲《被吸烟我不干》也由此诞生。每年的世界无烟日，全国各地都会围绕这一主题，开展多种形式的无烟环境健康传播。

（三）建立健康传播活动的监测体系

在项目开始实施后，仍可能有一些未预料到的事情发生，必须要建立项目监测体系，以监督传播项目的实施、及时发现实施过程中的问题，使得这些问题及时弥补和修正。

建立项目监测系统也便于对目标人群进行追踪观察。过于频繁地调查可能会影响项目的进程，甚至导致目标人群的反感；但仅在项目结束时甚至项目结束相当长时间之后才进行调查也是不可取的。为此必须建立健康传播活动的监测体系，反映在传播项目不同时期目标人群的情况，发现项目的问题并予以纠正。

1．监测系统的人员组成　健康传播项目的监测系统一般由以下几部分组成：项目的设计者、项目中的工作人员，项目各协作单位有关人员，社区医生及保健人员、教师，目标人群代表，社区工作者和志愿者。

2．监测内容

（1）健康传播项目开始时，目标人群的情况，例如他们对健康问题的了解程度、对采纳某行为的态度、目标人群的行为和生活方式等。

（2）工作进度以及已消耗的资源是否符合项目的时间进度表和预算。

（3）传播环境状况、健康传播材料发放以及使用情况。

（4）目标人群对健康传播项目的关心程度、参与程度，以及对项目各项活动、各种传播材料的反应。

（5）目标人群在每一阶段健康知识、态度、行为的阶段性变化。

（6）项目结束时目标人群健康知识、态度及行为等方面的变化情况。

（7）传播项目监测体系的具体工作情况。

3．监测方法

（1）检查各类传播材料发放和使用情况的记录，检查传播材料是否按时达到目标人群中。

（2）对广播电台、电视台播放健康信息频道、时间的记录进行检查。

（3）收集各方面的反馈信息，如广播电台、电视台等媒体。

(4) 检查传播项目的各项工作记录。

(5) 确认健康传播项目的合作单位是否能够继续合作。

(6) 召集健康传播项目的工作者/目标人群代表，通过小组访谈或个体访谈了解他们的反馈意见。

(7) 与医生、保健人员、教师等健康传播活动的参与者保持联系，了解他们发现的问题及改进建议。

(8) 对目标人群进行定期的随访，包括问卷调查或其他方式的测试。

建立传播项目监测体系并使之正常运行，利用监测体系监督健康传播项目的实施，收集各种反馈信息，及时对项目计划和时间进度表做合理的调整。

三、健康传播活动的评价与优化

1. 健康传播项目的评价　评价不是健康传播项目的最后阶段，在健康传播项目当中，评价贯穿于项目实施的全过程，从而持续不断地向项目成员利益相关方和参与者提供信息反馈。（具体见第四章第一节）

2. 健康传播项目的优化　对健康传播活动进行评价的意义在于充分利用评价结果，完善现有健康传播项目，并从理论上和实践上为今后开展新的传播项目做有益的探索。如果健康传播项目要继续下去，或者有机会对类似的项目提出建议，我们可以运用从评价中得来的经验对健康传播活动做进一步的优化、修订健康传播项目计划、与其他人共享经验。健康传播活动的优化包括以下几个方面：

(1) 项目目的、目标的优化：①传播环境、目标人群、本组织内部发生了哪些变化，是否需要调整项目的目的和目标；②是否应在健康传播项目中加入新的信息；

(2) 明确以后努力的方向：①是否还存在没有实现的目标，这些目标没能实现的原因是什么；②活动中是否存在不成功的策略或活动，消耗的资源是否超出了预算，造成这些不足的原因是什么，如何弥补改进。

(3) 确定有效的活动和策略：①哪些目标成功地得到了实现；②这些活动是否要继续进行或推广；③这些活动是否仍有改进余地；④这些活动是否可以推广、运用到其他地区。

(4) 对不同活动的成本和结果进行比较：①健康传播项目各方面的成本（包括时间）和结果各是什么；②哪些活动效果好而且成本低。

(5) 继续寻求健康传播项目支持：①是否已向主管部门及领导汇报项目的结果；②是否已向健康传播项目的合作机构通报项目的结果并感谢他们的支持与合作；③是否有证据说明健康传播项目是有效的，需继续进行。

健康传播活动的优化是对于当今健康传播活动的总结和反思，也为今后的健康传播活动提供了借鉴和参考。

第四节　大型健康传播活动的实施案例

自 2016 年起，复旦大学健康传播研究所开展了"爱上海，共无烟"为主题的系列健康传播活动，以此为案例做简要介绍。

一、项目背景与问题

《上海市公共场所控制吸烟条例》（以下简称《条例》）于 2010 年 3 月 1 日正式实施，这是世界卫生组织制定的《烟草控制框架公约》在中国生效后，国内第一部由省级人民代表大会常务委员会颁布的控烟法规。然而，旧版《条例》最大的问题是，公共场所并不完全涵盖办公

场所，同时允许设置室内吸烟区、吸烟室。这样的部分禁止导致控烟效果大打折扣，同时也导致健康的社会公平性的缺失。从全世界来看，日趋严格的控烟措施已经成为不可逆转的趋势。在这种趋势下，上海修改《条例》、实施室内全面无烟环境的条件日益成熟，并提到了议事日程。

虽然《条例》修订与完善已达成初步社会共识，但在实际修订过程中，仍然存在一些困惑甚至争议，如室内公共场所的吸烟室是否要保留？室内全面无烟的修订能否得到公众认可，尤其是吸烟者能否接受和遵守？此外，《条例》通过后能否顺利实施？

二、健康传播策略

针对上述《条例》修订中的焦点问题，健康传播策略包括两个部分：首先，在条例修订中，研究团队收集本土实证证据，积极开展系列研究，为修订提供专业的决策依据；同时通过健康传播将科学证据传播给大众，提升公众对于全面无烟环境的支持。另外，在条例实施后开展多种形式的健康传播活动，提升公众的守法意识，促进条例的顺利实施。

三、健康传播活动的实施

（一）条例修订中的倡导

项目团队针对是否保留公共场所吸烟室这一问题，选取在上海设置吸烟室较为普遍的火车站、汽车站等公共交通枢纽为研究现场，同时开展吸烟室内外烟草烟雾浓度的测量和旅客（现场699名旅客）的问卷调查，以了解吸烟室对烟草烟雾的阻隔效果和了解旅客对设置吸烟室的态度。为进一步了解市民对于无烟政策的接受程度，团队运用计算机辅助电话访问方法，通过随机抽样对2 004名上海市居民开展电话调查。

测量结果表明，吸烟室外5米的环境中PM2.5浓度依然处于高水平。不仅如此，对于身处吸烟室中的吸烟者危害更大，吸烟室内的PM2.5浓度可达到我国PM2.5的24小时浓度限值的30倍，同期室外PM2.5浓度的180倍。而且，即便是自动关门、独立通风的吸烟室，依然发现了不可避免的烟气外泄和吸烟室内PM2.5严重超标的问题。问卷调查发现，89.9%的调查对象支持在公共场所全面禁烟；即便在吸烟人群中，支持室内全面禁烟的比例也达到67%。另外91.7%的调查对象表示，如果实施室内公共场所和工作场所全面无烟的法律，肯定会严格遵守，在吸烟者中此比例也达到74.9%。超过半数的调查对象表示会对违规吸烟行为进行劝阻。以上结果成为倡导上海市全面无烟政策的重要实证依据。

在整个过程中，研究团队与媒体积极合作，采取了多种形式开展交流：通过媒体发布控烟研究中心的最新研究成果，让公众更多地了解、参与《条例》的修订；召开媒体座谈会，了解媒体对于《条例》修订过程的报道需求，并积极提供资源，帮助媒体完善报道内容；直接邀请媒体参与中心主办的调研及现场活动，与媒体携手共同研究。例如，项目团队与上海电视台合作，电视台对于在火车站PM2.5测定结果开展实时报道，取得很大的反响。据不完全统计，项目开展期间媒体共发表原创新闻报道100篇，互联网转载千余篇。

（二）条例实施后的传播活动

2017年3月新版《条例》正式实施。为此，项目以"爱上海，共无烟"为主题，开展了形式多样的控烟传播活动。研究团队运用新媒体渠道，积极开展线上活动，为了向公众普及烟草危害知识，传达无烟修法信息。团队通过微信开展了无烟环境知识大赛，共有5 000余人参加；针对公众对于是否保留吸烟室的疑虑，团队负责人在澎湃"问吧"、界面"好问"等平台上开设"为什么不能设吸烟室"的专题，回答网友相关问题上百个。针对新条例的即将实施，团队又在网上开展了"爱上海,共无烟"控烟劝阻金点子征集活动,汇集公众的力量,动员公众的参与,为上海控烟条例的实施创造支持性环境。

研究团队还积极开展系列线下活动,提升公众的支持和参与程度。团队成员参加 TED 未来城市公众演讲,结合"城市、未来与发展"的主题,强调控烟对于城市未来和发展的意义,在多个热门网站、抖音中广泛传播。在 2017 年情人节,团队组织和动员来自上海高校的大学生控烟志愿者,在全市上海市区的 10 个重要商圈和部分婚姻登记处,随机为路过的情侣送上玫瑰花,传播"爱上海,共无烟"这一主题,倡导他们支持新版《条例》(图 4-1)。此次活动获得极大的社会影响力,20 余个媒体纷纷进行报道,成为当天上海街头一道亮丽的风景线。

针对餐厅控烟的难点,团队 2018 年创作互动式控烟情景剧《马莎莎升职记》并在全市开展巡演(图 4-2)。该剧把吸烟与二手烟的危害、戒烟方法、如何劝导违规吸烟行为、控烟执法过程、电子烟认知误区等信息融入舞台,并通过邀请观众互动的形式,启发观众的思考与参与,在全市巡演,并通过社交媒体传播,推进条例的实施。366 名观众的观剧后问卷表明,89.2% 的观众认为观剧可帮助了解更多的吸烟和二手烟的危害,85.6% 的观众表示如果今后在公共场所看到有人吸烟愿意上前阻止。

图 4-1　情人节主题活动

图 4-2　《马莎莎升职记》剧照

2019 世界无烟日,健康传播研究所主办"无烟心愿·健康中国"上海站活动,它是全国此活动的首站,旨在展现上海市民尤其是青年人群对上海无烟环境和《条例》的支持、对于更加完善的无烟环境的盼望。活动组建造了"无烟心愿亭",外形为一个大大的礼盒,走进去能够看到全息投影屏,里面播放着不同的人物讲述自己的故事和控烟心愿。这个精致而新颖的小屋引来了复旦大学广大师生的强烈关注,大家纷纷走进心愿亭,与全息投影屏的人物互动,讲述无烟上海对自己生活带来的变化,表达对于无烟环境的热爱,抒发支持无烟上海、期盼无烟中国的心声。还有很多同学举着写有无烟心愿的牌子在亭外留念。这样的活动是将新媒体技术与健康传播融合的有益尝试,是健康传播形式的创新。人们在心愿亭里说出自己的故事,表达自己的心声,这样的公众积极参与是健康共治的重要环节。

新版的《上海市公共场所控制吸烟条例》在 2016 年 11 月 11 日定稿,并于 2017 年 3 月 1 日起正式实施,《条例》修订稿最终部分采纳了本项目的核心建议,包括室内公共场所和工作场所全面禁烟、取消室内吸烟室等关键措施。研究团队在推动《条例》修订和顺利实施方面的努力和成果得到了国内外控烟与健康传播同仁们的充分肯定。

该项目能够顺利实施,有以下几点值得借鉴:

(1)与社会需求紧密对接:研究紧密集合《条例》的修订过程,在修订过程发挥研究机构的优势,发掘本土证据,为条例的修订出谋划策;在条例实施后,通过多种形式的传播活动,提升公众的支持度,促进条例的顺利实施。

（2）建立健康共治的合作联盟：研究中心从成立开始，就邀请了政府公务员、媒体记者、法律专家、临床医生、社区志愿者等参加，形成了健康共治的合作联盟。项目的活动一直得到各相关部门的支持，真正体现了健康共治。媒体的全程参与使项目的影响力得以彰显。

（3）探索健康传播的创新形式：团队开展多种新型的控烟健康传播探索，线上线下活动结合，包括线上金点子征集、演讲、主题日活动、互动情景剧、无烟心愿亭等。多种形式的健康传播活动激发了公众的参与热情，提升了项目的影响力。

思考题

1．简述健康传播活动的策划包含的步骤。
2．简述社会营销的概念与内涵。
3．简述如何将社会营销理论应用到健康传播领域。

（郑频频　毛一蒙）

参考文献

[1] 北京医科大学．健康传播学．北京：人民卫生出版社，1993.

[2] U. S. Department of health and human services. Making Health Communication Programs Work. New York：National Institutes of Health. 2004.

[3] Carl I. Fertman，Diane D. Allensworth，著．健康促进项目-从理论到实践．顾沈兵，译．上海：第二军医大学出版社，2015.

[4] 周延风．社会营销——改变社会行为的新模式．北京：清华大学出版社，2005.

[5] 张自力．健康传播学——身与心的交融．北京：北京大学出版社，2009.

[6] 唐芹，钮文异．如何开展有效医学科普/健康传播项目的策划：2011公民科学素质建设论坛暨第十八届全国科普理论研讨会论文集．北京：[出版者不详]，2012：95-98.

[7] 王学海．社会营销概念的演进——兼论在中国的应用前景．江汉论坛，2003，(5)：39-42.

[8] 郑频频，傅华．社会营销策略在社区控烟中的应用．中国卫生资源，2006，9（6）：259-261.

[9] Feltracco A，Gutierrez K. Campaign Development Tool Kit：an International Guide for Planning and Implementing stop Smoking Campaigns. Brantford：Global Dialogue for Effective stop Smoking Campaigns，2007.

第五章 人际传播

人际传播是社会生活中最直观、最常见的传播现象,也是人类最早的、最原始的传播方式。在健康传播过程中,基于人际传播设计的干预活动形式多种多样,如讲座、咨询和劝服等。根据人际传播的理论和特点,掌握人际传播的技巧,将有助于取得良好的传播效果。本章在介绍人际传播概念的基础上重点讲述人际传播技巧,另外简要介绍与人际传播相关的理论。

第一节 人际传播概述

人际传播(interpersonal communication)是社会生活中最直观、最常见、最丰富的传播现象,也是人类最早的、最原始的传播方式。人类的祖先最早用声音、动作、手势、表情来传递信息、表达感情,后来发展为用符号(如结绳、画线、刻石等)来传递信息。当人类有了语言和文字以后,人际交流活动变得更为方便、丰富、广泛而久远。人际传播的场面也是丰富多彩的:有的是严肃认真的讨论,有的是剑拔弩张的争吵,有的是语重心长的教诲,有的是轻松愉快的玩笑,也有倾诉衷肠的促膝交谈和关怀备至的叮咛嘱托。人际传播就像一个万花筒,它的多样性反映了社会生活的多样性。而随着近代传播技术的发展,特别是媒介技术的发展,人际传播的方式也发生了很大的改变。两人当面谈话、书信往来、打电话、发送电子信件、一对一网络聊天等,都属于人际传播的范畴,因此人际传播的直接交流形式也逐渐扩大到间接交流的范围。

一、人际传播的概念

健康传播有很多方式,而其中的人际传播是最为有效的一种。人际传播也称人际交流,是指人与人之间进行最直接信息沟通的一类交流活动。这类交流主要是通过语言来完成,也可以通过非语言的方式来进行,如动作、手势、表情、信号(包括文字和符号)等。人际传播是一种最典型的社会传播活动,也是人与人社会关系的直接体现。人际传播可以分成个人之间、个人与群体之间、群体与群体之间3种形式。

由于健康对每个个体的重要性和健康的个性化本质,人际传播在医患沟通、健康教育等健康传播领域发挥着重要作用。对大多数人来说,当他们和医护人员交流后,对医护人员的回答满意程度不同。因此,在医患沟通中,医护人员应尽力根据患者的特点和需求来进行交流,以达到较好的满意度。此外,医护人员可利用人际传播,并根据受教育者的具体健康问题和特点,进行有针对性的知识、技能传授和强化教育,从而促使受教育者改变信念和态度。

二、人际传播的特点

1. 人际传播不需要任何非自然的媒介，简便易行，不受机构、媒介、时空等条件的限制 换句话说，传播者不仅可以使用语言，而且能够运用表情、眼神、动作等多种渠道或手段来传达信息；同样，受传者也可以通过多种渠道来接收信息。例如，在与患者的沟通中，适度的目光交流会让患者感到医务人员很在意他；同时，对医务人员来说，目光的交流可以让他们感觉患者所提示的信息并能正确对其理解。而在健康教育的传播活动中，特别是在媒介使用还不够普及、不够方便的广大偏远农村，人际传播往往是主要的传播策略。

2. 人际传播的信息的意义更为丰富和复杂 这个特点和第一个特点密切相关，也就是说在面对面的情况下，多种渠道和多种手段的配合，会形成特殊的传播情境，这种特殊的情境会产生新的意义。例如，"我很难同意你的意见"。这句话如果写成文字，是表示很生硬、直接的拒绝，其意义很单一，交流很难继续进行；但是如果换成面对面的谈话，同时配以柔和的语调和微笑的表情，它的意义就不再是生硬的，而变成和缓的拒绝，交流还可以进一步进行。另外，在多级人际传播活动中，信息容易"走样"，可以"添枝加叶"，也可以"越说越短"，这也与受传者的理解能力、知识背景、接受习惯以及记忆力等有关。因此在开展健康教育人际传播活动时要特别注意对传播者的培训，使其理解、记忆和掌握信息的内容，并在传播活动的实际开展过程中注意对信息质量的监测。

3. 人际传播双向性强，互动及时，效果可控 双方的信息交流以一来一往的形式进行，传播者与受传者不断相互交换角色，每一方都可以随时根据对方的反应把握自己的传播效果，并相应地修改、补充传播内容或改变传播方法。因此，人际传播是一种高质量的传播活动，尤其在说服和沟通情感方面，其效果要好于其他形式的传播。在健康教育的人际传播活动中，健康教育人员应该根据传播的目的、信息内容和传播对象的反馈随时了解传播效果、随时调整传播技巧，以提高传播效果、实现传播目标。这种在传播活动过程中即时收集反馈、即时调整传播技巧的特点在大众传播中就无法做到。

4. 传播双方互为传播者、受传者 人际传播过程是在一个共同体中的互动过程，在通过符号交往的过程中，构成双向性的信息交流，这是人际传播最明显的特征。传播过程中的双方都作为主体出现，都不只是仅仅传送信息或仅仅消极地接受信息，双方在传播过程中都既传送信息，同时也接受来自外部的新信息和来自对方的反馈信息。因此，健康教育工作者（health educator）不仅要掌握传播信息的技巧，也需要掌握接受信息的技巧，才能适应人际交流活动的需要。

5. 覆盖面有限、保存复制信息能力差 相对于大众传播而言，人际传播的信息量比较少、覆盖的范围比较小、传播的速度比较慢。在一定时限内，人际传播的信息覆盖人群远不及大众传播。同时，不借助媒介或传播材料进行的面对面交流中，信息不易保存，更不能复制。近年来由于新媒体和电子信息技术的广泛使用，如利用社交软件进行的一对一或者一对多的健康知识传播活动，在很大程度上改变了传统人际交流的这一不足之处。

了解和掌握人际传播的特点，有利于更好地发挥人际传播的作用，获取好的健康传播效果。

三、人际传播的功能

关于人际传播的功能，从不同的角度有不同的做法。有人认为，从人际传播中个人目的实现的角度来看，人际传播具有传递信息和满足个人心理需要的功能，也有人认为人际传播的功能是信息沟通、思想沟通和情感沟通。从社会心理学的角度，人际传播对社会及个人有以下几种功能：

（一）社会协作功能

人是社会动物，个人离开了他人，离开了与他人的社会交往和协作，同样不能生存。社会协作是广泛的，既包括一般意义上的角色分担，也包括各种活动中的行动协调。世界上没有纯粹一个人从事的活动，许多看起来似乎是个独立完成的工作，实际上都是建立在二人以上的多人合作和配合的基础之上的。要谋求与他人合作，就必须积极进行说明、解释、协商等各种各样的人际传播或沟通活动。1965年美国学者Szasz（萨斯）和Hollander（荷兰德）提出的"萨斯-荷兰德医患关系模式"形象地概括了在医学实践活动中医患双方互动的行为方式。在理想的诊疗实施过程中，需要医者和患者不断地交流互动，共同制定医患双方同意的诊疗方案。

（二）行为调节功能

人类的共同活动需要群体内部个体之间行动上的协调默契、和谐统一。人们通过人际传播交流信息、表达愿望、加深理解，取得情感上的沟通、思想上的认同，从而达到行为上的一致。随着信息技术的突飞猛进，互联网上的信息交流大大拓展了传统人际交流的范畴。曾经难以被关注的罕见疾病人群，正通过互联网高效联系在一起。这些抱团取暖的罕见病群体，在寻医问药中交流、碰撞、融入、协助，大家从各个渠道搜集国内外研发治疗信息，为寻觅一些有指导意义的治疗经验努力。

（三）心理保健功能

人际传播对于人们心身健康具有保健作用。任何人都有合群的需要。人们在交往中，诉说喜怒哀乐，抒发经验见解，增进情感交流，从而产生了归属感、安全感。如果一个人远离人群，不能与人们进行信息与情感交流，就会导致个人心理失调。轻者会情绪沮丧，重者可能会产生精神、心理疾病。人际传播有助于人们建立良好的人际交往、调节人际关系、满足个人心理需要，从而保障人们的心理健康。值得注意的是，人际传播的功能并不总是积极的，在某些情况下人际传播也有消极作用。例如人们不良生活方式的形成，往往是人们在交往、传播过程中相互影响的结果。例如吸烟者向他人吹嘘吸烟能提神解闷，宣扬"饭后一支烟，赛过活神仙"，往往会鼓励他人也养成吸烟的不良习惯。因此，健康教育者要充分认识到这一点，不但要积极传播健康信息，还要引导人们善于识别、抵制不健康信息和概念，善于化解不良情绪，注重心理卫生，促进人们采纳有利于健康的行为和生活方式。

第二节 人际传播理论

一、言语行为理论

言语行为理论（Speech Act Theory）的概念由英国哲学家J.L.Austin（奥斯汀）于1962年在其著作 *How to Do Things with Words*（《如何以言行事》）中提出。他认为当我们谈及某件事时，不仅仅是把单词串在一起或者表示某种意义（即句法层面）；相反，我们用词语来表现一个动作，这种动作隐含在概念（言语行为）之中。言语行为理论的核心原则是任何一个言语行为都由3个"次行为"构成，即言内行为（locutionary act）、言外行为（illocutionary act）和言后行为（perlocutionary act）。言内行为是指交际过程中说话者话语的字面意思；言外行为也称言外之力，是指说话者的交际意图；而言后行为是指说话者的交际意图被听话者领悟后可能产生的影响或效果，以及听话者可能产生的行为反应。因此，在健康教育和医患沟通的过程中，传播者要注意倾听受传者言语间的言外行为。例如"我很热"既可以表达说话人的身体状态，

同时也表明希望打开窗户或空调的言外之意。在医患沟通中,对患者来说,医生的技术是一方面,其言行本身所传递的治疗话语更是抚慰心理伤痛的一剂良药。言语行为理论在健康传播中的应用可见本章第三节内容。

二、意义协调理论

言语行为理论以语言学和哲学为基础,意义协调管理理论(Coordinated Management of Meaning Theory,CMM)则根植于传播学。它由 Vernon Cronen(弗农·克罗恩)和 Barnett Pearce(巴内特·皮尔斯)于 20 世纪 70 年代提出,并编入 *Communication, Action and Meaning:The Creation of Social Realities*(《交流、行动和意义:社会现实的构建》)一书中。意义协调理论认为社会是由交流对话创造的,其本体论是社会建构主义。CMM 理论认为社会并不是由我们发现的东西组成的,而是在交流过程中创造、维持和转化的,包含管理、意义、协调这几个要素。

(一)管理:互动中的规则(management:rules in interaction)

例如,当一个朋友说"从这出去"的时候,他是否真的想让你离开?父母一个严厉的表情是否就意味着你违反了一个家庭规则?这些情景便是互动管理的例子。当判定一个特定的行为是否符合规则时,有如下标准:①规则控制的行为会重复出现;②交流者有能力制定一系列的行为控制规则;③交流者能够感知到一些可能被视为不适合的行为;④正面或负面的反馈被用于规则控制行为的调节。

(二)意义:社会现实的体系(meaning:systems of social reality)

并非所有的规则都适用于所有情况和每个人。有些时候我们需要笑话,有时却是明确禁止说笑的;有些人对熟人间的社交亲吻礼是适应的,有些人则对此反感。这些例子都说明对于不同情景下的不同人,同样的行为可以有不同的含义。CMM 理论通过定义社会现实意义的层次来解答这个问题(图 5-1)。首先,意义的层次定义了不同语境中的规则。其次,这些语境处在一个抽象的层次结构中,较高的意义层能够帮助定义(并且可以包括)较低意义层。

试想这样一句话"你可以信赖我",在内容层面上,这个表述可以按照词典的定义去解释,但是这无助于辨别话语的意义;在言语行为层面,这个表述似乎可以算作一个承诺;在情节层面,可以观察到语境如何影响意义的构成(例如,当发生在临床门诊时,医生正在给慢性病患者提出各种生活方式建议,那么这个说法很可能被看作患者控制慢性病发展的承诺;如果是两位女生讨论男友问题的情景,这一说法可以被看作是一种更为全面的支持声明;在关系层面,"你可以信赖我"这句话,在一段长期的亲密关系中可能与两个刚认识的人的谈话中的含义截然不同);在生活印记层面,每个人互动和关系的历史将影响规则和交流模式。文化模式也有助于定义规则和意义(在一些文化中,"你可以信赖我"是一个庄严的誓言,而在其他文化中,它可能只是一个对话而已)。

(三)协调:互动过程(coordination:interaction processes)

首先,协调指的是行为的彼此适应(因为它是由行动产生的),而不是彼此分享完美的观点。也就是说,两个人可以对他们争论的事情达成一致,但是对此事可以有不同意见。同样地,当一个陌生人问路时,即使你指的方向不能到达目的地,他可能也会认为你的回答有用。例如,在医患沟通中,医护人员的安慰并不能帮助患者治愈疾病,但是对患者的精神支持却很有意义。其次,在多数情况中都没有实现协调,或者只部分实现协调。

协调的重要性在医患沟通的场景中能最典型地体现。缺乏共通的意义空间是引发医患间信

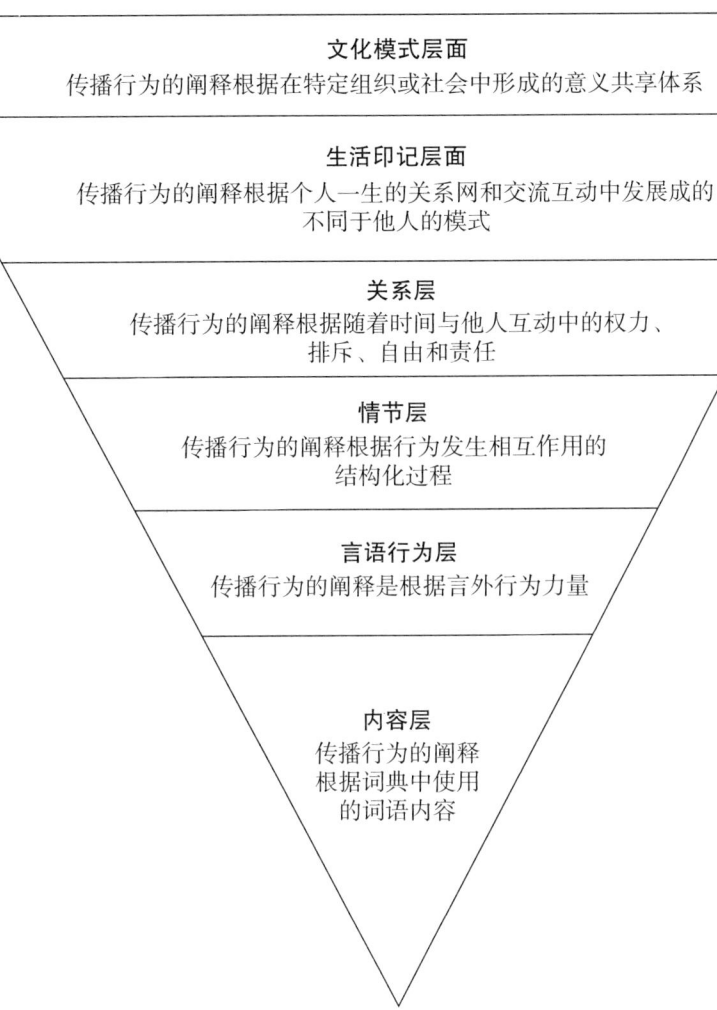

图 5-1　意义协调管理理论的意义层级

息传播不畅的主要障碍。医学作为一项技术性、专业性很强的学科，往往会涉及许多日常生活鲜见的词汇术语，没有相关知识背景的患者初闻时常会感到云里雾里、不知所云。患者无法理解，又何谈认同。医者由于每日需接待大量病患，无暇一一细致讲解，而且一些系统性机制问题难以简明释清，故会有所取舍，重点交代大致治疗进度、可能产生的并发症与后果；再加上自身表达能力所限，医患间没有建立起足够的信任度，无法知无不言、言无不尽，有所顾虑、保留等原因，这些均会对沟通环节造成破坏，致使信息交换出现断层。各种原因均在一定程度上造成了医患关系的疏离，不利于两者间的良性沟通，以致影响到最终治疗效果。

三、传播适应理论

传播适应理论（Communication Accommodation Theory）旨在交流过程中探究互动双方彼此影响的方式。传播适应理论聚焦于社会心理过程在交流中影响行为的方式，适应指的是个体在交流中观察并调整自己行为的过程。

交流中的"适应"可以通过融合或者分歧。关于融合，是指我们被那些与我们相似的人所吸引，我们往往希望我们喜欢的人和我们一样。例如，在谈话中，你可能无意中已经把自己说话的速度调整为朋友说话的速度，或者有意识地采用对方的口音或言语（用当地的语言，或者说对方听得懂的话）。关于分歧，是指一方会通过不同的着装方式、不同的词汇或不同的说话风格等体现与对方的差异。例如，女儿因为对自己的社会群体（少女圈）非常忠诚，所以她可

能会特别努力地将自己的交流行为与母亲的（中年圈）区别开来。

传播适应理论认为，影响交流最重要的两个变量是权力和认可度。在交流中，如果一方很有权势，而且另一方也希望像对方一样，那么就会与对方的行为相融合；如果对于另一方来说表明区别并被认可很重要，就会在互动中与对方相背。权力和认可度在所有的互动中都很重要。

例如，近些年医疗美容行业的兴起，使得就医诊疗不仅可以治病，还可以帮助患者拥有更好的形体。因此，此种情境下的医患交流，使得患者拥有很大程度的自主性，话语权得以提升，医生则在综合、全面考察患者所需的基础上尽可能予以配合。然而，归根结底，由于受自身医疗知识所限，患者的设想也仅仅是设想，他们难以提出决定性意见，还需要医生运用专业信息分析方案可行性，得出最佳方案。故患者主导的现象也只能流于表象，患者仍需遵循医者指定路径接受检查，很多提议也因不适合而被否决、被重新设定。

因此，在医疗领域研究传播的学者通过应用传播适应理论和其他互动理论，来了解这些互动的过程和结果。Rick Street 认为患者和医生常常会在表明隶属关系和参与沟通行为方面趋同，但是由于权力的差异，医生在互动与任务的部分可能更具支配性。

四、违背期望理论

违背期望理论（Expectancy Violation Theory）是由 Burgoon（布根）和 Jones（琼斯）于 1976 年最先提出的一种非语言行为理论。该理论早期最完整的陈述是由布根和 Hale（黑尔）于 1988 年提出的。违背期望理论的中心是我们都对或将会对互动有什么样的期望。这些期望包括活动过程中的距离、语音、语速、音量、注视、触摸和其他许多行为。在很大程度上，我们没有意识到这些预期，也没有认为它们对我们会产生很大影响。但是，当它们被侵犯时，我们会意识到我们的预期。例如，一旦当某人站得太近（或太远）、盯着我们（或避开我们的目光）、触摸我们（或保持距离），我们就会意识到我们对于距离、目光、触摸的互动期望已经被违背了，正是这种预期形成了理论的核心。首先，期望探究的是互动中的实际行为。第二，期望在不同社会规范和特质差异间表现不同。例如，虽然在社会活动中有关于互动过程中保持目光接触的特定标准，但是已婚夫妇则可能会进行更直接和持久的目光接触。因此，在健康传播的实践活动中，无论是医护人员还是健康教育者要特别注意非语言行为的使用规则，避免在沟通中违背交流双方的互动期望。

第三节 人际传播在健康传播中的应用

一、基本技巧

人际传播技巧（interpersonal communication skills）直接影响交流的效果。在人际传播中，双方交流的基本形式是语言传播和非语言传播，都与人的参与传播的器官有关，它们是语言器官（口）、听觉器官（耳）、视觉器官（眼）。用说、听、看、问、答、做表情和动作等方式来传情达意是人生来就俱有的传播本能。但实现良好的人际沟通不仅依赖于人的本能，而且每一种方式都有一定的技巧。根据人际传播理论，认识语言传播和非语言传播的一般规律，恰当地加以运用，使其为沟通的目的服务，就是人际传播的基本技巧。

（一）说话技巧

说话是靠语言来表达、传递思想、感情和认识的一种行为。语言虽然是自然赋予人类的特有的传播工具，但要运用得好，还需要有目的的训练。说话的目的是向别人表达自己的意见，使对方听明白并产生共识。掌握说话的技巧，关键是在尊重他人的基础上，运用听者能够理解的语言和易于接受的方式向听者提供个人需要的信息。在面对面健康传播活动中，如个体谈话、健康咨询、家庭指导等，为了克服健康传播者与教育对象之间的文化差异，运用下列方法可有效地帮助教育对象较好地理解健康信息。

1．力求讲普通话，讲话速度要慢，吐字清晰 不过，在民族地区和基层农村，学习和使用民族语言和方言土语是人们相互沟通的一条捷径。掌握一些关键的地方话，如打招呼、告别的语句，对不同人的称呼，身体不同部位的叫法，对病痛的表述等，往往使人产生亲切感，达到"一点即通"的效果。

2．适当重复重要的和不易被理解的概念 使用同样的词汇来重复，使听者得到更深的印象，也可以帮助他们回顾信息。

3．谈话的内容简单明确 一次围绕一个中心话题，涉及内容不要过多。

4．使用简单句和通用词语，避免使用对方不易理解的专门术语和俚语 例如，在"分娩后尽早给你的孩子吸吮初乳"这句话中，初乳一词是医学术语，各地有"头奶""胶奶"等不同说法。尊重群众习惯，使用通用词语，是取得沟通的一个桥梁。

5．及时取得反馈 在说话的过程中可以随时停下来询问对方是否听懂了、是否有问题，或者要求对方重复重要内容，并注意对方的情绪变化和行为反应。医务人员与患者交谈时，要重视谈话中的信息反馈，及时把接受和理解的内容反馈给患者，如及时地点头，适时应答"哦""对""是的"，或目光接触患者，简单发问、重复，以示重视或确认。

6．必要时，运用图画、模型等来辅助说话 新近资料表明，在基层健康教育中，研制与使用适宜的形象化印刷材料，来支持与加强人际传播的效果，是当代健康传播的一个重要趋势。

7．适当停顿 在与对方交谈说话时要有停顿，避免长时间自己一个人说话。

（二）倾听技巧

倾听的过程包括接受口语和身体语言（体语）这两类信息。倾听的意义在于首先调动自身的知识贮备来完善讲话者的内容，从而使自己获得最大的信息量。其次，听与说作为信息的输入与输出，是互相依存的，只有听的准确明晰，才有可能做出适当的反应。在倾听时注意运用"传播适应理论"，面对不同年龄、身份的人群，也应及时变换选择适当方式。例如，对儿童，多称赞引导，但主要依据还是来自监护人；对少年，多倾听引导，其监护人描述作为辅助参考；对老人，多耐心引导，不厌其反复啰唆，予以尊重。因此，善于听可能使双方传播更具针对性，听的技巧有以下几条：

1．主动参与 谈话过程中，采取稳重的姿势，力求与说话者保持同一高度，双目注视对方。在听的过程中，不断用点头、发出"嗯嗯"等鼻音或重复关键词语的方法鼓励对方，表明对对方的理解和肯定。

2．克服干扰，避免造成听的中断 很多原因会打断或干扰听的过程，如讲的语句有语病、环境中有噪声干扰、谈话中有他人来访等。除了这些客观的原因，影响倾听的心理因素主要有分心、产生联想、急于发言、坚持己见等。对外界的干扰因素，要视而不见、听而不闻；对主观上的种种干扰，要有意识地加以克服和排除，努力培养健康的心理机制。

3．总结要点 在倾听过程中与做出反应之前，要不断抓紧时间分析对方讲话的要点，做出客观总结。为防止思考问题而造成的倾听的中断现象，必要时可暂时停止交流，做一下小结或思考。

4．注意观察 倾听的同时，注意观察讲话人不自觉地以非语言形式表达的情感及其内在含义，这将有助于对其讲话内容的理解。

（三）提问技巧

问的目的在于打开话匣，获取信息，以便进一步相互了解和沟通。一个问题如何问常常比问什么重要得多。有技巧的发问可以使回答者做出清楚、完整而诚实的回答，从而获得准确的反馈信息。提问方式可以分为5种类型，每种类型都会产生不同的传播效果。

1．封闭型提问 例如，"你叫什么名字"。这类问题多是发问者为收集某些准确信息而提出的，要求对方做出简短而准确的答复，如"是"或"不是"、"有"或"没有"、"好"或"不好"，以及回答姓名、年龄、时间地点、数量等问题。但封闭型问题不能获得更多的信息，适用于期望迅速得到确切回复的场合。

2．开放型提问 例如，"你今天感觉怎么样""你对这个戒烟计划有什么看法"。开放型提问给回答者以思考和判断的余地，有助于对方坦率地表达自己的意见，是获取信息的良好方式，适用于交往活动继续进行下去的各种场合。

3．试探型提问 例如，"你家离这里不远吧""你是不是已经去咨询过"。这类问题是提问者对对方进行试探，以证实某种估测。在人际交流中时常用此类问题打破僵局，开始双方的交流。

4．探索型提问 例如，"你为什么不喜欢这个戒烟计划""你为什么有这样的想法"。针对回答者对开放型、封闭型问题的回答，进一步寻求更深层次的信息。这种提问适用于对某一问题深入了解的场合。

5．偏向型提问 偏向型提问又称为倾向型提问或诱导型提问，提问者把自己的观点强加在问话里，有暗示对方做出自己想要得到的答案的倾向。例如，"你今天感觉好多了吧？"使人更容易回答"嗯，好多了"；"你按照小册子上讲的做了，对吗？"使人更容易回答"对"。这种提问方式适用于有意提示对方注意某事物的场合，如"你今天应该去做产前检查了吧"，但在调查研究、病房查房、健康咨询等以收集信息为首要目的的活动中，应该注意避免使用此类提问方式。

6．复合型提问 "你每天都吸烟、喝酒吗？""你经常给孩子吃水果、青菜吗？""你是否听说过多吃纤维素有好处？那是一种比较粗糙的物质，可以减轻便秘。你知道什么是纤维素吗？它在什么食物中含量较多？"以上例子一句问话中包括了两个或两个以上的问题，使回答者感到困惑，不知如何作答；又易顾此失彼，遗落其他问题。故在交流中，应避免使用复合型提问。

（四）反馈技巧

在人际交流中对对方传递的信息给予及时的、恰当的反馈，可以促进交流的进行。不能做出及时和恰当的反馈，则往往会影响交流的进行，甚至使交流失败。重要的反馈技巧包括以下几点：

1．肯定性反馈 肯定性反馈是对谈话对方的正确言行表示赞同或支持，企求得到他人对自己的理解和赞同，是人们在谈论情感、表明态度和采纳行为时的一种普遍心态。在面对面谈话时，适时地插入一些语句："是的，是这样""回想一下以前的情况，可以看出你的进步有多么大"这种肯定性反馈会使对方感到愉快、积极而且易于接受。在技能训练和行为干预时运用肯定性反馈尤为重要。

2．否定性反馈 对对方的不正确言行或存在的问题提出否定性意见。为了取得预期的效果，运用否定性反馈应注意两个原则：第一，强调对方的值得肯定的一面，力求使肯定与否定保持平衡；第二，用建议的方式指出问题所在。否定性反馈的意义在于使教育对象保持心理上的平衡，易于接受他人的意见和建议，敢于正视自己存在的问题。例如，"这样差不多，不过有一点值得注意……",避免直接说:"这样做不对""你这样说有一定的道理,但是……"。

3. 鞭策性反馈 在有些情况下,健康教育者要向教育对象的态度、信念或行为提出挑战,向他提出更高的要求或激励。这种反馈需要做好充分的准备,并将其作为一个过程,分解为4个步骤进行,故又称作"四步谈话法"。首先,对对方的言行做出客观的评论;其次,表达这种言行给你的印象;再次,向对方提出要求;最后,请对方做出答复。这是一种有条不紊而又不损伤自尊的发问,例如,"你不愿意谈论这个问题,我想是因为你不敢正视它。咱们一起分析一下吧,你看怎么样""你前天没有去做产前检查。我觉得你有些疏忽了,建议你还是定期去保健所检查,好不好"。

4. 身体语言(体语)反馈 对教育对象表达出来的情感做出恰当的反应,表示对对方的理解,这对于建立坦诚的良好关系来说是至关重要的。当触及教育对象个人隐私或当其承受着极大的心理压力时,体语反馈有着独特的作用。最常见的体语反馈是以面部表情,手势,触摸等微细动作,随讲话者的喜怒哀乐做出相应的情感反应。在个别谈话的场合,恰当地运用体语反馈则是一种专门的谈话技巧。

(五)非语言技巧

非语言传播是人类最早的传播形式,迄今在人际沟通中发挥着重要的作用。非语言技巧运用得当,会成为人际沟通的滑润剂,有利于增强相互理解、融洽相互关系;相反,根据人际传播的违背期望理论,运用不当则不利于传授双方的交流关系。譬如,在医护工作中,医务人员不耐烦的表情、不客气的训斥、衣帽不整的装束,以及交代病情时令人费解的医学术语等都会让患者失去对医护人员的信任。非语言技巧有很多,在人际健康传播中常用的有以下几点:

1. 动态体语

(1)身体姿态和肢体动作:通过身体姿态和肢体动作可以传递丰富多样的信息,反映交谈双方的态度、关系和对交谈的意愿。放松、自然的身体姿态不仅可以让自己觉得舒服,还可以让患者感觉放松;而身体高度紧张,也会让患者不自在。微微欠身表示谦恭有礼,侧身则表示礼让;适时的点头表示打招呼、同意,也可表示"我在听,我对你说的表示理解",鼓励患者继续说下去;身体前倾表示在认真聆听。用手中的笔不停地在桌子上敲打、双臂环抱于胸前、东张西望、不停地看钟表则表示医务人员对交谈不在乎、不耐烦、心不在焉,这些都会影响医患沟通的效果。

(2)接触:据心理学家研究,适时、适当的接触动作有时会产生良好的效果。按照当地的文化背景和风俗,医患沟通中适当的接触可收到良好的效果。如在患者痛苦时用适当的抚摸来表达对患者的安慰,当患者高热时用手触摸一下患者的前额,为呕吐、咳嗽的患者轻轻拍背,为行动不便者轻轻翻身变换体位,搀扶患者下床活动,做完检查后帮患者整理衣被并扶其坐起来,双手握住患者的手表示祝贺康复及治疗成功等,这些接触都有益于医患沟通的进行,有助于密切的医患关系。

(3)眼神:"眼睛是心灵的窗户",眼神可以传达语言难以表达的情感,也可表达个性特征并影响他人的行为。目光交流可以帮助双方语言沟通的同步,保持思路一致。患者对医务人员的凝视多为求助,频繁地注视患者的医务人员更容易发现患者不舒服或不安的感觉。但如果患者很内向或在很痛苦地哭泣时,医务人员则需要有意识地限制使用目光接触的次数,过多地注视会让患者感到难堪。临床工作中,医务人通过短促的目光接触检验信息是否被患者所接受,从对方回避的视线和瞬间的目光接触来判断患者的心理状态。

(4)面部表情:面部表情是人们表达情感和情绪最直接也是最常用的方法,一般是不随意的。患者面部表情的变化可使医务人员获取病情的相关信息,医务人员在与患者沟通时要善

于识别、理解患者的面部表情；同时，也要善于调控自己的面部表情。积极、正面的表情会带来正面的效果；负面的面部表情会带来负性情绪，影响双方沟通的效果。

2．静态体语　主要通过体态、仪表服饰等非语言形式传递信息。与行为举止一样，它们能够显示人的身份、气质及文化修养，并毫无掩饰地反映一个人的心理状态。医护人员身着洁白的工作服，使人感到专业性和权威性。健康教育者接触群众时着装大方朴实，表明一种亲切感，使人易于接近。

3．类语言　在人际传播中，类语言的作用较大。它们等于说话，有时胜于说话。在交谈中适时适度地改变声调、音量和节奏，可有效地引起注意、调节气氛。适当地运用鼻音、叹息等反馈，则可表达对谈话者的理解和尊重。

4．时空语　在人际沟通中利用由时间、环境、设施和交往气氛所产生的语义来传递信息，分为时间语和空间语。

（1）时间语：提前到达、准时赴约，表示对对方有礼貌；而无故不至、拖拖拉拉、姗姗来迟等这些时间语都会对传播效果带来负效应。

（2）空间语：空间影响传播效果有两个方面，一是交往环境，安静整洁的环境给人以安全感和轻松感；二是交往中双方所处的位置。朋友间谈话常是比肩而坐；而谈判时，双方相对而坐，显得互相平等，且有一种抗衡感。交往双方的相对高度也是创造沟通气氛的一个要素。大人习惯于弯下腰与小孩讲话；与卧床者交谈时最好坐下。通常情况下，人们处于同一高度时，交流比较融洽。

二、演讲技巧

演讲（speech，lecture）又称演说、讲演，指演讲者面对广大听众，以口头语言为主要形式、非口头语言为辅助形式，有计划、有目的、有主题、有系统地运用视听等方式、方法、手段，就某一问题发表自己的意见或阐述某一事理，并互相交流信息的活动过程。其中，以演讲为主要形式进行健康知识、方法的普及传播时称为健康科普演讲。由于健康对每一个个体的重要性和健康的个性化本质，在健康知识、方法传播过程中，面对面交流、演讲是其他任何一种方法都不能取代的。无论是医务工作者还是健康教育工作者都涉及如何将抽象的、不直观的医学、健康相关知识直观地表达出来。演示和表现需讲究技巧才能获得良好的教学效果。

（一）演讲准备

1．选题准备　一次演讲的效果首先取决于选题的好与差，正如计划生产一种产品，首先要有市场的需求一样。选题一是要注重实用性，针对大众关心的问题来选题、组织内容。例如，面对高血压病患者，可以就其日常生活、用药、心理、运动等方面选择容易忽略的各种细节，进行系列的演讲式传播；二是要注重科学性，这是医务工作者和健康教育工作者在进行健康科普演讲时的基本准则，否则即使演讲得再好，也会造成听众的错误认识、实践，其严重后果不可估量；三是体现人文关怀，医务工作者在健康科普演讲时，由于专业性强，受生物医学模式和传统思维习惯的影响，易导致其以"传道"的姿态出现在普通大众的面前，居高临下地为听众解惑。例如，"颈椎病的预防与治疗"给人一种冷漠、僵硬的情感，换一种表达方式，"伏案工作者，请注意你的颈部问题"无形中会让人产生想了解的欲望，多了一些人文关怀。

2．方案准备　演讲方案是在主题明确、目标清晰以后，以主题活动目标为圆心，"受众分析"为基础，制定达到主题活动的目的和满足受众听课、参与演讲目的的具体规划的总称。在制定"世界无烟日"的方案时，可以围绕目标准备至少3套方案。第一目标是向受众说明二手烟对人类的危害，在此基础上号召与会人员拒绝二手烟；第二目标是在通过该讲座号召人们拒绝二手烟的同时，也通过他们动员其家人和身边人戒烟；第三目标是为了将吸烟的危害降到最小，在号召戒烟的同时，也提供一些戒烟的方法和减小吸烟给人们带来伤害的具体措施。

3．熟悉听众准备 健康传播者面对的受众有不同的健康需求和自身特点，因此进行健康知识的传播时需要分析受众为什么来听演讲，针对听众的需要进行演讲，这是演讲受到欢迎的基础，唯有如此才能达到健康传播的目的。要了解听众的基本情况，他们的年龄、职业、文化程度及其经济状况等；也要了解听众的心理状态和需求欲，即他们想听什么、需要解决哪些实际问题。

4．材料准备 按照"全、广、精、准"的原则尽可能全面地搜集与主题相关的全部资料，既包括在日常的工作、学习、生活以及社会活动中的所见、所闻、所感，也包括从报纸、杂志、专业刊物、广播、电视、网络、官方的相关报告和报道等媒体上收集到的材料。然后将搜集来的资料归类整理，按需要加工。在编写讲稿时注意以下几点：

（1）有声性：演讲稿的用语一般比较上口入耳。

（2）动作性：演讲除了依靠有声语言外还要借助于体态语，在写演讲稿时需考虑说话时可能有的表情动作。

（3）临场性：演讲是面对听众发表的谈话，因此不得不顾及临场的反应。在编写讲稿时要事先做一番设想，灵活调整讲话内容和表达方式。

（二）演讲有声语言技巧

语言的运用，一是靠语义，选词适当准确；二是靠语音，字音准确清楚，声音洪亮自然；三是靠抑扬顿挫、起伏多变的语调；四是靠语速，以语言节奏快慢表现不同的情感变化。成功的演讲不但需要丰富的知识，还需要调动丰富多彩的语文词汇，准确、鲜明、生动地把自己的思想感情更加全面地表达出来，这就需要比喻、夸张、排比等多种表达手法，以及使用谚语、寓言故事、名人警句、幽默性和重复性的语言。

（三）演讲的非语言技巧

在交流和演讲时应该全方位地注意自己的肢体语言和有声语言的统一。听众往往会被演讲者的一个微笑，一种手势，或者目光所感染和打动，而成功的演讲者也会将目光作为辅助性的沟通手段。运用目光的方法有4种：

1．前视法 视线平直向前流转，遍布全场听众。视线的落点一般应放在最后一排的头顶部位，这样的视线可使听众感到演讲者的指向性，也有利于演讲者保持端正优美的身姿。

2．虚视法 运用一种并非完全指向性的目光。这种方法，尽管没有看清什么，但却是良好的观察力的一种过渡，用这种方法来消除演讲者的怯场心理很有效。

3．点视法 即有重点、有选择地注视，主要针对不安静或不注意听讲的听众。

4．环视法 即有节奏地或不时地环顾全场内的观众，与他们保持目光接触，增强情感联络；但要注意环顾面，避免扫视不全面而冷落了某一角落的听众。

（四）演讲时间语技巧

演讲时间语技巧是指演讲时间的有效安排。在45分钟的演讲中，听众的最有效时间是前15分钟；如果是学术性演讲，若中间穿插教学性质的讲解，那么求知者的注意力可以持续90分钟。可见演讲的时间不宜过长，较长的演讲需要安排适当的休息时间或者穿插生动活泼的对话形式。

三、咨询技巧

在健康传播领域，健康咨询（health counseling）是近年来随着人们对健康关注程度的增加

而兴起的一项提供有关疾病、健康、保健、医药、康复等有关信息和专业知识的服务项目。健康咨询是为满足人们对健康的需求而提供的一种健康服务形式，应归类于健康教育的范畴。从传播的角度讲，面对面的咨询活动是一种典型的人际交流。

（一）健康咨询 5A 模式

以行为评价为基础的 5A 模式（评价、建议、协商、协助、安排随访）被广泛应用于健康行为指导。5A 模式是帮助或协助个体改变行为的一系列步骤，常用于慢性病健康管理或其他需要长期指导行为改变的医疗卫生服务中。

1．评估（assess） 了解服务对象的行为现状、相关知识、技能、自信心等情况。在第一次提供咨询服务时，通过交流与观察，明确服务对象的主要健康问题与服务需求，根据评估情况指导咨询服务方案。

2．劝告（advise） 为服务对象提供危害健康的因素、行为改变的益处等信息。通过评估，发现服务对象目前存在的问题，劝导其改变不健康的行为和生活方式。

3．达成共识（agree） 根据服务对象的兴趣、能力共同设定一个改善健康/行为的目标。调动对方的参与意识和主观能动性，共同制定行动计划。这个计划一方面是指导服务对象建立健康生活方式或遵医行为的依据，另一方面也是后期评估咨询效果的标准。

4．协助（assist） 让服务对象找出行动可能遇到的障碍，帮助确定正确的策略，解决问题的技巧及获得社会支持的方法。根据服务对象的实际情况及时调整服务方案，先提出容易达到的目标，再逐步提出更高目标。

5．安排随访（arrange） 明确下次随访的事件或方式（上门、电话、电子邮件等）。在下次咨询前，应进行服务回访，听取反馈，以评估服务对象行为或健康状况改变的效果，并作为调整咨询方案和开展下一步服务的依据。

（二）电话和网络咨询

随着现代技术的发展，电话和网络的普遍应用使得通过电话和网络进行健康咨询成为可能。患者和普通人群都可以是电话和网络咨询的指导对象，尤其对于路途远、身体不方便前来当面咨询的人群来说更为方便。因为咨询的人首先已经具备了学习的态度，这时如果给予一个好的解答，会对他们学习健康知识、培养健康行为起到关键的促进作用。

1．特点 电话和网络咨询特别适用于敏感性健康问题的咨询，如 AIDS 的预防和诊疗咨询、心理健康的咨询，其具有以下特点：

（1）经济性：通过电话和网络咨询，可以减轻路途奔波、节省时间和费用。

（2）便捷性：只要有电话和网络的支持，就可以提供健康方面或诊疗方面的咨询。

（3）匿名：被指导者可以匿名接受健康指导。

（4）可能会出现错误判断：因为指导者不能面对面地见到服务对象，所有的信息都由服务对象在电话或网络上提供。如果提供的信息有误，可能指导者会错误判断病情，因此应建议服务对象在必要时及时就诊。

2．电话和网络咨询技巧 电话和网络咨询都不是面对面的交流，表情和肢体语言不能发挥交流的作用。但两者还略有不同，电话咨询更多通过声音来交流，而网络咨询更多的是书面交流，因此技巧也略有不同。

（1）电话咨询技巧：由于电话咨询少了直接观察和目光接触的沟通，因此听和讲是非常重要的。声音在电话咨询中具有吸引、信服、抚慰及支持等作用。咨询员要注意以下几点：

1）语言通俗、态度友好：接听咨询电话时，应该语言热情友好，尽量使用咨询者能够理解的语言；其次要注意语调温和、语速中等、适当停顿，以便让咨询者说出他的主要问题。用话语表现出对来访者的真诚，建立信任关系。

2）学会倾听并适时反馈：收集信息时要倾听对方诉说，多使用鼓励性的语言，不要轻易打断对方的讲话，必要时可以适当地引导，对咨询者的讲话要适时地做出恰当的反应，明确对方要表达的内容。

3）适时记录：电话旁边应备有笔和纸，随时可以记录一些重要信息，以便能快速组织对话，并没有遗漏。

4）由浅入深：收集到一定的信息后要适度提出问题，由浅入深引导来访者发现问题。

5）共同分析：交谈过程中与咨询者共同分析问题症结。

6）建议性语言：提出建议时使用适当语言，切忌过分鼓动。

7）建立信心：结束咨询时要恰当运用表扬和鼓励，建立咨询者解决问题的信心。

8）对于咨询员不会回答的问题，不应勉强给予答复，应建议咨询者到专业机构及时咨询。

9）结束谈话注意礼节：电话完后必须确认咨询者是否明白，待对方确定挂了电话时，再将话筒轻轻搁上。

(2) 网络咨询技巧：在线咨询是通过书面语言异地与网络用户交流的方式之一。书面语言没有动作、手势、语调、语气和语境的辅助，以及某些用户书面表达能力弱，因此往往不像口语表达那样轻松明白。所以除咨询的一般技巧外，网络交流还需要一些解答的技巧：

1）在线咨询解答的语言应该简洁、明晰、准确，并尽量采用规范的语言和适当的语体。

2）对于咨询人员不会回答的问题，不应勉强给予答复，应建议咨询者到专业机构及时咨询。

3）咨询者在网络提供的信息可能会有偏差，因此在网络咨询时给予的答复不能太绝对和肯定，应尽量想到可能发生的情况。

4）设立问答集锦：为减少咨询人员对重复性问题的解答，可以将咨询解答知识库的内容制作成常见问题解答（问答集锦）。

四、劝服技巧

劝服（persuade）从健康传播的角度，在健康教育活动中广泛使用。健康教育人员经常会针对某一个干预对象的特殊、不健康行为和具体情况向其传授健康知识、教授保健技能、启迪其健康信念、说服其改变态度和行为。

（一）劝服的原则

1. 启发开导 劝服的根本目的，是使劝服对象接受新观点、确定新态度、遵循新行为。从本质上讲，劝服是一种教育活动。因此，劝服必须是以正面教育为主，通过摆事实、讲道理，启发开导促进思想态度的转变。

2. 激发动机需要 无论劝服者的意见多么正确，劝服对象也只有在认为该意见对他有利和有必要的时候才能接受。因此，劝服者要注意分析劝服对象的心理状态、动机需要，进行有针对性的劝服。如为了说服他人遵循某正确的健康行为，可针对其有长寿的愿望，明确详细地指出该健康行为对健康长寿的具体好处。

3. 平等原则 健康教育中的教育者与教育对象在劝服过程中虽有主体客体之分，即一方劝服，另一方被劝服，但双方的地位都是平等的。劝服对象有回答的权利，也有询问的权利，有接受对方的某些观点或反对某些意见的自由。劝服者不能居高临下、盛气凌人，使相互关系中的地位人为地出现倾斜。要尊重对方、平等相待，才能得到对方的尊重与合作，从而提高劝服的结果。

4. 通情达理 劝服必须讲理，讲理要求一个"达"字。达理就是针对劝服对象的具体情况，由浅入深地把道理讲得通俗明白、透彻清楚、引人入胜，帮助他放弃旧有的观念和态度，

树立新的观念和态度。但劝服时的"理"必须与"情"结合，才能打动人心，才能充分显示"理"的力量。一方面指要在感情上与劝服对象沟通，创造融洽和谐的气氛，使对方对所讲之理产生认同；另一方面指在劝说中应该注意激发劝服对象的内在情感。如对有家室的吸烟者，可特别强调被动吸烟对妻子、儿女造成的伤害，通过引导其对亲人家庭的责任感和亲情来下决心戒烟。这样往往会收到较好的效果。

5. 循序渐进原则 在劝服中，应根据劝服对象的具体情况、认识基础、心理承受能力，从小处着眼、从低标准入手，先向他提出在他看来很容易达到的要求。当打开缺口后，再逐步劝服，直至预定的劝服目标。例如规劝每天吸烟两包的人戒烟，如让其立即完全终止吸烟是难以接受的，较为适宜的办法是可以劝他每天少吸 2 支，经过一段时间后再少吸 4 支、6 支，逐步递增，最终达到戒烟目的。

（二）劝服的方法

1. 论证法 劝服之所以发生，必是劝服者与劝服对象在某个问题上观点态度不一致。劝服者为使对方改变态度与自己一致，必须以一定的理由为依据，对劝服问题进行论证，向对方证明其真实性、正确性或必要性。常用的论证方法有两种：

（1）直接证明 即运用事实和道理作为论据，证明某个观点的正确性和真实性，如以吸烟者中肺癌、呼吸系统疾病患病率高的数据来论证吸烟有害。

（2）间接证明 即运用反驳的方法证明与自己论点相反的论点是虚假和错误的，从而间接证实自己的论点是真实和正确的。这种方法又称为反证法。例如对声称"不干不净，吃了没病"的人，列举大量因食用不洁食物导致疾病的事实，指出其观点的错误，从而证实注重饮食卫生的必要性。

2. 诱导法 诱导式的劝服是一个通过商量、讨论、启发、引导进行劝服的过程。在这个过程进行之初，先要明确要改变的是什么态度，然后再找出一些与这种态度相违背，但对方又不得不承认的事实来发问，使劝服对象处于一种两难的境况中：要么否定自己原来的观点，要么否定眼前的事实，然而事实是无法否定的，就只能改变原来的观点。这要求在劝服过程中尽量运用商量口气，如"是不是""你以为这样如何""你是否试一试"等。

3. 归谬法 在劝服过程中，不直接反对对方的错误观点，而是假设对方的观点持之有理，然后引申出一个对方也不得不承认是荒谬的结论来，心甘情愿地放弃原有错误观点和主张，从而接受劝服者的观点。

4. 树立榜样法 根据人们模仿、从众的心理特点，在劝服过程中注意给劝服对象树立起鲜明生动、具体、形象的典型样板，进行生动形象的感知教育。这比单纯地说理、教育更具说服力、号召力。可从正反两方面列举生动例子来启发引导劝服对象，用正面的典型对劝服对象进行正面诱导，借反面典型给劝服对象以警戒或启迪。例如，告诉劝服对象仿照正面典型的榜样行事，有利于健康长寿；仿照反面典型例子行事，会损害健康，何去何从可以让劝服对象选择。

5. 体验活动法 引导组织劝服对象参加有关活动，是劝服其改变态度的有效方法。例如教孩子或从不刷牙的农民正确刷牙，教饮食餐馆行业人员正确的餐具消毒方法等。这些若单靠理论教育效果往往不佳，而若能组织实践教学，就可以在劝服对方放弃不良行为的同时帮助其建立新的行为方式。

第四节 医患沟通

医务存在许多人际关系，如医生 - 患者、护士 - 社会工作者、管理者 - 门诊患者等。这些

人际关系中的个人角色、对彼此的预期值等都影响了人际传播的效度。近几年来,医生、护士、病人在医务中的传统角色发生了翻天覆地的改变,他们之间的关系和决定其角色的陈旧规则也随之发生了变化。这些变化令医务中的参与者角色更加不明朗,各种关系错综复杂,人际间的交流更加困难。

一、医患关系

(一)医患关系的定义

医患关系是整个医疗服务过程中最重要、最基本的人际关系。医患关系的定义有狭义和广义之分。狭义的医患关系特指医生与患者之间的关系,广义的医患关系是指以医生为中心的医务人员群体(医方)与以患者为中心的群体(患方)在疾病诊疗、预防、保健活动中所建立的一种人际相互关系。广义的医患关系中的"医"不仅指医、药、技、护人员,还包括了医疗行政和后勤管理人员等;"患"不仅指患者本人,还包括了患者亲属、监护人、朋友、单位组织等与之有社会关系的人员。

(二)医患关系模式

医患关系模式是指在医学实践活动中医患双方互动的行为方式。它是根据在诊疗计划的制定和执行过程中医务人员和患者之间的关系来确定和划分的,根据医患互动、医患双方的地位、主动性的大小将医患关系分为以下3种基本类型。

1. 主动-被动式 此类型是一种传统的医患关系模式。在这种模式中,医务人员处于主动地位,而患者处于被动地位,医务人员完全把握了诊疗活动的主动权、决策权,怎样诊疗取决于医务人员。医务人员是绝对权威,患者完全服从医务人员的安排。这种模式的优点是可以充分发挥医务人员纯技术优势;缺点是缺少患者的个人意愿,可能会影响疗效并为发生医患矛盾埋下隐患。所以,这种模式一般运用于无自主能力的患者,如危重、急症、休克等意识丧失的患者,以及婴幼儿、有精神疾病和智力障碍的患者。

2. 指导-合作式 在这种医患关系模式中患者被看作是有意识、有思想的人,有一定的主动性,可有限度、有条件地表达自己的意愿,医务人员也愿意调动患者的主动性,医患关系比较融洽。但患者的主动性是主动配合医务人员、接受医务人员的解释与指导,并执行医务人员的治疗方案,患者被要求与医务人员合作。医务人员仍然具有权威性,居于主导地位。这种模式因为存在互动成分,所以能发挥医患双方的积极性,有利于提高诊疗效果、减少差错,有利于建立信任合作的医患关系,但医患双方权利的不平等性仍较大。目前,临床上的医患关系多属于此种模式。

3. 共同参与式 在这种模式中,医患双方彼此具有同等的主动性,医患双方共同参与诊疗计划的决策、制定和实施。在诊疗实施过程中,医务人员不但要对患者的诊疗计划提出建议和指导,而且还要不断接受患者的体验和感受等的反馈信息,进一步改进诊疗计划。此模式有助于医患双方的理解沟通,可以融洽关系,提高疗效。这种模式适用于慢性病患者,尤其适用于有一定医学知识的患者。

二、医患沟通

(一)医患沟通的定义

医患沟通是指医患双方在诊疗活动中围绕着患者的疾病诊疗和健康问题以及相关因素(服务、费用等)运用语言符号或非语言符号系统进行信息全方位、多途径交流的过程。医患沟通

所交流的信息既包括了同疾病诊疗直接相关的内容，也包括了医患双方的思想、情感、愿望和要求等方面的表达。良好的医患沟通能使医患双方达成共识并建立信任合作关系，促进医患之间的理解与支持，提高诊疗效果，为建立和谐的医患关系奠定基础。如果没有这种沟通，医务人员就不能全面地了解患者的病情，也无法满足患者追求健康、解除病痛的需求。

（二）医患沟通的基本原则

1．以人为本原则　现代社会的发展是以人为核心，以满足人的需求为价值取向。随着医学模式的转变，人们的就医需求已从单纯的生理需求向生理、心理、社会综合需求转变。在医疗活动中人们不仅需要优质的医疗技术服务，还需要在心理上得到尊重与关怀。这就要求医患沟通必须坚持以人为本，尽可能满足患者的需求，给患者更多的人文关怀，以达到以患者为中心的沟通目的。

2．依法守德原则　医务人员要严格遵守法律法规，既要用法律赋予自己的权利依法行医，又要履行法律所规定的责任和义务。在医患沟通中，医务人员要清楚患者依法享有的权利和义务，尊重患者，切实恪守医疗道德，严格按规章制度、程序办事，不以医谋私。

3．平等诚信原则　医患双方都是平等的社会公民。只有讲诚信，医患双方才能彼此信任、没有隔阂；只有相互配合，才能共同承担起疾病诊疗的责任。平等诚信有助于发展密切、和谐的医患关系，也是医患沟通应坚持的前提与根本的原则。

4．同情保密原则　在医疗活动中，患者总认为自己的病症最突出，希望得到医务人员的同情，而医务人员则因为职业原因对此"司空见惯"。如果患者感觉不到医务人员的同情，他就不会相信医务人员，医患双方就不可能进行有效的沟通。同时，在疾病诊疗过程中，常涉及患者的隐私，如果医务人员不能为患者保密，就会严重损伤者的自尊。若患者不愿与医务人员沟通，医务人员就不可能获取准确、真实的疾病信息，从而影响疾病的诊疗工作。

5．整体、个体原则　随着工作、学习、生活节奏的加快，人们的心理、社会问题也日趋突出。医务人员在疾病的诊疗时不仅要考虑生物学因素，还要考虑心理、社会等因素的作用。在医患沟通时要从整体层面进行沟通，全面了解患者情况，从而提供全面、整体的医疗服务。

患者作为医疗服务的对象，来自各行各业，每个患者的文化水平、家庭情况、社会地位、经济状况、生活居住地区、心理状态都有很大的差异，所以医患沟通的内容与方式应从每个具体患者的实际情况出发，因人、因时制宜，具体问题具体分析，既要考虑到患者身心的整体性，又要考虑到不同患者的个体性。

6．准确易懂原则　医务人员是专业技术人员，绝大多数患者对医学知识缺乏理解，医务人员的责任就是将相关信息加以综合，用容易理解与接受的方式（如辅以模型、图片等）和患者交流，用通俗易懂、深入浅出的语言与患者沟通。交流用语要朴实、口语化，少用不良口头禅、医学术语或医学省略词，要让表达的信息得到患者的接受和理解。

7．适度距离原则　医患沟通时，医务人员要注意涉及病情时讲话要有分寸、留有余地，不能把话说得太满、太绝对，对某些患者适时还需用"善意的谎言"。语言要适度、符合场合，切忌感情冲动、动作夸张；同时，在沟通时应根据患者的年龄、性别等，选择合适的沟通距离，不宜太近或太远，以避免不必要的误解。

8．共同参与原则　疾病诊疗的全过程需要医患双方的全程参与和良好沟通，双方主动保持沟通渠道的畅通是良好沟通的前提。医务人员要主动倾听患者及其家属的意见，尊重患者的意愿，让患者参与诊疗计划的决策与制定，通过沟通了解患者所需；患者对诊疗计划、措施有不清楚或不同意见也可向医务人员提出，共同商讨、制定出双方都同意的最佳诊疗方案。

思 考 题

1. 简述人际传播的定义。
2. 简述人际传播的特点。
3. 举例说明人际传播理论在健康传播中的应用。
4. 举例说明在门诊咨询中应注意的沟通技巧。
5. 简述劝服患者采纳建议的主要原则。
6. 简述医患沟通的原则。

（白金星　崔婧晨　史宇晖）

参考文献

[1] 郭庆光．传播学教程．2版．北京：中国人民大学出版社，2011：71．
[2] 吕姿之．健康教育与健康促进．2版．北京：北京大学医学出版社，2002：53-55．
[3] 北京医科大学．健康传播学．北京：人民卫生出版社，1993：71-86．
[4] 周毅．人际交往与医患沟通．北京：北京大学医学出版社，2011：73-76，96．
[5] 金大鹏．健康科普演讲教程与实践．北京：人民卫生出版社，2007：25-75．
[6] Katherine Miller，著．Communication Theories：Perspectives Processes and Contexts. 2nd edition. 北京：北京大学出版社，2007．
[7] 韩青．健康传播视野下医患人际互动研究．今传媒，2014，22（11）：29-31．
[8] 沃林斯基，著．健康社会学．孙牧虹，译．北京：社会科学文献出版社，1999．
[9] 王陇德．健康管理师国家职业资格二级．北京：人民卫生出版社，2017．
[10] 周毅．人际交往与医患沟通．北京：北京大学医学出版社，2011．

第六章 群体健康传播

群体传播是传播的重要形式之一,群体传播在健康教育与健康促进中得到了较广泛的应用。群体成员之间的交流达到了解健康信息、学习健康知识、掌握健康技能、养成健康行为的作用,进而达到改善健康、预防疾病、改善治疗或促进康复的目的。本节重点介绍群体和群体传播,以及群体健康传播的常见应用方式——小组学习和同伴教育。

第一节 群体和群体传播

一、群体

(一)概念

日本社会学家岩原勉认为,群体是指"具有特定的共同目标和共同归属感、存在着互动关系的复数个人的集合体。"现实中的群体是多种多样的,在目标、归属感和互动关系3个维度上的强弱不同,且有可能千差万别。

在上述定义下,群体是个广义的概念,不仅包括家庭、朋友、近邻街坊、娱乐伙伴等初级群体;也包括具有某种共同社会属性的间接社会集合体,即次级群体,如同性别、同年龄、同职业或同阶层的群体等。既包括联系松散、自发形成的社会群体;也包括存在着制度化的严密分工和严格纪律的职能群体(组织),如政党、军队、团体、企业等。

(二)类型

不同学者对群体的分类不同。美国社会学家 Charles Cooley(查尔斯·库利)根据群体在个人社会过程中所起作用的直接和间接程度,将群体分为初级群体和次级群体。德国社会学家 Max Weber(马克斯·韦伯)将群体中是否存在管理主体和机构作为分类标准,把拥有管理组织系统的群体称为"团体"(verband),其他则属于一般群体。另一位德国社会学家 L.Wiese(L.威瑟)也依据组织性的强弱,将群体分成两类,一类是组织群体,另一类是非组织群体。

无论是初级群体、次级群体,还是组织群体,一般都是社会生活中较为稳定的群体,且这几种群体的结构、功能和传播机制都有明显的不同。此外,在现实生活中,还存在一种不稳定且非常态形式的群体,是由临时的集合行为(collective behavior)所产生的人群,法国社会心理学家 Gustave Lebon(古斯塔夫·勒庞)称其为"乌合之众"(crowd)。集合行为所产生的人群与我们通常所讲的一般社会群体或组织群体的性质不同,需要作为一种独特的群体现象加以考察。

（三）社会功能

群体是将个人与社会连接的桥梁和纽带，是社会的中观系统。对社会而言，群体有助于维持社会秩序并保持其连续性。通过分工与协作可集结分散的个人力量来形成群体，推动社会进步。有时也会出现相反的作用，会给社会秩序和社会生活带来混乱。对个人而言，群体是满足个人需求的重要手段，是个人的信息来源和社会安全感的提供者，也是个人表现和实现自我的场所和手段；但同时，群体也有束缚和压抑个性的负面作用。

二、群体传播

（一）概念

群体的成立、生存和发展的需要具备 3 个基本条件：①群体成员有共同的目标和关心事项（群体凝聚力的核心）；②群体成员间有协作意愿，即个人有参与群体并为之做出贡献的动机；③群体与成员、成员与成员间的传播互动机制，即群体传播。可见，群体传播是群体存在和发展的重要因素。

基于此，日本社会学家岩原勉认为"群体传播就是将共同目标和协作意愿加以连接和实现的过程"。通常，我们认为，群体传播是指组织以外的一般群体（非组织群体）的信息交流与分享的传播活动。小组学习和同伴教育就是典型的群体传播活动。

本书讨论了一般意义上的群体的传播，集合行为作为一类特殊群体在非常态群体传播中讨论，即本书中的群体传播特指非组织传播，而组织传播作为独立的传播形式在本书中未展开讨论。

（二）相关因素

为了使得群体传播达到一定的效果，不能忽略对群体传播产生影响的相关因素：

1. 群体意识 群体意识是群体成员共有的意识，通常包括群体目标和群体规范的合意、群体感情和群体归属意识。

群体传播在群体意识的形成中发挥着重要的作用，群体意识是在群体信息传播和互动过程中形成的；而群体意识一旦形成后，会对群体传播产生重要影响，主要体现在对个体成员的态度和行为产生制约，以保证群体的共同性。

2. 群体规范 群体规范是群体意识的核心，是成员个人在群体活动中必须遵守的规则，广义上也包括群体价值（群体成员关于是非、好坏的判断标准）。群体规范的功能主要体现在协调成员、促进群体目标的达成、保障群体整体合作、维持群体的统一性、为成员提供安全的决策依据。

在群体传播中，群体规范的主要作用体现在排除偏离性的意见，将群体内的分歧和争论限制在一定范围内，以保证群体的决策和活动效率。同时，群体规范不仅对群体内的传播活动发挥制约作用，对来源于群体外的传播效果也具有重要影响。当来源于外部的观点与群体规范一致，则推动成员接受，反之则阻碍。

3. 群体压力 群体压力是群体中的多数意见对成员中个人意见或少数意见产生的压力。在面临群体压力的情况下，个人意见和少数意见一般会对多数意见采取服从态度。群体压力是保障群体协调统一的前提，其原因是信息压力（对多数意见持信任态度）和趋同心理（与多数意见保持一致）。

在群体传播中，群体压力能够改变群体中个别人的不同意见。利用群体压力的影响可以加强或减弱群体传播的效果。

4. 意见领袖 意见领袖是群体中具有影响力的人,他们有更多的经验或能力、与外界联系更多、更容易接受新的信息,对群体的认知和行为改变有引领作用。在群体传播中,发现和动员这些意见领袖是开展群体传播、达到群体传播效果的关键点。

三、集合行为

非常态群体传播是相对于前述的常态群体传播而言。非常态传播通常是由自发的、无组织的集合行为造成的,这些集合行为是非常态群体行为。集合行为中的传播是最常见的非常态群体传播。

(一) 集合行为概述

集合行为是在某种刺激条件下发生的非常态社会集合现象,多以群集、恐慌、流言、骚动的形态出现,往往对正常的社会秩序造成干扰和破坏。

集合行为的发生条件包括:①结构性压力,在一些危机状况下社会普遍存在不安心理和紧张情绪;②触发性事件,某些突发事件和突然的信息刺激;③正常的社会传播系统功能减弱,非常态的传播机制活跃化。

信息传播贯穿于集合行为始终。集合行为容易引发破坏性的社会后果,治理集合行为的关键在于消除它的发生条件。

(二) 集合行为的传播机制

集合行为中的信息传播与正常的社会传播有很大不同,受一些特殊传播机制的制约,更具有非理性的特点。

1. 群体暗示与群体感染 集合行为的传播包括信息本身及与此相伴随的情绪或感情的传播,主要受暗示和感染机制的制约,往往对正常的社会秩序造成破坏性后果。

群体暗示是指不通过直接的说服和强制,而是通过间接的示意使人接受某种观点或从事某种行为的传播方式。与群体暗示相联系的另一种机制是群体感染,群体感染是指某种观念、情绪或行为在暗示机制的作用下以异常的速度在群体中蔓延的过程。

2. 群体模仿与匿名性 群体模仿是集合行为的传播机制之一。法国的 J.G Tarde(J.G. 塔尔德)在 *The Laws of Imitation*(《模仿的法则》)中称:"模仿是最基本的社会现象。集合行为中的模仿更多地表现为基于人的安全本能的、无意识的、条件反射性的模仿。"

匿名性原理是解释集合行为的原理之一。在混乱状态下,处于一种没有社会约束力的匿名状态下的人们,容易受"法不责众"的心理支配,失去社会责任感和自控力,做出种种宣泄原始本能冲动的行为。

(三) 集合行为中的信息流

集合行为中的主要信息形态是流言(流言指信源不明、无法确认的消息或言论,通常发生在社会环境具有较高不确定性、正规的传播渠道不畅通或功能减弱时期)。流言一般分为非紧急事态下的流言和紧急事态下的流言,集合行为中的流言属于紧急事态下的流言。

在集合行为中信息的流动处于异常状态,很难辨认信源。几乎每个人都是消息的发布者,同时也是消息的接收者。集合行为中的信息流有如下特点:快速增殖、奇异回流现象、伴随大量谣言。可见集合行为中的信息传播中存在许多异常现象,是可能给社会秩序和规范带来破坏性结果的行为,值得我们研究和关注。

第二节 群体健康传播

一、群体健康传播的基本概念

群体健康传播是指群体成员间进行的健康信息和情感的分享交流。疾病和健康是群体成员间信息互动的主要内容。通过群体成员之间的交流，成员可以了解健康信息、学习健康知识、掌握健康技能、养成健康行为，进而达到改善健康、预防疾病、改善治疗或促进康复的目的。

二、群体健康传播的作用

1．分享健康相关信息 群体成员的关系建立常常是基于共同兴趣、爱好、生活目标、健康问题，或以感情为纽带，成员之间容易分享健康信息。

2．学习健康相关技能 群体中部分成员的健康相关技能很快能够被其他成员学习和模仿。

3．增加自我效能感 群体成员之间的互相鼓励、支持，和成功经验的模范作用，可以促使成员自我效能感的增加。

4．促进健康相关行为养成 群体成员互相学习和模仿以及群体的社会支持，可以促进相关健康行为的养成。成员之间往往会因为群体压力、群体规范、群体文化的硬性特征，改变自己的健康观念、行为习惯和生活方式。

5．改善健康状况 一方面加入群体可以给成员带来心理上的安全感，另一方面群体成员之间的互动交流，可使其健康相关知识增加，行为得以改善，可促进成员健康状况的改善。

相对于其他健康传播方式，群体健康传播的优势主要体现在除了健康信息、知识和技能的交流分享，在群体压力和群体规范下，它对自我效能改善、行为习惯养成也发挥着重要的作用，同时它在心理健康方面的作用也相对突出。

与此同时，也正是由于群体压力、群体规范的存在，当群体健康传播的劣势突出体现在不能保证分享的健康信息、知识和技能的科学性时，其负向作用就比较难以控制。同时一项好的群体健康传播是需要花费较多时间、精力和成本去组织实施的。

由此可见，善用群体健康传播、发挥其优势、克服其不足，才能够使该方式更好地发挥在健康促进中的作用。

三、群体健康传播的分类

小组学习和同伴教育是比较常见的群体健康传播的形式。

（一）小组学习

小组学习又称小组传播或小群体传播，即小群体成员之间相互沟通、共享信息的传播行为。

由于个人的态度和行为易受到群体的影响，有时可通过改变该群体规范和群体压力而使个人发生改变，或是使个人加入到不同的群体而影响其健康态度和行为。小组学习具有收集信息、传递信息和行为干预等功能，同时具有形式和效果的独特优势，这让它成为了健康教育与健康促进实践中常用的积极、有效形式。例如，在我国许多地区都有健康俱乐部、高血压/糖尿病患者俱乐部、健身小组、家庭主妇烹饪学习班等群体健康教育活动，显示出小组学习这一传播形式在社区、学校、医院中健康教育领域的蓬勃生命力。

小组学习为成员提供了有激励性的变化；能增强成员间的交流，充分调动成员在干预活动中的积极性，让参与者相互分享经验、扩大他们的视野、提高自我效能；一个小组便于处理一个专项问题，利用不同学习小组可同时处理几个问题；并且，小组学习活动可产生许多有创造性的成果。

（二）同伴教育的概念和特点

1．同伴教育的概念　所谓同伴（peer），指的是年龄相近（如同学）、性别相同（如好友），或具有相同背景、共同经验、相似生活状况（如同事、同乡、邻居等），或由于某种原因有共同语言的人（如参与特定活动、到特定场所的人们），也可以是具有同样生理、行为特征的人（如孕妇、吸烟者、吸毒者、某种疾病的患者）。

同伴教育没有统一的严格定义。一般认为，同伴教育（peer education）就是以同伴关系为基础开展的信息交流和分享，通过相互影响，以实现教育目标。

同伴教育有正式与非正式之分：非正式的同伴教育可以随时发生，任何具有同伴特征的人们都可以在一起分享信息、观念或行为技能，向同伴们讲述自己的经历或体会，唤起其他同伴的共鸣，从而影响他们的态度、观念，乃至行为；但它的目的可能并不十分明确，也没有事先确定的教育目标。非正式的同伴教育可以发生在任何人们感到方便的地方，如办公室、宿舍、车间、社区，甚至街头巷尾，同伴们随时随地都可以以教育者或教育对象的身份交流信息，并且可以角色互换。正式的同伴教育有明确的目标，较为严格的设计和组织，正在成为健康教育项目中的一种以人际交流为基础的教育干预方法。下面主要介绍正式同伴教育的特点及组织实施方法。

2．同伴教育的特点

（1）教育者与教育对象之间的同质性：同质性是指教育者和教育对象之间是同伴、朋友，有共同的背景、有更多的共同语言，人际交往障碍少，容易平等交流，例如同班同学、患有相同疾病的病友等。

（2）可对观念、行为产生影响：同伴之间的信息共享和行为示范，更容易形成对问题的共识，从而使同伴相信彼此的观点、行为，并模仿同伴的行为。

（3）形式灵活：同伴教育的形式多种多样，根据年龄和背景的不同，可以选择不同的方式。如在青少年中，可以用游戏、故事、辩论、动漫等方法；而在糖尿病患者中，可以进行讨论、食物选择和烹调技术演示、经验介绍等；在农村妇女中，可讲身边的故事、看挂图、进行操作练习等方法。这些形式的最终目的都是使教育对象在轻松的氛围中掌握卫生保健知识和技能。

（4）情感支持：同伴教育不仅能进行健康知识传授、经验与行为分享，还能引发情感上的共鸣，从而使参与同伴教育的人们认识和自己面对同样健康问题的人们，获得情感上的认同感和支持。

（5）经济实用：同伴是人们卫生保健信息的重要来源之一，可以弥补健康教育与促进项目中卫生专业技术人员有限的不足，节省资源。

第三节　群体健康传播活动的组织与实施

一、小组学习

（一）小组学习的准备

1．制定小组学习目标和内容提要　小组学习的内容应紧紧围绕小组学习的目的和目标，因此在准备工作中需要明确小组学习的目标，并准备小组学习的内容提要。内容提要是小组学习的内容框架，也是小组学习要完成的主要任务。小组学习的内容要按照人们认知的规律由浅到深、先易后难，鼓励思考和讨论，最后明确答案。

2．安排场地和座位 小组学习是一个互动的交流过程，因此建议场地的座位排放成"U"形或"O"形，使参加者都能看到彼此，形成学习讨论的氛围，方便学习讨论进行。如果参加人数较多，则需要分组，每组6～8人围坐在一起，并且要保证每个小组之间有一定的距离，这样可以避免各组在学习讨论过程中互相影响。

（二）小组学习的现场实施

1．分组 分组的方法很多，常见的是相互熟悉的人自然形成小组。这样组中的人们熟识，比较容易打开话题，进行讨论；但也存在弊端，可能因为彼此的背景相似、视角相同，而不能彼此启发。其他分组方法包括报数分组、找同伴分组，或将抽到同一类事物的人分为一组。

如果已经对干预对象有所了解，可以根据其性别、专业、经验等对干预对象进行分组，要尽可能使每个组内的搭配合适。

2．主题学习和讨论 健康教育人员将学习和讨论的题目介绍给大家，说明学习目标和讨论目的、具体要求。通常情况下会要求每个小组选择一名组长，组织大家进行学习讨论；选择一名记录员记录讨论内容；确定学习讨论时间，讨论时间可以根据讨论题目的大小、内容的多少确定，一般为30～60分钟。讨论结束后推选一名代表向大家汇报本组讨论结果，一般不超过5分钟。小组长要协调本组成员之间的人际关系，发动成员畅所欲言、组织解决合作交流中遇到的问题。记录员要记录好本组成员讨论形成的意见。

在各小组开始讨论后，健康教育人员对各小组的讨论进程进行观察，以掌控讨论进程和方向。如果发现讨论内容偏离主题，要及时指出；如发现个别人主导了讨论、压制其他人的意见时，应及时给予引导，多鼓励其他人发言。对于各组在讨论中遇到的问题，健康教育人员也应及时解答。但与此同时也要注意，在小组学习过程中，健康教育人员的主要作用是协调，尽量避免过多说话。

3．分组汇报及总结 小组学习讨论结束后，各个组汇报讨论结果。一个组汇报完成后，健康教育人员应给予点评，其他成员也可以提问或提出存在的问题。

分组汇报结束后，主持人应能够总结各组讨论的结果，并对要点加以归纳、强调，给出正确的指导意见，最终使干预对象掌握正确的健康知识、技能，摒弃一些错误认识。

（三）小组学习的组织技巧

1．小组主持人 健康教育人员可以作为主持人来组织社区群众进行讨论，也可从小组中选出成员作为主持人。如果是后一种情况，需要在之前进行必要的培训和引导。小组主持人应熟悉所讨论的问题，对组织工作有信心；了解参与者的文化背景、参与意识和要求；既不放任不管，又形成平等、轻松、活跃的气氛，有利于成员积极参与。

2．人数与环境安排 理想人数是小组学习能否成功的要素之一，一般以5～8人一组为宜，一般每次以讨论学习1～2小时为宜。地点应注意选择使人感到方便、舒适、不受干扰的地方；座位排列的形式也很重要，最好围坐成一个近似"O"形的圈子或"U"形的半圆，以利于与会者相互对视、交谈和充分参与活动。

3．打破僵局技巧 以下是作为主持人，需要学习和掌握的打破僵局的必要技巧。

（1）热情接待，欢迎来者：主持人应提前到达会场，对每一个来参加小组学习的人表示欢迎。小组学习活动正式开始前，可以聊聊家常或谈一些轻松的话题，使人们放松，尽快地熟悉起来。

（2）说好开场白：先介绍自己，然后通过开场白向小组成员说明学习的目的和主题，并表明每一个参与者的参与对于小组学习活动都是十分重要的，使他们感受到自己的作用和参与

的意义。

(3) 互相介绍，建立关系：开场白之后，请小组每个成员做自我介绍，亦可采用姓名游戏法进行。通过此环节，使参加小组学习的成员相互初步了解，建立起和谐的关系。

4. 组织讨论技巧 讨论是小组学习的重要形式之一。作为主持人，需要学习和掌握以下几种组织讨论的必要技巧：

(1) 快速反应（头脑风暴）：先向大家提出一个值得争论的开放型问题，然后集思广益，不加评论地在黑板或白纸上记录下每一种意见。当畅所欲言后，再组织一起将各种意见分门归类，分析各类别的特点，最后总结来得出必要的结论。

(2) 使用引子：在小组学习中，主持人要善于利用各种健康教育传播材料（印刷品、视像教材）上的内容作为引子，有针对性地提出问题、启发思路、组织讨论。

(3) 轮流发言：在小组讨论开始或结束时，组织参与者依次作简洁发言，使小组成员参与机会均等。主持人还要注意3条原则：①发言过程中尽量不干扰、打断任何人的发言；②在全体成员结束发言前，不做评论和总结；③强调自愿参与原则，允许有不参加讨论发言的权力。

(4) 无记名提案（无记名投票）：当人们由于文化、习俗等原因，可能不习惯或不喜欢面对面讨论某一敏感性问题时，就不应勉强进行讨论，而可采用无记名提案法。即让每人在纸条上写下自己的意见或看法，投入纸箱中，混匀后每人随机抽取一张，当众读出纸上所写的内容，最后再根据发现的问题进行讨论分析。

二、同伴教育

(一) 同伴教育的准备

1. 征募同伴教育者 征募合格的同伴教育者，是开展同伴教育的关键之一。同伴教育者应具备如下的品质和能力：① 在与同伴交流时，思维敏捷、思路清晰，并且有感召力；② 具备良好的人际交流技巧，包括倾听技巧；③ 具有与目标人群相似的社会背景，如年龄、性别、社会地位等；④ 应为目标人群所接受和尊敬，并成为目标人群中的一员；⑤ 应持客观态度、公正立场；⑥ 有实现项目目标的社会责任感；⑦ 充满自信，富有组织和领导才能；⑧ 有一定的时间和精力投入工作；⑨ 对同伴教育所涉及的内容有符合社会健康观的认识，成为同伴中行为的典范；⑩在疾病预防教育中，同伴教育者应不歧视并且关心疾病患者。

2. 培训同伴教育者 通过对健康教育与促进项目目的、教育内容和人际交流技巧进行培训，使同伴教育者：①了解项目目标、干预策略与活动，了解同伴教育在其中的作用，以及如何与其他干预活动进行配合；②掌握与教育内容有关的卫生保健知识和技能；③掌握人际交流基本技巧和同伴教育中使用的其他技术，如组织游戏和辩论、使用电脑、放映幻灯片等。

3. 吸引同伴参与活动 成功的同伴教育活动要基于同伴的自愿参加，因此在活动尚未开展之前，应该尽可能运用宣传攻势让同伴们知道将要开展的活动的形式和重点内容，以抓住同伴的眼球、吸引同伴前来参与活动。例如通过社区海报、传单、横幅、网络、社区广播站等途径更好地发布消息，吸引同伴参与活动。

4. 同伴教育实施活动前的准备

(1) 制定工作计划：工作计划可以简单地陈述每个同伴教育者计划做什么、什么时候做、在哪里做，以及针对的对象是谁。一份同伴教育计划应该包括以下几方面内容：项目的背景、目的与目标、策略与活动方案、进度日程与负责人、监测与评价以及经费预算。

(2) 选择场地：以一定的组织方式在社区、学校、工作场所等地开展同伴教育。在活动开始前，应注意场地、桌椅、使用仪器和设备等的准备和调试，保证同伴教育活动质量。社区内的同伴教育，比较正式的大多利用社区的会议室、社区活动中心；非正式的可以随时随地进行，地点可以选在社区内比较繁华的路段等。总之要把握一个原则，即选择同伴们感觉方便的地方；但对于敏感的话题，最好选择相对隐蔽、私密的场所。

（3）准备传播材料：正式的同伴教育活动需要大量的传播材料，它可以是纸质的，如宣传画、小折页、手册、小贴士；也可以是视听材料，如视频、flash、PPT 文件、公益广告片、公益歌曲等。这些传播材料可以到相关的组织机构、公益机构免费获取，也可以由同伴教育者自行设计。

（二）同伴教育的现场实施

1．开场白 同伴教育中的开场白应注意首先进行自我介绍；其次应介绍本次活动的主要目的、活动内容要点、活动需要的大致时间；之后呼吁大家积极参与，说明同伴教育活动是一种平等/参与的活动方式，其活动效果的取得重在大家的参与。

2．热身活动 开展热身活动可以明显地提高同伴教育的质量，如果组织得成功，热身活动可以短时间内拉近同伴之间的距离，使同伴心理放松，每个人都积极参与。热身活动有很多，而且没有固定的程序，如同伴们进行自我介绍、交换名片、给小组取名字、自我欣赏、相互表扬等，都能够使大家消除彼此之间的陌生感。

3．同伴教育活动 由同伴教育者开展相关健康主题的介绍和信息分享，并可以进行相关主题讨论和技能学习示范等。活动的开展可以各种方式呈现，如小组讨论、头脑风暴、讲解演示、角色扮演、游戏等。

4．结束语 同伴教育的结束语中应对活动及所介绍的内容进行简要的总结，对大家的积极参与表示感谢，并提出同伴教育的参与者都应该成为健康传播者，应把本次活动中所学到的知识与技能传给其他熟悉的人。

（三）同伴教育的实施技巧

同伴教育实施的过程决定了教育的最终效果，因此活动的开展是重中之重。同伴教育的成功其实没有任何秘诀，最重要的秘诀就是同伴教育者的真心投入。下列一些技巧有助于实现同伴教育的效果：

1．充分准备 同伴教育者能顺利的实施同伴教育，是以前期的充分准备为基础的。同伴教育者在经过了一段较长时间的专业人员培训后，对活动的意义、目的、方法、关键环节应该做到了如指掌，并要在每次同伴教育活动之前重新温习、梳理整个教育的过程。

2．提前到达现场 在活动开始前提前到达活动场地也是很重要的一点：一方面同伴教育者可以借此熟悉场地、器械，另一方面更能表明同伴教育者的一种积极的态度。可以利用提前的这段时间与参与者问候打招呼，以拉近彼此的距离，如果要接受教育的同伴是你不甚熟悉的群体，这一点显得尤为重要。

3．现场活动的调动 活动过程中要鼓动、吸引同伴们参与到活动中来。可以利用参与式教学，通过开展形式多样的活动激发同伴的参与热情；尽早发现同伴中的活跃分子，让他们担当重要的角色，如小组的组长或同伴教育者的助手；如果同伴们的注意力有所下降或表现出有些不耐烦，应该让他们站起来伸展一下、踮踮脚或原地活动，或者一边唱歌一边做一些简单的动作。

4．教学方法的选择 正式的同伴教育通常采用参与式教学方法，这要求同伴教育者能够调动同伴的积极性。切记在整个过程中同伴教育者始终是个引导者，而不是老师一样的教导者。他们应针对不同的目标、不同的内容选择合适的方法，鼓励同伴积极参与回答提问、讨论、辩论、游戏、角色扮演、知识竞赛、讲故事、演小品、现场实习、模拟练习等教学活动，辅以投影、幻灯、录像和 VCD 等形式，把同伴的感官和注意力充分调动起来。

5. 现场的交流技巧

1）不要告诉同伴照片或插图是什么含义,而是希望他们告诉你。

2）确保每个人都仔细看过这些资料。

3）使用开放型问题来引发同伴广泛的讨论,而避免只提供"是"与"否"的回答。例如,应询问一个开放型问题,如"你觉得这样……"。

4）提出如"你能够展开讲一下吗?""这对你来说真正意味着什么?""还有谁需要补充点什么?"等问题,使提问逐渐深入。

5）必要的时候,针对同一个问题询问不同的同伴。

6）将同伴提出的问题让其他同伴回答。

7）避免让同一个同伴回答所有问题。

8）询问直截了当而简单的问题,如"你怎么想""你怎么认为""你认为人们会怎么感受""你认为他们会怎么做"。

思 考 题

1. 简述群体健康传播可以通过哪些因素发挥健康促进的作用。
2. 简述在糖尿病患者中组织小组学习需要注意的问题。
3. 简述同伴教育的方式在大学生人群中进行 AIDS 预防的主题教育的优势。

（纪　颖　钮文异）

参考文献

[1] 李长宁,田向阳. 健康传播理论与实用方法. 北京:人民卫生出版社,2017.

[2] 马骁. 健康教育学. 2版. 北京:人民卫生出版社,2012.

[3] 郭庆光. 传播学教程. 2版. 北京:中国人民大学出版社,2011.

[4] 傅华. 健康教育学. 3版. 北京:人民卫生出版社,2017.

第七章 大众健康传播

大众传播是健康传播的重要策略和手段，覆盖范围广、传播速度快，在知识传播、媒体倡导、社会动员方面发挥着很大的作用。本章将介绍大众传播的基础知识和基本理论，重点是大众传播在健康领域的应用。

第一节 大众传播的概念和理论

一、大众传播的概念

大众传播（mass communication）是指运用大众传播媒介，以社会大众为主要受传者而进行的信息传播活动。大众传播的传播者是有一定规模的传媒组织及其记者、策划、编辑等从业人员，如报社、电视台、广播电台等。大众传播具有环境监视、社会协调、文化传承、解释与规定、社会化等社会功能，在娱乐、经济方面也可起到一定作用。大众传播媒介的特点包括：①有专业的传播机构；②承载的信息量大，更新速度快；③传播速度快；④受众广泛；⑤信息传播具有公开性；⑥针对性差；⑦信息流向具有单向性。

二、大众传播媒介的分类及特点

大众传播媒介包括报纸、杂志等纸质或平面媒体，以及广播、电视等视听媒体。

1. 报纸 报纸作为纸质媒体的代表，用纸来记录和传递文字或图片信息。人们对报纸的信任度高，且报纸便于携带，在任何场合都可拿出来阅读。这使它在电子媒体还不发达时，一度成为人们获取新闻信息的首要来源。

2. 杂志 杂志是有固定刊名，以期、卷、号或年、月为序，定期或不定期连续出版的印刷读物。其信息传播的优势包括：①时效性要求不高，具有较好的可保存性，便于传阅；②编辑加工时间充裕，可对图文、版面进行详细的美化；③可利用的篇幅多，封面、内页及插页都可做承载信息之用；④读者群固定，信息传播具有较强的针对性。

3. 图书 图书是以传播文化为目的，用文字或其他信息符号记录于一定形式的材料之上的著作物。图书是人类思想的产物，是一种特定的不断发展着的知识传播工具。图书的特点有：①内容比较系统、全面、成熟、可靠；②出版周期较长，传递信息速度较慢。

4. 广播 广播是通过无线电波或导线传送声音和图像的信息传播工具。广播的特点有：①信息传播迅速，覆盖面广，不受时空的限制；②经济廉价；③收听方便、易行；④适用的受传者范围广泛。广播的缺点主要表现在：①节目具有一过性；②必须按照固定的节目播出时间表收听；③播出的信息内容不便于检索和保存。

5. 电影 电影通过摄像机将一系列在不同地点、从不同距离和角度、以不同方法把拍摄

的镜头排列，再用幻灯放映术播放的一种连续的影像画面，是一门现代视听艺术，也是一种戏剧、摄影、绘画、音乐、舞蹈、文字、雕塑、建筑等多种艺术形式为一体的现代艺术综合体。

6．电视 电视集报纸、广播和电影的功能于一身，具有明显的信息传播优势，主要包括：①传播速度快，时效性强，常可进行现场直播；②直观易懂，形象生动，感染力强；③覆盖面广，不受文化程度限制；④互动性强，借助于有线收视系统，可实现与观众的互动。

三、大众传播的主要理论

大众传播理论是对大众传播活动本质的揭示和规律的总结，理论来自于实践，又反过来指导大众传播实践。主要的大众传播理论包括"沉默的螺旋"理论、教养理论等。

（一）"沉默的螺旋"理论

"沉默的螺旋"理论是由德国女传播学家 E·Noelle-Neumann（伊丽莎白·诺埃勒-诺依曼）于20世纪70年代提出的一种描述社会舆论形成过程的理论假设。诺依曼发现，人们在发表自己的想法和观点时，如果发现自己的观点得到了其他人的广泛赞同，就会更加大胆地发表和扩散此观点。相反，如果发觉某一观点无人或很少有人理会，就会保持沉默。一方的沉默会造成另一方意见的增势，使"优势意见"显得更加强大，这种强大反过来又迫使更多的持不同意见的人转向"沉默"。如此循环，便形成了一个"一方越来越大声疾呼，而另一方越来越沉默的螺旋式过程"。大众媒体可以通过营造"意见环境"来影响和制约舆论。舆论的形成不是社会公众"理性讨论"的结果，而是"意见环境"带来的压力，作用于人们惧怕被孤立的心理，使人们被迫对"优势意见"采取趋同行动的结果。"沉默的螺旋"理论强调了舆论的社会控制功能，强调了大众传播具有强大的社会效果和影响。

（二）教养理论

以美国批判学者 Burgener（伯格纳）为代表的传播学者认为，大众传播媒介是社会人群信息、观念和意识的主要来源，会对社会公众的世界观、角色观和价值观产生长期潜移默化的影响，即教养理论。大众传媒传播的内容具有特定的价值和意识形态倾向，这些倾向往往以报道事实、提供娱乐等形式传达给受众。教养理论强调大众传播在促使社会成员对社会形成"共识"中发挥着巨大的作用，大众传媒所提供的"象征性现实"与客观现实之间是有差距的，传媒的倾向会带来或好或坏的社会效果。

（三）创新扩散理论

Everett Rogers（埃弗瑞特·罗杰斯）于1962年创建了创新扩散理论模型。创新扩散（diffusion of innovation）指一项新事物（新理论、新方法、新技术等）通过一定的传播渠道在社区或某个人群内扩散，逐渐被社区成员或该人群成员所了解与采纳的过程。创新扩散理论的介绍详见第二章第三节内容。

（四）"知识沟"假说

美国传播学者 P. Tichenor（蒂奇纳）等于1970年在 *Mass Media Flow and Differential Growth in Knowledge*（《大众传播流动和知识差距增长》）一文中提出了"知识沟"假说的概念，认为因为人们接触传播媒介的机会和条件不同，大众传播实际上会扩大社会不同阶层成员间的知识差距。该假说认为，尽管大众传播媒介具有广泛的人群覆盖性，但社会经济状况好的人比社会经济状况差的人获取信息的速度更快。随着信息传播量的增加，两类人群之间的知识差距会不断扩大，形成所谓的"知识沟"。社会经济状况好的人，会接受更多的教育，对某些问题已经有了预先的了解或更深入的理解。另外，社会经济状况好的人社会交往范围广，获得知识速度更快，渠道更多。相反，社会经济状况差的人很难找到与其价值观和态度相协调的媒介信息，获取、阅读、理解信息的兴趣降低。这也说明，大众传媒本质上是为较高社会阶层人群服务的。"知识沟"并不仅仅存在于社会经济状况和文化程度不同的人群之间，也存在于不同政治倾向、不同年龄的人群之间。大众传媒传播的信息，既会扩大"知识沟"，也会缩小"知识沟"。因传播而出现的"知识沟"，不仅仅是知识的差距，也可能涉及态度和行为。

（五）议程设置理论

议程设置是大众传播媒介影响社会的重要方式。应用议程设置模式，能够通过议程设置在不同的团体和群体之间建立共识、实现对话，能够实现对公众的舆论引导，并能够通过将构造的报道和新闻事件应用于公共传播活动来吸引公众的注意力。议程设置理论揭示了大众传媒对受众的影响力，它可以通过设置传播议程，达到引导社会舆论的目的。有关议程设置理论的具体内容详见第二章第三节。

（六）使用与满足理论模式

传统的传播理论认为媒介在传播过程中发挥着说服受众的主导作用，受众是被动的，而使用与满足理论则认为受众根据自身的需求接触或选择媒体，并通过接触和选择特定的媒体使自己的特定需求和动机得到满足（gratification obtain）。同时，受众选择、使用、满足的过程也会对媒体造成影响，强调了受众在大众传播过程中所发挥的作用和重要地位。

现代使用与满足理论的代表人物Elihu Katz（E·卡茨）认为，受众对媒体的选择和接触可以表述为"社会因素＋心理因素—媒介期待—媒介接触（选择）—需求满足的因果连锁过程"。其主要观点包括：①人们使用媒介的目的都是为了满足自己的需要。②人们接触和使用传媒需具备两个条件。一是媒介的可及性；二是媒介印象，即受众对媒介是否能够满足需求的评价，这是在过去媒介使用的经验基础上形成的。③人们对媒介是否能够满足自己需求的评价决定了他今后对媒介的接触和选择。

第二节　大众健康传播的概念、特点、意义和策略

一、大众健康传播的概念

大众健康传播是指运用大众传播媒介，制作、传递、分享健康信息，改善人们与健康有关的意识、观念和行为，减少或控制健康危险因素，预防疾病，保护和促进健康的过程。所以，大众健康传播本质上是通过改变人们的行为来最终改善健康。

广义上，凡是能对人们的健康产生直接或间接影响的大众传播活动，都可归入大众健康传播的范畴，如有关政治、社会、经济、文化、天气、环境、灾害的新闻报道，都会对人们的健康产生影响。狭义上，大众健康传播是指有计划、有目的地运用大众传媒开展的健康传播活动，如医疗卫生机构与电视台合作播出的健康类节目，编写出版的医疗健康类报刊，大众媒体设立的健康科普栏目、节目等。

二、大众健康传播的特点

大众健康传播具有大众传播所具有的基本特点：

1. 传播活动的组织化和专业化　大众健康传播以报社、杂志社、电视台、电台以及影像制作机构等大众传播媒介为平台，传播效率高。

2. 受众的广泛性　大众健康传播的对象分散、广泛且不确定，其受众是普通大众，不分群体和阶层，即只要接收到大众传播信息的人都是大众健康传播的对象。但是，受众对健康传播存在一定的选择性，只有被受众注意到或选择的信息才能对受众产生影响。

3. 传播速度快　大众健康传播借助被广泛普及的大众传媒，使现场直播成为普遍现象，这样信息扩散速度快。

4. 单向传播，缺乏反馈　大众健康传播信息流向呈单向性，人们可以很容易地通过大众健康传播获取健康信息，但不能及时收到反馈信息，不利于健康传播效果的评估。

根据上述特点，大众健康传播适合开展健康信息告知性、健康知识普及性、健康理念和行为倡导性的健康传播活动。

三、大众健康传播的目的与意义

（一）大众健康传播的目的

大众健康传播的目的可概括为：①改善公众健康素养，预防疾病，改善治疗和促进康复；②告知、影响或帮助大众及社区参与有益于健康的决策，并做出明智的决策，采纳有益于健康的行为；③开展风险传播，提高人们的风险意识；④培育和倡导健康文化；⑤促进公众有效利用健康保健服务；⑥改善远程健康服务；⑦促进全社会对健康议题的关注，促进健康政策的出台。

（二）大众健康传播的作用与意义

1. 社区和人群层面　有效的健康传播可以影响社区发展规划的制定和实施，使领导层充分考虑社区发展对健康的影响，在社区中倡导有益于健康的政策和活动，促进社区公共健康服务的提供，促进社会经济和物质环境朝着益于人们健康的方向发展，培植有益于改善健康和生活质量的社会规范。

2. 个体层面　大众健康传播活动可帮助人们提高健康意识，获取解决健康问题的信息和技能，还可以促进人们合理利用健康保健服务，帮助人们根据自身的健康状况做出明智的、有益于健康的决定，并采纳有益于健康的行为和生活方式。例如大规模的健康传播活动，被当作国家或地区层面控烟项目的重要策略。大众健康传播活动能够减少年轻人尝试吸烟的行为，并增加人们的戒烟行为。通过电视、收音机、报纸、宣传板、海报、传单或手册等开展的高强度控烟大众传播活动（包括公益广告），会引发人们产生恐惧、厌恶、悲哀等负性情感，从而提高戒烟率，或减少青少年尝试吸烟的行为。控烟大众传播活动的效果受传播活动的强度和持续时间影响。再如，综合性大众传播活动能够显著提高人们参与身体活动的积极性。著名的美国"斯坦福心脏病预防项目"（Stanford Heart Disease Prevention Program，SHDPP）就是运用大众健康传播和人际健康传播相结合的方法，成功地减少了人群中的引发心脏病的危险行为。这个项目是传播学方法在健康领域的第一次运用，此后，大众健康传播得以快速发展。

四、大众健康传播的媒介选择原则与信息策略

（一）媒介选择原则

采用哪种传播媒介效果更好，更能够满足健康传播的需要，要根据不同的主客观条件来决定：

1. 有效性原则　在选择某大众媒体开展健康传播前，应对其有效性进行综合评估，如该媒体是否有开展健康传播活动的经验、是否有成功的案例、活动都取得了哪些效果等。

2．针对性原则　不同的媒体具有各自不同的信息传播方式，应根据健康传播活动的目的和目标，目标人群的特点、需求和媒体偏好，选择有针对性的媒体。

3．可及性原则　应根据不同媒介在当地的覆盖情况和受众的使用习惯进行传播媒介的选择。避免选择那些目标受众不易接触到的媒介。

4．成本效益原则　在选择健康传播媒介时，要进行成本-效益分析，效益包括社会效益与经济效益。应尽可能选择那些成本相对低而社会效益与经济效益都比较高的媒介。

5．综合性原则　大众传播活动的效果主要体现在暴露率、关注率、理解率、认同率、态度改变率和行为改变率或行为形成率。希望大众传播活动在行为改变方面取得效果，需运用综合措施。一般来说，大众传播活动对于一次性健康相关行为（如筛查、免疫接种、儿童阿司匹林的服用等）的干预效果优于对习惯性或已经形成的行为（如饮食习惯、暴晒、身体活动等）的干预效果。在开展大众传播的同时，提供与传播信息相关的服务和产品，有利于行为的形成。

（二）信息策略

运用大众传播媒介开展健康传播活动，科学、准确、适宜的讯息是基础和关键。加拿大国立方法与工具合作中心（National Collaborating Centre for Methods and Tools）提出了评估健康讯息质量的12条标准：

（1）能够吸引并维持受众的注意力：能够让受众认真考虑传出的讯息，并且对推荐的行为进行尝试。运用视觉材料和不同的语言风格传播讯息（如文字游戏、幽默的话语、醒目的图表等），更容易被受众接受。

（2）重点突出：大众健康传播宜直接呈现结论。可从最强力的观点开始，突出信息中的关键内容，忌平铺直叙、泛泛而谈。开展传播活动前，要进行充分的形成评价，提前编写关键讯息，为整个传播活动提供参照。

（3）提供的讯息清晰明确：要让受众很容易就能搞清楚希望他们怎么做、为什么这么做，以及提供这么做会产生效果的证据。在讯息中使用统计数据时，应做到科学严谨。

（4）推荐的行为简单易行：难度较大或经过太多努力才能完成的行为往往不容易被受众接受，推荐的目标行为在实施时应有较少的障碍和循序渐进的过程。

（5）有效使用激励物：应向受众阐明引起他们对改变行为感兴趣的内容，提供物质的、心理的或经济的激励物。

（6）提供关于益处和害处的确凿证据：应向受众说明推荐的行为能够减少疾病、伤害或死亡的威胁，且应向不同的受众提供不同类型的证据。

（7）信息来源可靠：选择可靠的信源十分重要，一个信源并不适合各种情况。信源的信用度会受到权利、感知到的专业水准、感知到的忠诚度、吸引力以及与目标受众的相似程度的影响。

（8）讯息值得信赖：提供的讯息必须真实。不采用极端的说法或例子，不使用较强戏剧性的或带有夸张成分的讯息。

（9）调门适中：使用适于目标受众接受的语气，既要避免祈求，也不能带有强迫性。

（10）满足诉求：对于已经对你的话题感兴趣的受众，使用理性诉求有效；而对于不感兴趣的受众，最好采用感性诉求。健康信念模式、前景理论等可有效运用于关键讯息的开发。

（11）避免冒犯性讯息：应确保讯息不会让受众感到被伤害或被冒犯，应该保持敏锐。如吸烟、膳食行为、锻炼和饮酒等行为问题都是很复杂的，很多时候这些行为并非自愿的选择，所以，不能把这些行为都当作受众自己的错误或责任。

（12）展示符号：始终展示身份（identity）信息，包括名字、职能说明、标识（logo）、口号或其他形象，这会显著增强传播活动的效果。

第三节 新闻健康传播

一、新闻及新闻健康传播的概念

新闻是有关新近发生的事实的报道。新闻是人类生存和发展的基本需要。人们天生存在探知和寻求安全感的原始需要，人们对周围环境知道得越多，感知到的不确定性越小，生存的安全感越强。新闻的特点包括：①真实性；②时效性；③差异性；④及时性；⑤价值性。

新闻健康传播是指通过健康议程设置，运用新闻报道，影响人们的健康相关态度、观念和行为的传播活动。新闻健康传播的常见主题包括：①有关卫生政策方针、策略规划、健康保障、健康服务等方面的新闻报道；②医疗卫生行业人物、事件、工作进展的信息报道；③与疾病治疗相关的方案、技术、服务等有关信息的报道；④影响人们健康的社会事件信息的报道，如涉及环境污染、气候变化、工程施工、道路安全、食品卫生与安全等方面的事件。

二、新闻传播的功能

新闻传播具有以下3种社会功能：

1．社会协调功能 人们通过获知新闻信息来获取自身决策和行动的参照，从而达到社会和谐统一、协调一致。

2．舆论引导功能 对事物或社会问题的新闻报道，可引起人们的广泛关注和重视，形成舆论环境，从而帮助人们形成正确认识、转变态度、达成共识，并促使问题得到解决。

3．传播知识功能 人们通过收听或收看新闻信息，会获得与新闻事件有关的知识。例如人们可通过西非埃博拉出血热疫情的新闻报道，学习埃博拉病毒的特点，埃博拉出血热的症状、传染源、传播途径和预防隔离措施等知识。

三、新闻传播对健康的影响

新闻传播会对健康造成直接和间接影响。例如媒体关于灾难事件或突发性公共卫生事件的新闻报道，会直接引起人们就诊率的升高和主诉症状的增加，如呼吸道症状、不明原因的躯体症状。再如，有关自杀事件的媒体报道会引发模仿性自杀，这种现象也被称为"维特效应"（Werther effect）。

间接影响主要包括3个方面：①社会规范，社会协调和舆论引导能够潜移默化地使人们形成新的社会规范或改变旧的社会规范，从而对部分群体的态度和行为方式产生压力，最终通过使他们形成新的行为与生活方式，对社会健康造成影响；②健康素养，人们通过新闻报道了解和掌握健康科学的基本知识和最新进展，提高健康素养，改善防病和自我保健能力；③卫生服务利用，人们通过新闻信息，能够全面了解卫生服务，为卫生服务的科学、合理利用创造条件。

四、新闻健康传播的策略与方法

1．增加议程设置中的健康元素 人们对与健康相关的新闻普遍关注度高，健康传播者可通过与大众媒体建立联系、充分沟通，从而影响和增加新闻媒体报道中的健康议题，实现促进和保护健康的功能。

2．"制造"新闻素材 根据新闻价值规律，善于发现身边具有新闻价值的典型事例、过程细节、真人实物等，如营养新观念、疾病诊治新技术、慢性病防治工作进展等，并积极向新闻媒体推荐。

3．提供新闻线索 并非所有的人和事都能成为新闻，要及时发现能够引起公众广泛关注的新闻线索，积极向新闻媒体提供。

4．卫生新闻发布　卫生行政部门和有关机构可通过召开新闻发布会，向社会公布政策、规划、最新进展等信息，达到广泛告知的作用。一般来说，应设立专门的新闻发言人，新闻发布应做到简短、明了、重点突出。新闻发布的注意事项包括：①用一句话达到传播效果（single overarching communications outcome，简称 SOCO）；②直奔主题，越快越好；③把听众当作会思考的人，而不是被动的受传者；④注重 7 个 C，即激发注意（command attention）、澄清自己真正要表达的意思（clarify message）、说明这么做对听众的好处（communicate a benefit）、迎合听众的内心需求（cater to the heart and mind）、与听众的想法一致（consistency counts）、创建信任（create trust）和号召行动（call to action）。

5．媒体关系维护　与大众媒体建立良好的关系，就是与公众保持紧密联系。与媒体记者建立紧密的联系，我们可以随时了解公众感兴趣的信息，媒体也能随时发现新闻素材，所以也是媒体所希望的。与新闻媒体建立关系应遵循互利、诚信、尊重、宽容和适度原则。应做到：①学习掌握媒体运作的特点和规律，了解需建立关系的媒体的种类、数量和运作情况；②建立跑线记者、编辑人员名单库和联系方式，并及时更新；③遴选并确定专职媒体联络人员，建立常规的沟通机制，主动与媒体联系，当好记者的参谋和助手；④通过邀请参观、研讨、举办沟通会等方式，主动发布新闻信息，提供新闻线索；⑤对媒体提出的问题积极反馈，以诚恳的态度面对记者；⑥与媒体记者保持良好的人际关系。

第四节　媒体健康倡导

一、媒体健康倡导的概念和特点

媒体倡导（media advocacy）是指通过大众新闻媒体引导公众舆论、动员社区中的积极分子来影响决策者，从而促使有关政策进行调整或改变的过程。媒体倡导活动仅指利用新闻媒体开展的倡导活动。媒体健康倡导与健康传播和健康教育活动不同：健康传播和健康教育活动的目标是帮助公众履行对自身健康应承担的责任，掌握健康知识和技能，改善行为和生活方式，解决自己的健康问题；而媒体倡导活动的目标是促使政策制定者和决策者履行对公众所担负的健康责任。媒体健康倡导常用新闻媒体作为开展活动的工具或渠道，而不是健康教育用到的其他方法。媒体常用来教育和说服个人做出更好的健康决策，而媒体健康倡导把关注点从个体责任的层面转向了健康问题的社会和环境层面。

因为媒体健康倡导强调的是政策改变，所以常会与强大的既得利益者出现直接的冲突，为此，卫生部门或媒体在与倡导者就这些议题一起工作时，常感觉有顾忌。想要说服新闻媒体介入，一是要与媒体建立良好的关系，二是要向媒体讲述一个能激发他们新闻报道兴趣的故事（newsworthy story）。媒体健康倡导的优势主要包括：①媒体倡导的议题是公共健康问题；②媒体倡导是通过与媒体沟通达成共识，而不是靠付费的商业广告；③一旦形成公共政策，会对广大公众造成长期、持久和广泛的影响。

二、媒体健康倡导与教育性和说服性健康传播活动的区别

媒体健康倡导与教育性和说服性健康传播活动存在以下 5 点明显的区别：

1．对象不同　教育性和说服性健康传播活动强调就有关健康问题向个人进行告知或说服，如向孕妇发放传单，说服她们多吃水果、蔬菜和奶类等；媒体健康倡导强调动员社区积极分子以及对政策制定者施加影响，如倡议政府采取措施来降低水果、蔬菜和奶类的价格，提高孕妇购买这些食品的便利性等。

2．目的不同　教育性和说服性健康传播活动强调个人的健康责任，如在工作场所张贴宣传画，倡导员工合理膳食；媒体健康倡导强调社会责任，如说服雇主为员工提供低脂膳食。

3．内容不同　教育性和说服性健康传播活动强调个体层面的行为改变，如用电视公益广告劝阻人们吸烟；而媒体健康倡导强调改变政策来改善健康环境，如调高烟草价格、出台公共场所禁止吸烟以及禁止烟草广告的法律法规。

4．渠道不同　教育性和说服性健康传播活动运用多种传播方法和渠道，媒体健康倡导主要通过新闻媒体，甚至付费播出的公益广告。

5．方式、方法不同　媒体健康倡导通常使用社会/环境设计（social/environmental frame）的方法，教育性和说服性健康传播活动常采用个体化设计（individual frame）的方法，例如媒体健康倡导促使政府保证对新鲜水果和蔬菜的供应，并保证价格适中；或促使单位的管理者在食堂提供低脂食品；而教育性和说服性健康传播活动则通过发放传单（pamphlets）鼓励妈妈们食用新鲜的水果、通过张贴宣传画劝说职工减少脂肪摄入。

三、媒体健康倡导实施

媒体倡导活动的第一步是明确工作目标，包括阐明与媒体健康倡导的健康政策有关的健康问题是什么、这个健康问题造成的重大损失或不良影响是什么、出台或实施新政策的成本有多少、通过出台政策能够改变现状的证据等。

第二步是确定目标人群，进行目标人群分析和分类。媒体健康倡导的一级目标人群主要是各级政府官员和政策制定者；二级目标人群是指可对一级目标人群产生重要影响的人，包括专家学者、大学教授、社区中的意见领袖、企业老总等。可通过媒体进行议程设置，对这些重要人物产生影响。目标人群分析是整个倡导活动的核心，是选择策略、编制核心信息、选择传播渠道的基础，包括确定：①目标人群一般如何做决定，如是出台一项新的政策，还是改革现有政策；②对于目标人群来说什么是最重要的；③如何才能让他们接触到核心信息。收集关于目标人群的信息的最简便的办法是查阅现成的资料，包括民意调查报告、未发表的研究报告等，也可以采用现场观察、关键人物访谈等现场调查法。

第三步是在明确目标人群的基础上，确定健康倡导讯息，选择适宜媒体作为渠道和载体，与媒体进行沟通后开展系列活动。

第四步是对整个活动是否达到或达到目标的程度进行评价。有关内容可以参考本书第四章。

第五节　艺术作品健康传播

一、健康传播艺术与艺术中的健康传播

电影、戏剧、歌曲、文学、书法等艺术形式可与健康传播有机融合。一是以健康为题材的艺术作品可通过叙事的方式，让人们在欣赏曲折动人的故事、感受艺术之美的同时，受到健康知识的沐浴和健康文化的熏陶。如美国疾病预防控制中心与好莱坞等影视制作机构，就健康传播建立了良好的合作关系，电影《传染病》（*Contagion*）、《我是传奇》（*I Am Legend*）都是以疾病传播为主要故事情节的影视作品。二是可以在艺术作品中巧妙融入健康元素。例如美国国家广播公司（NBC）播出的家庭伦理喜剧《为人父母》中，专门描述了阿斯伯格综合征（Asperger's syndrome）患者，引起了广泛的社会关注。美国 CW 电视台播出的《90210》系列电视剧中的有关癌症的情节，同样被广大观众所关注，有效改善了人们的癌症防治意识。

二、以嵌入健康主题的方式开展健康传播

1. 影视公益广告 在影视作品中植入健康主题公益广告会起到良好的健康传播效果。影视公益广告的常用表现手法包括：①故事性手法，包括情景故事和创意故事两种。前者主要截取公众生活中的真实场景或故事片段，传达某一健康议题；后者主要用正常生活之外的情景内容。②名人代言，利用名人的影响力进行公益广告传播，如我国聘请濮存昕、蒋雯丽等影视明星作为AIDS、结核病防控的形象大使，以吸引人们对健康问题的关注。③动漫卡通，运用动漫形象进行健康议题的传播。

2. 舞蹈艺术 舞蹈艺术可很好地用于健康传播。一是舞蹈本身就能起到陶冶情操、锻炼身体、促进健美和身心健康的作用。我国发起的全民健身活动与广场舞相结合，吸引了大量的中老年人参加，成为我国的一大健康文化。二是很多舞蹈以健康的生活方式为主题，倡导健康理念。三是在健康传播活动中安排舞蹈节目，可起到烘托气氛、增加美感、吸引公众的作用。

3. 文学艺术 文学与医学具有交融性。医学通过药物和手术治疗人们的病痛，也通过文学叙事感化、激励患者，使其受到心灵的启迪，树立战胜疾病的信心。疾病、苦难和死亡是文学作品的常见主题，如古典文学名著《红楼梦》中描写了100余种疾病和中药，40余种重要方剂，涵盖内科、外科、妇科、儿科、五官科、皮肤科、精神科和传染科等。《红楼梦》中同时还含有食疗与营养、运动与健身等健康保健信息，使人沉浸在委婉动人的爱情故事的同时还能得到健康知识的洗礼，可谓不可多得的医学科普读物。

三、名人健康倡导

1. 健康传播的名人效应 名人泛指在社会上有一定知名度的人士，如影视明星、著名艺术家等。名人参与健康传播的影响力取决于名人自身的特点与可信度，以及名人与健康主题的契合程度。名人效应是名人的出现所达成的引人注意、强化主题、扩大影响的效应，或人们模仿名人的心理现象的统称。名人一般都具有较高的知名度、美誉度和特定的人格魅力，如果名人参与健康传播，会使健康传播活动更具有吸引力、感染力、说服力、可信度，有助于引起受众的注意、兴趣，让其可以积极参与。公众对名人传播的感知方式大致可分为精英影响型、名人观赏型和明星崇拜型3种，应根据传播内容和目标受众选择合适的名人。名人效应已经在生活中的方方面面产生了深远影响，例如，名人代言广告往往能够刺激消费，名人出席慈善活动往往能够带动社会关怀脆弱群体。健康传播也需要通过名人来扩大影响，达到良好的传播效果。

2. 名人效应在健康传播中的负面作用 利用名人效应开展健康传播也会有一定的负面作用：①喧宾夺主。在传播过程中，如果传播的内容没有一个强有力的诉求点作支撑，受众的注意力很容易转移到名人身上，有可能只记住了名人，而忽略了传播的内容。美国学者Rajeev Batra等的研究表明，有人物形象的广告与没有人物形象的广告相比，前者更引人瞩目，但受众对产品的认知度却比后者低。②个性不符。各行各业都有名人，但权威、偶像的影响力往往只发生在特定的领域之中，如医生对于患者、教授对于学生、歌星对于歌迷、球星对于球迷等，脱离这一领域，权威效应就会锐减，甚至荡然无存。受众对名人的认可度取决于对他们所担任的角色的认识和理解，名人的气质、职业、年龄、性别等与健康主题错位，就达不到预期效果。③道德风险。随着媒体的日益发达、文化的丰富与价值观的多元化，再加上生活节奏的加快，名人越来越多，名人的"名气"周期也越来越短。出现这种现象的原因有很多，包括个别名人的道德素质出现问题，如体育明星被查出服用兴奋剂，影视明星逃税漏税、传出绯闻、吸毒。这样名人会迅速变成失势人物，其推荐的健康信息和产品也会受到牵连。

思考题

1. 简述大众健康传播的特点。
2. 简述大众健康传播可以采用的信息策略。
3. 简述如何在健康传播中应用媒体倡导策略。
4. 简述媒体健康倡导如何实施。

(田向阳)

参考文献

[1] Parvanta C,Nelson D,Parvanta S,et al. Essentials of public health communication. MA:Jones & Bartlett Learning,2011:7-8.

[2] Macario E,Ednacot E M,Ullberg L,et al. The changing face and rapid pace of public health communication. J Commun Health,2011,4(2):145-150.

[3] Robinson MN,Tansil KA,Elder RW,et al. Mass media health communication campaigns combined with health-related product distribution. Am J Prev Med,2014,47(3):360-371.

[4] De Jesus M. The impact of mass media health communication on health decision-making and medical advice-seeking behavior of U.S. Hispanic population. Health Commun,2013,28(5):525-529.

[5] Ahmed R. Challenges of migration and culture in a public health communication context. J Public Health Res,2018,7(2):1508.

[6] Labrie NH.The promise and prospects of argumentation for public health communication. J Public Health Res,2015,4(1):547.

[7] 田向阳. 健康传播学. 北京:人民卫生出版社,2017.

[8] Young R,Willis E,Stemmle J,et al. Localized health news releases and community newspapers:a method for rural health promotion. Health Promot Pract,2015,16(4):492-500.

[9] Hoffman SJ,Mansoor Y,Natt N,et al. Celebrities' impact on health-related knowledge,attitudes,behaviors,and status outcomes:protocol for a systematic review,meta-analysis,and meta-regression analysis. Syst Rev,2017,6(1):13.

[10] Gallagher KM,Updegraff JA. Health message framing effects on attitudes,intentions,and behavior:a meta-analytic review. Ann Behav Med,2012,43(1):101-16.

[11] Hammond D . Health warning messages on tobacco products:a review. Tobacco Control,2011,20(5):327-337.

[12] Gollust SE,Fowler EF,Niederdeppe J. Television news coverage of public health issues and implications for public health policy and practice. Annu Rev Public Health,2019,11(1):5-10.

[13] Carson KV,Ameer F,Sayehmiri K,et al. Mass media interventions for preventing smoking in young people. Cochrane Database Syst Rev,2017,6:CD001006.

[14] Dearing JW. Improving the state of health programming by using diffusion theory. J Health Commun,2004,9(Suppl. 1):21-36.

[15] Freimuth V, Cole G, Kirby SD. Issues in evaluating mass-media health communication campaigns. Who Reg Publ Eur Ser, 2001, 10 (92): 475-492.
[16] Yanovitzky I. Effect of news coverage on the prevalence of drunk-driving behavior: evidence from a longitudinal study. J Stud Alcohol, 2002, 63 (3): 342-351.

第八章 新媒体健康传播

新媒体是相对于传统媒体而言的，是指报刊、广播、电视等传统媒体以后发展起来的新的媒体形态，严格地说，新媒体应该称为数字化新媒体。在新媒体语境下，健康传播的主体、客体、内容、渠道以及评估都发生了变化，掌握这些变化有助于顺应时代发展，与时俱进地开展健康传播。本章重点介绍了新媒体的特点与形式、新媒体传播的特点、新媒体健康传播的策略与技巧。

第一节 新媒体概述

一、新媒体的内涵

媒体（media）是一种以传播为目的，以不同事物间产生联系为效果，借助种种技术手段、实现方法，并具有一定的复杂内部结构的机构具体的表现形式；也可以把媒体看作为实现信息从传播者传递到受传者的一切技术手段。

新媒体（new media）最早是由美国哥伦比亚广播电视网（CBS）技术研究所所长P.Goldmark（戈尔德马克）在1967年的一项商品开发计划。1969年，时任美国传播政策总统特别委员会主席的E.Rostow（E.罗斯托）在向尼克松总统提交的报告书中也多处使用了"new media"一词，由此，新媒体一词开始在美国流行并很快扩展至全世界。

关于新媒体的确切定义，国内外业界和学界目前尚未达成共识。早期，联合国教科文组织将新媒体定义为网络媒体。1998年，联合国新闻委员会年会上，秘书长安南在报告中正式提出把互联网看作相对于报纸、广播、电视之后的"第四媒体"。

在国内，匡文波（2012年）将新媒体定义为借助计算机（或具有计算机本质特征的数字设备）传播信息的载体。它的本质特征是技术上的数字化、传播上的互动性。彭兰（2016年）主张定义应该基于20世纪80年代后的新媒体，她认为新媒体这一名词的概念可以表述为基于数字技术、网络技术及其他现代信息技术或通信技术的，具有互动性、融合性的媒介形态和平台。在现阶段，新媒体主要包括网络媒体、手机媒体及两者融合形成的移动互联网，以及其他具有互动性的数字媒体形式。喻国明（2006年）则用数字化、传播语境的碎片化、话语权的阅众分享、自媒体模式等关键词解读了新媒体。熊澄宇（2006年）用3句话阐述了新媒体这一概念，即"首先，新媒体是一个相对的概念，新相对于旧而言。其次，新媒体是一个时间的概念，在一定的时间段内有代表这个时间段的新媒体形态。最后，新媒体是一个发展的概念，它永远不会终结在某个固定的媒体形态上。"

二、新媒体的特征

新媒体是以满足受众需要为根本目的、以应用最新技术为手段的现代化信息传播体系。与传统媒体相比，新媒体具有即时性、开放性、个性化、分众性、信息的海量性、全球传播低成本、检索便捷、融合性等特征。其本质特征是技术上的数字化、传播上的互动性。

1. 数字化 新媒体是媒体中的一员，得益于网络化、数字化的技术影响，是媒体发展的一种高级形式。新媒体承载的信息量大，内容丰富，图文声像并茂，具有超文本结构，使用方便、检索快速便捷，信息传播速度快、范围广、更新快，且成本低，是一种具有强大生命值的传播媒体。

2. 互动性 传播学理论认为，任何传播行为，尤其是大众传播都应该是双向的，只有及时获得受众反馈才有可能获得理想的传播效果。传统媒体的传播方式通常是单向的，传播者与受众之间无法随时随地进行双向沟通。新媒体更加注重受众的感受，新媒体的传播具有很强的互动性，网民和网站之间、网民和网民之间可以利用BBS、网络电话、电子邮件、微博、微信等社交媒体工具实时沟通，实现互动，对新闻内容随时展开讨论。投票、留言、评论，这些手段是新媒体最基础的配置，它们的存在满足了用户在情感表达、观点表述等方面的需求。新媒体的互动性使传播者和受众之间的关系发生了一定的变化，新媒体的互动性促进了受众的主动性，使受众在新媒体活动中的参与性大大加强。

三、新媒体的主要形态

参考传播学流行的分类方法，可以将新媒体细分为网络人际传播、网络群体传播、网络组织传播、网络大众传播等类型。随着信息技术的不断发展，新媒体也表现出不同的形态。

1. 搜索引擎 搜索引擎是指在互联网环境中的信息检索系统。搜索引擎基于关键词匹配的信息检索机制，可以帮助人们在海量的互联网数据中寻找自己需要的信息资源，常见的搜索引擎有谷歌、百度、维基等。

2. 门户网站 门户网站是指通向某类综合性互联网信息资源，并提供有关信息服务的应用系统。主要提供新闻、搜索引擎、网络社区、电子邮件、聊天、论坛、影音资讯、网络游戏等。国内常见的门户网站有新浪、搜狐、网易、腾讯等。

3. 垂直网站 垂直网站是指将注意力集中于某些特定的领域或者特定的需求，提供有关这个领域或者需求的全部深度信息和相关服务的网站。常见的垂直网站有优酷、土豆、网易健康等。

4. 博客 博客（Blog）是指在网络上利用博客工具写网络日志的人或现象。博客的形式与内容是自由开放的，博主可以随时传播自己的文章、作品与观点，并且瞬间传遍全球。博客具有共享性、互动性、娱乐性、草根性、感性化等特点。博客在一定程度上可以左右社会舆论，最著名的事件，就是Matt Drudge（麦特·德拉吉）1988年1月17日深夜披露的克林顿与Lewinsky（莱温斯基）的绯闻事件。

5. 社交网站 社交网站是基于互联网的一种服务，用户在特定的网络系统中可以用一个公开或半公开的形象与他人进行交流互动。社交网站能聚集具有特定兴趣、爱好的人群。常见的有Facebook、Qzone等。

6. 短视频 短视频即时长为几秒到几分钟不等的短片视频，它是指在互联网新媒体上传播的、适合在移动状态和短时休闲状态下观看的、高频推送的视频内容，主要有短纪录片等类型。快手和抖音是短视频行业的两大代表型平台，其中短平快的大流量传播内容获得了各大平台、粉丝和资本的青睐，尤其是互联网巨头的进入使短视频充分释放了用户规模和市场价值。人工智能和5G技术将重新定义短视频，用户可在各个场景间便捷地观看、分享和制作短视频。未来体裁更短小、内容更优质、更具表现力的短视频或将成为用户为内容付费的主要产品形式。

7．微博 微博（MicroBlog）是一个基于用户关系的信息分享、传播以及获取平台。国际上影响力最大的微博是美国的 Twitter，国内有影响力的是新浪微博和腾讯微博。微博具有简单易用、主动性强、及时性强、发布平台的开放与多样性等优势。微博在具有网络传播特征的同时，又具有自己特色鲜明的传播模式与特征。其传播模式表现为由用户生产内容，内容碎片化，传播的时效性强、互动性强、社会性强、便捷性强，传播效果裂变等。

8．微信 微信是腾讯公司于 2011 年推出的一个为智能手机提供即时通信服务的免费应用程序，用户可以发送文字、图片、视频等信息，还可以通过朋友圈分享、消息推送、"摇一摇"、"附近的人"等多种方式与其他人进行互动，近年来微信又相继推出了"小程序""看一看"等功能。微信传播以点对点的人际传播为主，具有双向性和互动性。通过构建"熟人 - 熟人"和"熟人 - 陌生人"的多维社交网络，实现了信息一对多传播的简单扩展。

第二节　新媒体健康传播特点及变化

一、新媒体健康传播的特点

利用新媒体开展健康传播，首先要认清当前我们所处的传播环境，我们称之为新媒体传播环境。与传统媒体传播环境不同，新媒体传播环境有数字化、移动化、互动化、海量化、分众化、社交化、圈群化、智能化、群体极化、场景化等特点。

（一）移动化

随着信息技术的发展，手机已经从一种人际沟通的通讯工具发展为兼具人际传播、群体传播、大众传播属性的迷你型电脑。中国互联网络信息中心（CNNIC）发布的第 44 次《中国互联网络发展状况统计报告》显示，截至 2019 年 6 月，我国网民规模达 8.54 亿，普及率达 61.2%，较 2018 年底提升 1.6 个百分点，较 2018 年底新增网民 2 598 万。我国手机网民规模达 8.47 亿，网民通过手机接入互联网比例高达 99.1%。网民平均每周上网时长已达到 27.9 小时（图 8-1）。

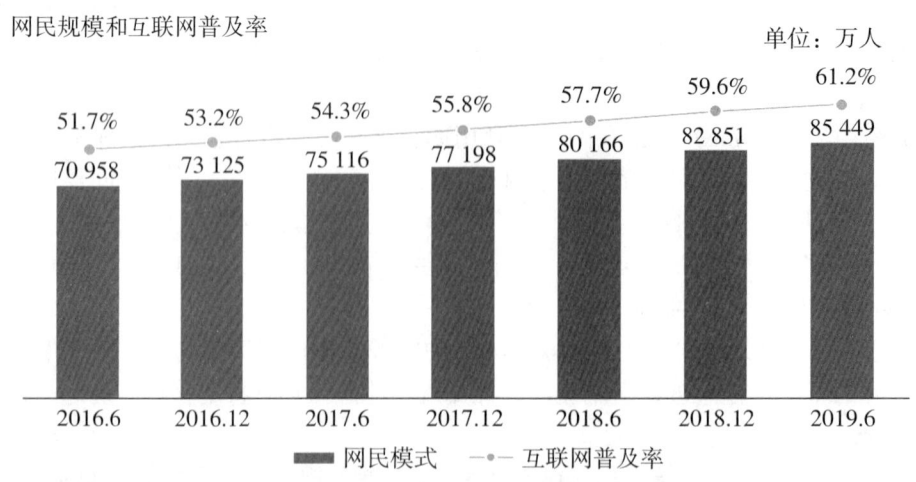

图 8-1　中国手机网民规模及其网民比例

智能手机正在悄悄地改变我们的生活方式。人们可以使用智能手机实现刷微博、发朋友圈、获取新闻、看视频等多项功能，其中也包括获取健康信息。

（二）互动化

传统媒体传播时代的传播载体以广播、电视、报纸、户外宣传栏为代表，新媒体传播时代的传播载体则表现多种多样，如门户网站、博客、微博、微信等。就传播方向而言，传统媒体的特点是单向传播，传统媒体传播时代即"我说你听"时代，受众没有发言权和参与权，只能被动地听传播者给予的内容和信息。新媒体的最本质的特征之一就是互动性，体现在它是双向、多向的传播，受众在获取信息的同时，还可以利用平台提供的渠道进行评论、投票、点赞、跟帖等交流行为。这种互动，使受众享有了前所未有的参与度，使受众由被动变主动，从而极大地提高了受众的参与性和积极性。

（三）海量化

新媒体传播环境下具有海量的数据，即我们通常所说的大数据，这一点是传统媒体无法比拟的。无论是平面媒体的报纸、杂志，还是电子传媒的广播、电视，在一定的传播周期中，都要受版面、频道、播出时段、采编人员等传播资源的限制。新媒体传播时代，网络存储和发布的信息量几乎可以达到无限，因此被形象地比喻为"海量"。今天不再是信息匮乏时代，而是信息爆炸时代。对专业机构来讲，将科学准确的健康信息传递给公众所面临的挑战更加严峻，对健康信息的设计制作要求更高，也只有做到更加精良，才能在海量的信息中脱颖而出，吸引公众的注意。

（四）分众化

传统媒体的受众不是具体的个人，而是公众，它面对的是群体。传统媒体无法完全满足某个人的个性化需求，最多是为具有某一共同需求或爱好的模糊人群提供服务。传媒技术的更新发展改变了这种情况，在碎片化生活形态背景下成长起来的新媒体更注重专业化和小众化传播，新媒体用户不仅可以实现个人定制，主动选择自己感兴趣的内容和信息。同时，新媒体也可以根据用户定制内容的特点向受众投送其需要的信息，客观上实现了分众传播和精准投放。

（五）社交化

今天整个新媒体的传播模式都发生了变化，加强了对用户资源的潜力挖掘，人们的天然需求必然会导致产品走向社交化，只有这样才能促进用户活跃和留存。在微博和微信中人与人之间的联系表现得更为密切。关系驱动是社交网络赖以生存的基础，社交化传播方式为内容和用户注入了社交动力，使用户被成功激活为传播渠道，将用户作为新的生产力嵌入到媒体的生产系统中，让他们可以在参与的过程中释放内容生产力。

（六）圈群化

随着互联网技术的发展，互联网空间上涌现出了大量的虚拟社群，学术界称之为"网络圈群"。网络圈群是一个新兴概念，在通常意义上特指网友群体因某种特定的原因组合而形成的网络聚合空间，其本质是社会群体的互动。按照组建基础，网络圈群可以分为4种类型：关系型圈群、兴趣型圈群、地理位置型圈群和临时事务群。人们可以在不同的网络圈群扮演形形色色的角色。就健康传播而言，紧密结合不同圈群的兴趣爱好特点，有针对性地在该圈群传播其成员感兴趣的健康知识或发起话题，会起到事半功倍的传播效果。

（七）智能化

智能化被视为未来媒体发展的基本趋势之一，以人工智能、数据分析、物联网为代表的新传播技术，深层次改变了传媒业生态，并驱动了内容生产的新革命。一方面，传媒业在智能化

思维下探索新生产模式,将技术作为底层力量以提升媒体内容的专业度。技术角色权利的上升要求内容生产者拥有一定的技术理解和运用能力,积极寻找技术合作伙伴来打造平台优势。另一方面,智能化的分发技术的到来也会对传统媒体分发平台形成冲击,一定程度上削弱了传统媒体在内容分发方面的话语权。

（八）群体极化

"群体极化"最早于1961年由美国传媒学者James Stoner（詹姆斯·斯托纳）发现群体讨论时的现象而提出。群体极化是指在群体中进行决策时,人们往往会比个人决策时更倾向于冒险或保守,向某一个极端偏斜,从而背离最佳决策。社交媒体发展成为网民发声的聚集地,利用其特点极大地发挥了受众的作用,人们得以按照自己的需求去寻找信息、寻求认同、建立群体,从而在心理认知上排除其他观点,使得一种观点或态度从原来的群体平均水平,加强到具有支配性地位。

（九）场景化

现阶段,我们已经从去中心化网络时代进入移动互联网时代,基于场景的移动传播不仅是一种媒介形态,更是一种信息场域和媒介生态,共同构成了网络传播的新语境。媒体行业在实践中充分认知了媒介生态的场景化变革,主动把场景化作为需求对接入口,通过移动设备、社交媒体、大数据、传感器和定位系统等技术力量来争夺不同的场景,使优质的信息内容获得科学有效的传播,也使用户获得更深度的情感体验,从而满足用户对媒体使用的期待。

二、新媒体给传播带来的变化

（一）传播主体的变化

与传统媒体传播时代的主流媒体呈现给人们严肃、权威的面孔不同,新媒体更强调"去中心化"。新媒体消除了传播者和受传者的界限,每个人都是潜在的信息发布者,新媒体的转发、评论等功能使得公众从"旁观者"变为"当事者"。传播的主体从既往的权威向"草根"发生转变。以微博为例,它允许普通人直接去名人微博下评论、转发自己的看法,如果大家支持你的观点,观点同样可以被广泛转发,这在客观上营造了一种打破权威、张扬个性的氛围,使精英阶层的话语权下移,体现草根性和平民化的传播个性。

（二）传播受众阅读习惯的变化

现代社会生活节奏不断加快,信息化技术的发展使得人们时刻处于信息的海洋之中,人们常常面临着在如何在短时间内获取更多信息的挑战。随着新媒体技术的发展,其随时、随地、方便快捷的信息提供方式,尤其是微博最开始对发送内容140个字的限制,对受众接受信息的方式和阅读习惯产生了影响。人们的阅读习惯从"深阅读"转向"碎片化",人们在阅读长文章时常伴有注意障碍的现象发生,而更喜欢接受时效性强、内容篇幅短小的碎片化信息。

（三）受众与信息之间传播关系的变化

新媒体传播时代在受众与信息之间的传播关系的变化。一方面,以搜索引擎为代表的新媒体,可以实现受众主动获取信息,即"人找信息"。受众可以对信息进行自由选择,从海量信息中获取自己需要的、感兴趣的信息,并可以根据自己愿意接受信息的时间、地点等对信息进行选择。另一方面,随着信息技术的高速发展,通过各种大数据的运算与推演,可以实现信息的主动推送,即"信息找人"。受众在互联网上的各种浏览、搜索、下载、支付等行为会被准确记录下来,通过特定的数据运算规则,系统会将每个人在互联网上的行为特点做标记,并根据这些标签,主动为其推送其关注的信息或资讯,即"精准推送"。如"今日头条"客户端的广告语"你关心的才是头条"就是精准推送的典型代表。

(四)传播平台的变化

相对于传统媒体(电视、广播、报纸、宣传栏等)有限的几种载体,新媒体传播的平台数量众多、形式多样。中国互联网络信息中心(CNNIC)发布的第43次《中国互联网络发展状况统计报告》显示,截至2018年12月,我国市场上监测到的移动应用程序(APP)在架数量为449万款。各类新媒体平台层出不穷,发展迅猛,如今日头条的"头条号"、百度的"百家号"、微信、微博、腾讯的"企鹅号"、一点资讯、搜狐健康、网易健康、知乎、抖音、快手等。不同平台的属性不同,其用户特征也不同,在具体使用其传播时要有所区别。如常用的微信和微博在用户年龄、职业特点等方面就有很大的差别。

1. 微博的特点

(1) 传播主体平民化:微博使名人与普通人之间零距离、感性接触成为现实,满足了关注者对名人全方位了解的欲望。微博消除了传播者和受众的界限,每个人都可以通过微博生产、传播、接受信息,使公众从旁观者转变为当事人,从而大大激发了公众的创作和发表热情。但是也要注意到,网民通过微博发布的信息随意性强,真实性没有保障。

(2) 传播内容碎片化:早期微博对传播信息的字数限定在140个字以内,从而使微博传播的信息呈现出碎片化的特点,这一特征一方面契合了现代社会信息化、快节奏的生活方式,大大节约了现代人的时间成本,另一方面对现代人关注信息的方式与阅读习惯也产生了影响。

(3) 传播效果裂变化:微博传播过程使每个人都可以生产信息、传播信息、接收信息。微博用户在转发其关注者发布的信息的同时也成为了信息的二次加工者和传播者。微博的传播方式不再是过去的一对一或者一对多的模式,而是一对一、一对多、多对一、多对多同时发生的裂变模式。

(4) 使用简单快捷:微博极大程度地降低了普通人发布信息的门槛,它不需要网站编辑审核,不需要长篇大论,用户可以随时、随地、随手发布自己看到的人、事、景、个人感受等。微博的操作技术简单易学,对用户的技术要求门槛很低。用户可以通过手机、电脑等渠道即时更新自己的信息。

2. 微信的特点

(1) 全方位的网络关系:微信以个人人际关系为核心,通过强关系和弱关系两种方式进行信息的生产和传递。所谓强关系,即微信最基本的关系网络是基于现实生活关系,双方相互关注,以点对点方式沟通信息。所谓弱关系,即微信提供的可以扩大社交范围的功能,如查找"附近的人""摇一摇"等,此外微信用户也可以通过APP和公众平台等方式接收来自陌生用户发布的信息。

(2) 精准传播能力强:微信的点对点传播可以使信息到达率几乎达到100%,两人或群体之间发布消息后,对方可以即时收到信息。对不同微信用户的喜好、需求等进行分析,对微信用户进行分组控制,可以将信息精准推送至目标用户。

3. 微博与微信的区别

(1) 弱连接 vs. 强关系:一般认为,在微博上,用户与用户之间是弱连接,即彼此间可能不认识,可以相互关注、评论,可以不用经过他人的同意而关注自己感兴趣的用户。此外,在微博上,用户与关注对象之间,并非一定是好友关系,也可以仅是单方面的关注。与微博相比,微信用户彼此间多是亲属、朋友、同事等关系,或至少是认识的。通过了身份认证,双方

就互成了好友，有了更强的关系连接。

（2）公开 vs. 私密：在微博上，你不仅能够看到你关注的人发的每一条记录，还可以通过该平台的搜索引擎，查看所有用户发布的信息和评论，内容均全网公开。反观微信，它是一个封闭的空间，交流方式更加私密，用户只能查看互为好友的朋友的动态和共同好友的评论内容。

（3）信息分享 vs. 即时交流：微博重媒体属性，早期的微博有字数限制（限定在140个字以内），属于"轻量级"的信息发布平台。政府、媒体、娱乐明星等将之视为拉近与普通公众距离、即时传递信息的平台；对普通用户而言，刷微博的目的在于了解关注对象的动态和各类新鲜信息。微信重社交属性，强调双向交流，用户使用微信的首要目的，是与好友进行一对一、一对多的交流。它既是朋友间的"聊天室"，也是工作交流的主要工具。

（五）传播形式的变化

传统媒体传播时代，传播形式限定于文字、图片、音频、视频等。新媒体传播时代的信息表现形式丰富多样，利用数字信息技术、网络的超文本链接功能、多媒体功能等，新媒体可以集文字、图像、音频、视频、动画等多种信息表现形式于一体，从而使受众获取到的信息更加立体、全面。

第三节　新媒体在健康传播中的应用

一、新媒体健康传播要素

1948年，美国政治学家，传播学四大奠基人之一的 Harold Lasswall（哈罗德·拉斯韦尔）发表了 *The Structure and Function of Communication in Society*（《传播在社会中的结构与功能》）一文。在这篇文章中，拉斯韦尔明确提出了传播过程及其5个基本构成要素，即谁（who）、说了什么（what）、通过什么渠道（through which channel）、对谁（to whom）、取得什么效果（with what effect），即"5W模式"。

（一）传播者

传播者，在传播过程中担负着信息的收集、加工和传递的任务。传播者既可以是单个的人，也可以是集体或专门的机构。传播者是信息行为的起点，也是反馈的终点，传播者负责信息的采集、筛选、制作、发布以及信息反馈。良好的职业道德和思想素质是对传播者最基本的要求，就健康传播而言，传播者还应具备较强的专业素养和对信息的敏感性。传播者的权威性直接影响健康科普信息的影响力。

（二）传播渠道

渠道是信息传递所必须经过的中介或借助的物质载体。它可以是如信件、电话等人际传播的媒介，也可以是报纸、广播、电视等大众传播媒介。

利用新媒体开展健康传播，选好传播的阵地、选择合适的平台与适宜的时间等非常重要，不同的渠道其传播效果会截然不同。当前，互联网上有很多的新媒体平台和新媒体网站。其中在健康传播领域的新媒体平台有今日头条的"头条号"、百度的"百家号"、微信、微博、腾讯的"企鹅号"、一点资讯、搜狐健康、网易健康、知乎、抖音、快手等，这些平台的属性以及其平台用户的特征不尽相同。

（三）传播内容

"说什么"是指传播的讯息内容，它是由一组有意义的符号组成的信息组合，符号包括语言符号和非语言符号。本章节中健康传播的内容指健康科普信息。

科学性与适用性是健康科普信息生成的最基本的原则。提高健康科普信息的科学性、准确性、权威性以及与公众生活或关注点贴近有助于提高该文章的影响力。"选题好"也是一篇健康科普信息获得更多公众关注的重要因素。此外，健康科普信息的表现形式，此外，信息发布的时间、标题的语气等也均会对信息的影响力产生影响。在新媒体平台上，受众通常喜欢阅读的文章通常包括以下几种情况：①对个人生活、学习或工作有帮助的健康科普类信息；②能够清晰的指导公众某种实践的具体操作指南；③通俗易懂的文章；④奇闻怪谈类文章；⑤趣味性强的娱乐类文章；⑥能够激发人的正能量的文章；⑦能够引发读者共鸣的文章。

（四）受传者

受传者是所有信息接受者如读者、听众、观众等的总称，它是传播的最终对象和目的地。新媒体传播环境下，受众的主动性增强，从被动接收健康信息到主动搜索，并在网络平台上形成互动已成为趋势。就健康科普信息而言，从数量上看，受众的需求呈急剧增加趋势，同时，受众的健康科普信息需求表现为更加分众化、精细化、垂直化。

（五）传播效果

传播效果是信息到达受众后在其认知、情感、行为各层面所引起的反应。它是检验传播活动是否成功的重要尺度。从传播效率来看，短文优于长文、图片优于文字、图表优于数字、短视频优于长视频、分享优于封闭。

常用的评价方法有横向比较法和纵向比较法两种。横向比较法是对不同的人群进行比较的方法，通过比较了解信息传播所产生的不同情况和实施效果，总结信息传播过程中的经验和教训。它可以比较同一信息在不同人群、不同地区、不同场景等情况下的效果，也可以比较不同的信息内容、发布时间、发布渠道等在同一人群的传播效果。纵向比较法通常是比较受众在接受传播信息前后的自身变化，如知识的知晓率、态度和行为的改变率等；也可以选择设立对照组，比较两组受众在接受传播信息后的知识、态度、行为等变化情况。

二、新媒体健康传播策略

利用新媒体开展健康传播，必须紧密结合新媒体的特点，在认真区分新媒体与传统媒体不同的传播特点基础上，制定传播策略。

从宏观策略来看，无论是传统媒体传播环境下的健康传播还是新媒体传播环境下的健康传播，都应以行为改变为导向，即传播的最终目的是使受众产生有利于健康的行为改变。鉴于我国各地区的新媒体发展不平衡这一现况，新媒体传播环境下的健康传播策略以"整合营销传播"为宜。

从传播者角度来看，在开展健康传播时要注意当下传播主体发生变化的特点，在塑造权威专家的同时，也要注意培养年轻技术骨干力量，鼓励他们充分发挥年轻人熟悉网络和新媒体平台等优势，为他们的健康科普工作提供支持。在鼓励传播者主动发声的同时，也不要忽视新媒体互动性的特点，可以培养一批"评论员"，让他们与权威专家、技术骨干的健康科普声音形成传播合力。此外，健康传播不应是孤军奋战，应基于社会各界的共同利益，广泛动员社会力量共同参与。

从传播渠道来看，就传播阵地的选择而言，应针对当前手机移动用户庞大以及人们喜欢用

手机上网获取信息这一特点，选择移动客户端作为健康传播的主阵地。不同的新媒体平台上，其平台属性、特点及用户特征以及爱好是不同的，因此必须认真研究每个平台对应的属性、特点以及这个平台上用户的特征，将适合的健康科普信息通过适合的平台发布给适合的人群。要擅长使用大数据的"精准指导"，基于大数据分析结果，为不同受众提供精确的健康信息服务。同时还需考虑，为了保证信息的到达率与接受率，要综合使用多个平台，打造线上线下、立体的传播平台网络，以期达到更好的传播效果。

从传播受众来看，与传播媒体传播时代不同，新媒体传播时代强调要用"互联网思维"去分析健康传播的受众。要了解目标受众的特点，包括年龄、性别、文化程度、价值观；要确定受众的信息需求，包括他们喜欢的内容、形式、渠道、阅读时间和场景。在传递健康知识的同时，还需要考虑公众的情感需求和信任需求，为冷冰冰的健康科普知识添加情感元素，从而打造有温度的健康科普作品。

三、新媒体健康传播的应用技巧

（一）坚持"内容为王"

拥有科学、健康的优质内容，是健康科普信息的生命力所在。健康科普信息生成原则为科学性和适用性。科学性原则要求健康科普信息内容正确，没有事实、表述和评判上的错误，有可靠的科学证据（遵循循证原则），符合现代医学进展与共识。应尽量引用政府、权威的卫生机构或专业机构发布的行业标准、指南和报告，有确切研究方法且有证据支持的文献等。属于个人或新颖的观点应有同行专家或机构评议意见，或向公众说明是专家个人观点或新发现。健康科普信息不应包含任何商业信息，不宣传与健康教育产出和目标相抵触的信息。适用性原则即健康科普信息应是针对公众关注的健康热点问题。健康科普信息的语言与文字适合目标人群的文化水平与阅读能力。避免在民族、性别、宗教、文化、年龄或种族等方面产生有偏见的信息。

（二）健康科普信息的选题

"选题好"才能保证受众喜欢看，看得下去，选题应尽量选择公众关心的问题，关注一个点或几个点，有重点地把来龙去脉说清楚，避免泛泛而谈。常用的选题策略有：①时令型选题，可结合节假日、不同季节、健康日、主题日等设置话题。②新闻型选题，即跟踪新闻事件进展，解读新闻信息。③热点型选题，选择社会热点或民众关心的问题作为选题方向，可以与热点事件、热播影视剧、热点话题、公众人物等相关。④真相型选题，可以针对生活中遇到的常常会让人犯错或走入误区的问题作为选题方向。新媒体传播环境下，很多客户端、应用为公众提供了提问的平台，如百度搜索、今日头条的悟空问答、分答、知乎等，这些平台上公众关注高、经常提的问题为我们选题指明了方向。⑤知识型选题，告诉大家一些健康的理念、信息和知识，教给大家一些生活中的实用的经验和方法。

"蹭热点"是现实生活中常用的一种选题方法，同样的内容在有热点的情况下发布，其阅读量会成倍的增加。将热播电视剧或电影的情节巧妙地引入健康科普信息之中，也能收到意想不到的效果。因此，需要健康科普传播者要在日常生活和工作中关注社会热点，收集当下流行的网络热词，时刻保持对信息的敏感性。"蹭热点"还要求健康科普信息的发布者掌握时效性，做到有速度，尤其是在选择了新闻型选题时，回应及时与否直接影响文章的阅读量。

案例 8-1

"饮食参考"中关于科学食用小龙虾的科普文章（时令型选题＋真相型选题）

每年夏季到来都是小龙虾食用的高峰季节，公众在享受美食的同时，也常受到网络上关于小龙虾的一些谣言困扰，处于吃与不吃的两难境地。针对网络上盛传的"小龙虾是为了消灭尸体而基因改造的""小龙虾多来自河沟""小龙虾富集重金属""水越脏小龙虾活得越滋润"等4个谣言，原国家食品安全评估中心副研究员钟凯博士撰写了《小龙虾刷屏季，这些谣言你需要免疫》的科普文章，在其微信公众号"饮食参考"发布，并在健康报发表，起到了为公众释疑解惑的作用。

案例 8-2

湖南桃江学校聚集性肺结核事件的健康科普传播（热点型选题＋新闻型选题）

2017年11月17日，有媒体爆料湖南桃江发生中学生聚集性结核病事件。为了及时回应公众关注，中国疾病预防控制中心的官方微信公众号"中国疾控动态"于11月17日15：32分发布一则微信文章，题目为《预防学校肺结核，你想知道的都在这里》，文章发出后迅速得到网友关注，阅读量在24小时内达到近30万，同时被340家自媒体公众号转载，网友点赞达3 260个，评论342条，且以称赞中国疾病预防控制中心回应及时的声音为主。其实，中国疾病预防控制中心在2017年8月29日发布过相同内容的文章，但由于缺乏社会热点，尽管选择了在开学季到来之际，该文章阅读量还是不尽如人意，尚不到5 000，也没有网友留言评论（图8-2）。

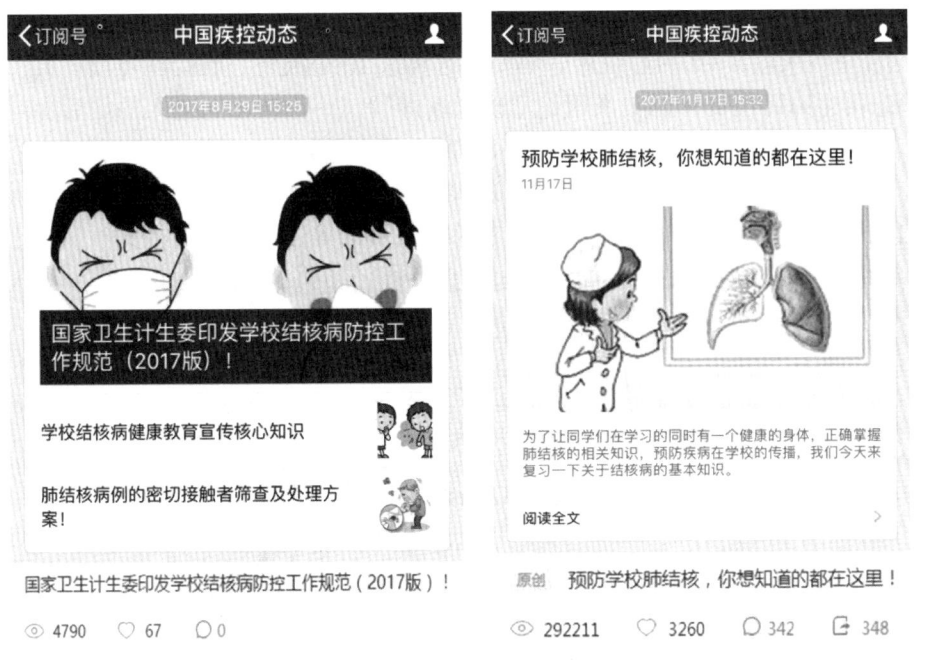

图8-2 湖南桃江学校聚集性结核病事件的健康科普传播阅读量对比

案例 8-3

陕西省疾病预防控制中心及时回应本省 H7N9 禽流感的科普文章

2017 年 5 月 3 日中午 12:06 分，陕西省卫生和计划生育委员会在其官方网站上发布了一则消息，发布陕西省确认了一例 H7N9 病例。当天下午陕西省疾病预防控制中心的官方微信——陕西疾控发布了一则微信科普文章《H7N9 防控知识问答》，尽管该文章不是原创，构思普通、排版简单，但胜在回应速度快，阅读量很快达到 10 余万。

（三）标题引人入胜

标题就是文章的眼睛，能起到画龙点睛的作用。拥有一个好的标题有利于在众多信息中脱颖而出，吸引公众的注意力。针对新媒体传播"海量化"特点，健康科普信息发布者更应在科普信息的标题上下功夫。一个好的标题要有思想、有个性、有创意，要能引起读者的情感共鸣，给读者下一步的行动指导。常用标题形式举例如下：①时令型，《今日腊八，三款腊八粥养生功效大不同，哪款才是你的菜？》《天冷，冠心病高发！打电话告诉爸妈这 4 招！》；②科普型，《癌症重在早诊早治，简单几招筛出胃癌！早发现就能救命！》《保胃战：哪些人群必须根除幽门螺旋杆菌？》《医学科普：白马不是马，那胰腺炎是"炎"么？》；③话题型，《常喝豆浆致乳腺癌？》《大龄生二胎，你可以吗？进来逐条对照！》；④新闻型，《中科院怀孕女博士猝死医院：发生妊娠期的重症，谁来决定怎么治？》《"健康素养"有了新版 66 条，不达标都别想长寿》《"爱你变成了害你！"杭州 16 岁少年去世，得的并不是绝症》；⑤真相型，《300 亿乳酸菌都去哪了？关于酸奶的 3 大真相是时候揭晓了！》《不孕 5 年，术中盆腔内的大量颗粒物揭示了她不孕的原因！》《百万富翁怒斥医生不差钱，最后却让人大跌眼镜》；⑥总结型，《如果搞个"冬季好食物"评选，它们 10 位肯定榜上有名》《出现这 5 个症状马上戒酒别犹豫，你的肝正在求救》《你的心脏还好吗？快远离这 10 个威胁心脏的坏习惯！》；⑦病例型，《惊！女孩患再生障碍性贫血，父亲用蛇"以毒攻毒"》《一位糖尿病老人的最后 10 小时》《她发病 7 次，被专家诊断"心脏缺血"，其实只是和小便有关》。

此外，标题的语气也很重要，中青华云新媒体科技有限公司对全国疾控系统的微博和微信影响力前 100 篇的文章分析后发现，标题含有感叹、疑问等强烈的语气的文章明显比标题无感叹和疑问等语气的文章影响力要高，且标题含有多种语气的文章比标题含有单一语气的文章影响力更高（图 8-3）。

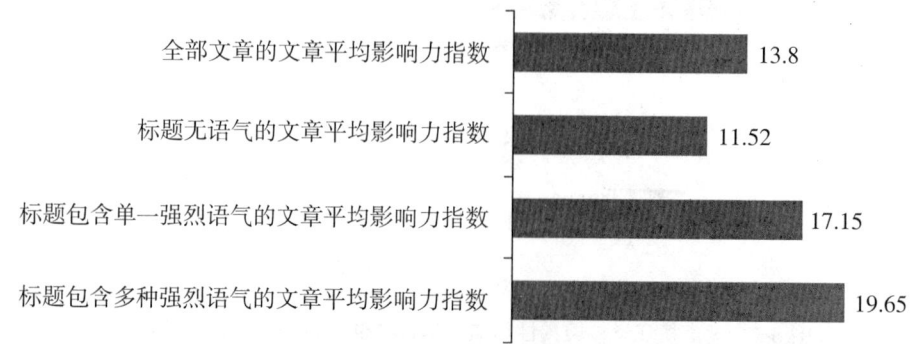

图 8-3　全国疾控系统的微博和微信排名前 100 名文章标题语气分析

(四)做"碎片化"的科普

健康科普信息应适应公众"碎片化"阅读的特点,因此健康科普信息生成者要善于写短文章、短故事,制作短视频、微视频。从可视化角度来看,文章的图片要尽可能做到主题化、图表做到可视化,要适合手机屏幕阅读的习惯。例如,中华医学会的医学微视科普平台打破了传统做科普视频常常"长而全"的既定模式,将科普视频以问答式的短视频呈现,更加方便公众点击查看自己感兴趣的话题。如在"健康饮食,合理减肥"这一话题下结合公众关心的常见问题又设置了18个公众关心的子话题,每个子话题短视频时长控制在2~5分钟(图8-4)。

图 8-4　医学微视"健康饮食合理减肥"科普短视频示例

(五)做"有温度"的科普

相对于冷冰冰的分析数据和实验结果,公众更容易接受故事性强的科普信息。因此要尝试把科普知识用"讲故事"的方式讲给公众,如前所述,可适当引用案例引出相应的科普知识。

四、新媒体健康传播面临的挑战

对传播者而言,在新媒体传播环境下,传统权威被打破。公众表现为以自我为中心,人人都可以发文、发帖,人人都可以评论、转发,人人都是传播者。而健康信息的发布,要求发布者具备一定的医学知识,在人人皆媒体的环境下,不排除一些人发布的健康科普知识是片面的,甚至是错误的。新媒体健康传播信息的真伪性、科学性和准确性难以判断,质量难以保证。因此,对传播者的管理面临着空前的挑战。

由于新媒体发展迅猛,各类APP、平台此消彼长、层出不穷,需要健康科普信息的生产者不断地更新信息技术,研究不同平台的特点、平台上的人群特征、某类文章或视频适合发布的平台等影响因素。而专业机构的健康科普信息的生产者往往受所学医学专业所限,缺乏相应研究,因此在传播的渠道选择方面也面临挑战。

对于健康科普信息的受传者来说，其需要具备一定的健康素养，即指个人能获取和理解基本健康信息和服务，并运用这些信息和服务做出正确决策，以维护和促进自身健康的能力。2017年中国居民健康素养水平仅为14.18%，这样低的健康素养水平与公众日益增长的健康信息需求、各类平台上聚集的海量良莠不齐的健康科普信息之间产生了巨大的矛盾。

就新媒体健康传播内容本身而言，由于其是针对受众"碎片化"阅读习惯这一特点而开发制作，传播内容缺乏系统性和完整性。如果不良信息利用新媒体传播，其传播速度更快，易造成不良后果。

就新媒体健康传播的研究层面而言，现有研究领域有限，往往局限在概念界定及其现状的分析研究、媒体在健康传播中的作用研究、健康传播的受众分析及其传播效果研究、对其他国家健康传播的经验研究。研究主题以个人层级知识、态度、行为和人际层级健康教育为重点，主题关注范畴窄，大多集中在AIDS防控、大众媒体传播效果、媒体报道框架分析上，对大数据在健康传播中的作用方面研究不足，健康传播的理论与实践的相互促进方面的实践性研究也偏少。

思 考 题

1. 简述就健康传播而言，微信与微博的区别。
2. 简述新媒体传播环境下，开展健康传播需注意哪些方面。
3. 简述新媒体健康传播面临哪些挑战。

（郭浩岩）

参考文献

[1] 匡文波. 到底什么是新媒体？新闻与写作，2012，(07)：24-27.
[2] 彭兰. "新媒体"概念界定的三条线索. 新闻与传播研究，2016，23（03）：120-125.
[3] 匡文波. 新媒体概论. 2版. 北京：中国人民大学出版社，2015.
[4] 田向阳. 健康传播理论与实用方法. 北京：人民卫生出版社，2017.

第九章 健康传播材料的开发与评价

健康传播材料是健康传播活动中常用的辅助宣传手段。不同类型传播材料各有优缺点，不同人群对不同类型传播材料的选择偏好不同。为了使传播效果最大化，开展健康传播活动时常常综合使用多种传播材料。本章系统地介绍了传播材料种类及特点、健康传播信息生成流程、健康传播材料的设计制作流程、不同类型传播材料设计制作要点、传播材料的使用及评价等知识，具有很强的实践性和指导性。

第一节 健康传播材料概述

一、基本概念

健康传播材料是健康信息的载体，是健康传播活动常用的辅助手段和策略，旨在配合活动的开展，向目标人群传递与传播活动主题相关的健康知识和技能，让目标人群对健康主题有一个较为全面的认识，提升目标人群应对和处理该健康问题的能力。

二、健康传播材料的分类

健康传播材料的种类主要包括平面传播材料、音频传播材料、视频传播材料和实物类传播材料等。

（一）平面传播材料

平面传播材料是指用纸质媒介作为健康知识传播载体的一类传播材料，常见的形式有海报、单页、折页和小册子等。

（二）音频传播材料

音频传播材料是指利用音频技术传播健康知识的一类传播材料。音频传播材料的载体包括录音带、光盘、磁盘、移动储存器（U盘、移动硬盘）等形式，常见的形式有健康类广播节目，如与健康相关的专题讲座、专家访谈、广播剧，健康类网站、网页与栏目的音频材料等。

（三）视频传播材料

视频传播材料是指利用视频技术，通过讲解、示范、展示、演示、动画等表现形式将健康知识和技能可视化而形成的一类传播材料。视频传播材料的载体包括录像带、光盘、磁盘、移动储存器（U盘、移动硬盘）等形式，常见的内容表现形式有健康类电视节目，如与健康相关

的专题讲座、专家访谈、情景剧、纪录片、动画片，健康类网站、网页与栏目的视频材料等。

（四）实物类传播材料

实物类传播材料是指以实物作为健康信息载体的一类传播材料，如载有健康信息的纸杯、围裙、油壶、盐勺、手提袋、台历、雨伞等。

三、健康传播材料的特点

不同年龄、性别、职业、文化程度的人群，对健康传播材料的选择喜好明显不同，在设计、制作健康传播材料时，应对目标人群进行深入分析与研究，使传播材料尽可能与目标人群的喜好相一致。

（一）平面传播材料的特点

1．海报 海报是通过构图、文字、色彩、空白的搭配，形成令人印象深刻的视觉效果，目的是吸引人们的注意力、引起关注、营造宣传氛围。

海报的特点是有强烈的视觉效果，文字、构图极具吸引力和震撼力，信息简单明确，字数少、字号大，多张贴在公共场所。行人路过时，通过短暂的目光扫视，就能获得传播信息。海报配合小册子使用，传播效果更佳。

海报的优点是设计感强、视觉冲击力强、有吸引力、制作快捷、成本相对较低，缺点是对设计要求较高、信息量少。

2．单页 健康教育单页是指印有健康信息的单页纸。一般情况下，一张单页只围绕一个主题展开叙述，信息比较简单。设计上，单页主要由文字和少量插图组成。

单页的优点是设计简单、制作快捷、成本低廉，缺点是不易保存、吸引力差。最适用于时间紧、任务急、大批量发放时使用，如发生突发公共卫生事件时。在日常工作中，可放在门诊或候诊大厅供辖区居民或就诊者取用，也可在开展义诊、举行大型健康讲座时集中发放。

3．折页 折页是指正反面都印有健康信息的单页，通常为彩色印刷，常见的形式有二折页和三折页。

折页的特点是设计精美、图文并茂、有较强的吸引力、内容版块清晰、信息简单明了、便于携带和保存，但设计要求和制作成本显著高于单页。在日常工作中，和单页一样，折页可放在门诊或候诊大厅供辖区居民或就诊者取用，也可在开展义诊、举行健康知识讲座时集中发放。

4．小册子（手册） 小册子是指介于折页与图书之间的一种健康科普读物。一般是就某一健康主题或疾病问题进行系统、全面的阐述，让目标人群对该健康主题或疾病问题有一个系统、全面的认识。

小册子的优点是信息量大、内容系统完整，图文并茂、可读性强，便于携带，受众可以长时间、反复阅读、有保存价值，如《高血压防治手册》《居民健康素养读本》等；缺点是对目标人群的阅读理解能力有较高要求，内容编写、设计制作的成本较高。

（二）音频传播材料的特点

音频传播材料的优点是传播速度快，覆盖面广，不受空间的限制；对目标人群的文化程度要求较低，可用目标人群熟悉语言进行录制，易在农村普及，使群众感到亲切；节目制作简易、方便、迅速、花费少。音频传播材料的缺点是传播的内容稍纵即逝，听众稍不注意便会错过，无法寻找；只有声音、没有图像，不直观生动，听一遍不容易记住；单向传播、针对性差、无法与听众互动。

(三) 视频传播材料的特点

视频传播材料的优点是有画面、有声音，直观形象生动、信息丰富，对目标人群的文化程度要求低、受群众欢迎、传播效果好，而且播放次数不限，可以单人看也可以多人看、比较灵活；缺点是设计制作要求高、成本高、播放时需要播放终端或设备、使用受到一定限制。

(四) 实物类传播材料的特点

实物类传播材料的优点是信息载体为实物、有一定的实用性、普遍受目标人群的欢迎和喜爱，缺点是信息量少、设计简单、多为口号式宣传或信息短语。

第二节　健康传播材料的开发

为了推动健康科普工作科学、规范、有效地开展，2015年7月，国家卫生计划生育委员会办公厅发布了《健康科普信息生成与传播技术指南（试行）》，对健康传播信息生成与传播原则、要求、流程、注意事项等进行了详细的规定，对健康传播材料的开发具有很强的指导意义。

一、健康传播信息生成

（一）生成原则

1. 科学性原则　传播信息正确，没有事实、表述和评判上的错误，有可靠的科学证据，符合现代医学进展与共识。遵循循证原则，应尽量引用政府、权威的卫生行政机构或专业机构发布的行业标准、指南和报告，有确切研究方法且有证据支持的文献等。坚持公益原则，不包含任何商业信息，不宣传与健康教育产出和目标相抵触的信息。

2. 适用性原则　一是针对公众关注的健康热点问题，二是健康传播信息的语言与文字适合目标人群的文化水平与阅读能力，三是避免在民族、性别、宗教、文化、年龄或种族等方面产生有偏见的信息。

（二）生成流程

1. 评估受众需求
（1）通过访谈、现场调查、文献查阅等方式初步确定目标受众的重要健康问题。
（2）了解目标人群的健康信息需求（他们想知道什么）。
（3）了解目标人群对健康传播信息的知晓程度（他们已经知道什么，不知道什么）。
（4）了解健康传播信息中行为建议的可行性。
（5）了解影响健康传播信息传播的因素（态度、文化、经济、卫生服务等）。
（6）了解受众喜欢的信息形式、接受能力、信息传播的时机与场合等。

2. 生成信息
（1）信息编写：围绕希望目标人群采纳的行为，编制或筛选出目标人群最需要知道、能激发行为改变的信息，以及为什么这样做、具体怎么做等相关信息。
（2）信息审核：在健康传播信息编制过程中，邀请相关领域的专家对信息进行审核。
（3）信息通俗化：把复杂信息制作成简单、明确、通俗的信息，使目标人群容易理解与接受。

3. 对信息进行预试验
（1）在健康传播信息定稿之前，要在一定数量的目标人群中进行试验性使用，确定信息

是否易于被目标人群理解、接受,是否有激励行为改变的作用。

(2) 可以选择小部分的目标人群,通过个人访谈、小组访谈、问卷调查等形式开展预试验。

4. 修改完善信息　根据预试验反馈结果,对信息进行必要的修正和调整。

5. 信息的风险评估　在信息正式发布之前,应对信息进行风险评估,以确保信息发布后,不会与法律法规、社会规范、伦理道德、权威信息冲突,导致负面社会舆论;不会因信息表达不够科学准确或有歧义,引起社会混乱和公众恐慌或对公众造成健康伤害。根据工作实际,在专家审核以及预试验阶段可结合风险评估的内容,同时,在信息发布之前可再组织相关专家进行论证、确认。

(三) 对信息的具体要求

1. 信息不宜过多　研究表明,普通记忆力的人,一次可以清晰记忆3~5条独立信息,5条为佳;记忆力较强的人,一次可以清晰记忆7条独立信息。因此,每个版块传播的核心信息以3~5条为宜。

2. 信息要简单明确　人们对信息的理解、记忆及应用能力,与受教育水平密切相关。文化水平低的人群,在接受复杂信息时有困难。信息阅读与理解的难易程度应与初中毕业水平相适应(我国实行九年制义务教育)。因此,在编制健康传播信息时,应把复杂的信息进行分解,制作成简单、明确、通俗易懂的信息,方便目标人群更好地理解和接受。

3. 有明确的行为建议　健康传播的最终目的是改变人们的健康危险行为,因此,仅仅进行健康知识的传播是不够的,必须有明确的行为建议。行为建议要具体、实用、可行,明确告诉目标人群应该做什么及怎么做。

4. 插图具有关联性和自明性　插图能够帮助人们更好地理解和记忆信息,因此,在健康传播材料中常常配有插图。一幅好的插图必须具备两个特征:关联性和自明性。插图的关联性是指插图所表现的内容、信息等必须与文字内容相关,是为了更好地说明或展现文字内容,而不是可有可无或起美化修饰作用。插图的自明性是指插图可不依赖于正文而存在,能够独立传递或表现特定的内容、信息等。

5. 严禁宣传歧视　对社会弱势群体、某些疾病患者(如AIDS、乙型肝炎)、有生理缺陷者(聋、哑、肢体残疾、智力低下等),不可以有歧视性语言或态度。

6. 适宜目标人群的社会文化　尊重不同地区、不同民族的文化差异和风俗习惯,吸收当地群众喜闻乐见的文化元素,用目标人群熟悉的语言、文化元素进行表达。

(四) 健康传播材料信息传播原则与要求

1. 健康传播信息传播原则

(1) 适用性原则:根据目标受众特点,选择合适的传播形式。传播形式应服从健康传播信息的内容,并能达到预期的健康传播目标。

(2) 可及性原则:健康传播信息能够发布或传递到目标受众可接触到的地方(如公告栏、电视、广播、社交与人际网络等);健康传播信息可通过不同渠道形成反复多次的传播和使用,并在一定时间内保持一致性。

(3) 经济性原则:健康传播信息传播要考虑节约原则,在满足信息传播内容和传播效果的前提下,选择经济的传播方式和传播渠道。

2. 健康传播材料信息传播的要求

(1) 注明来源:注明信息出处,标明证据来源。

(2) 注明作者:注明作者(个人或机构)和(或)审核者的身份,有无专业资质与经验。

(3) 注明时间:注明信息发布、修订的日期。

(4) 注明受众：须说明信息的适宜人群或目标人群。

(5) 明确目的：须说明出版或发布信息的目的，如养生保健类信息需要说明其旨在促进健康改善，而不是取代医生的治疗或医嘱。

(6) 注明依据：对疗法的有效性或无效性的介绍，须附科学依据。

二、健康传播材料的设计制作

(一) 设计制作流程

1. 选定核心信息 围绕健康传播主题，结合目标人群的健康需求、文化水平和接受信息能力等，选定核心信息，包括确定具体信息内容、信息的复杂程度及信息量的多少。

2. 设计初稿 专业人员（医疗卫生专业人员、健康教育专业人员等）和设计人员（编辑、美编、摄影等）密切配合，根据核心信息所表达内容，设计恰当表现形式。宣传主题和核心信息要醒目、简洁，插图应与内容密切相关、直观易懂，有助于辖区居民更好地理解宣传内容，保证设计初稿在信息准确性、艺术表现、传播效果3个方面具有较高质量。

3. 预试验（pilot trial） 将设计初稿在目标人群中进行预试验。通过个人访谈或小组讨论，了解目标人群是否理解健康传播材料所传递的信息、是否喜欢健康传播材料的设计形式，收集评论意见和修改建议。

4. 修改与定稿 根据预试验结果，对设计初稿进行修改。如果目标人群对初稿意见或建议较多、修改内容较多时，修改后样稿还需再次进行预试验，直至绝大多数目标人群能正确理解才能通过，最终形成定稿。

5. 制作与生产 少量健康传播材料可自行制作完成；大量健康传播材料需要交付有资质的制作单位，进行批量生产。

(二) 设计制作的具体要求

1. 主题选择 围绕卫生健康工作重点、辖区主要健康问题、主要健康危险因素、居民的健康需求、季节性多发病、突发公共卫生事件等来选择主题。

2. 传播信息的确定 主题确定后，应该确定与主题相关的传播信息，传播信息要科学准确、通俗易懂；信息数量一般不超过5条；表达形式要与当地的社会、文化与风俗习惯相适应。相同的主题，不同的目标人群，传播信息可能有很大不同。以高血压为例，目标人群不同，传播信息的侧重点不同。

(1) 针对一般人群：以高血压的基本知识为宣传重点，重点宣传高血压的危害、高血压的高危人群、导致高血压的不良行为生活方式以及高血压预防等。

(2) 针对35岁以上人群：以定期监测血压和控制高血压危险因素为宣传重点，重点宣传定期监测血压、血压主要影响因素（如血压与年龄、精神压力、情绪、运动、饮食等之间的关系）、高血压预防等。

(3) 针对高血压患者：以高血压疾病管理为宣传重点，宣传自测血压、遵医嘱用药以及定期复查等作法。

健康传播信息要有明确的行为建议，且行为建议要具体可行。既要告诉辖区居民为什么要做，还要告诉辖区居民应该怎样做。没有技能指导或行为建议的健康传播资料是不合格的。

语言要通俗易懂，表达准确、规范，避免口语化。专业术语要有解释，不使用英文或英文缩写（特殊情况除外）。阅读难度以初中毕业水平为标准。

3. 插图设计 平面传播材料中常用的插图有漫画、演示图、分解图、表格、统计图等。漫画、演示图、分解图等插图的目的是使文字内容形象化、具体化、可视化，帮助读者更好地

理解内容,掌握要点,形成深刻印象,便于理解和记忆。表格、统计图等插图的目的是提供数据支持,强化循证。

插图必须与内容密切相关且具有自明性;插图不能影响文字阅读;美化页面的插图最好不要,避免分散读者注意力;插图为照片时,照片大小在2MB以上为宜。

4. 布局排版 布局和排版是传播材料吸引力的重要影响因素。精美的布局和排版能够吸引读者的注意力,激发阅读兴趣,有助于对内容的理解和对关键点的把握。

布局要有明确的版块划分,按照一定的逻辑有序排放,方便读者阅读;各部分信息量要相对均衡。每一部分要有一个明确的标题,重点内容放在段首。可以借助底纹、边框、箭头等将读者的注意力引向特定知识点或关键内容,帮助读者强化关键知识点。

字体以宋体或黑体为主,题目避免使用变形字、艺术字或繁体字。以A4纸为例,正文字号以5号字至4号字为宜,不宜过大或过小。行间距要适当,避免拥挤或稀疏,推荐1.25~1.5倍行距。文字和纸张之间要有较高的对比度,便于清晰阅读。

5. 制作时间和机构落款标准 在传播材料的合适位置,注明传播材料的设计单位和设计时间,提高传播材料的权威性、可信性和时效性。

除了自行设计健康传播材料外,还可以从国家卫生行政部门、各级疾病预防控制机构、健康教育机构、妇幼保健机构、精神卫生机构及其他相关公共卫生专业机构网站的健康传播材料库中,选取适宜的健康教育传播资料模板和核心信息。再根据当地的语言和文化元素对获得的模板进行适当改编,使之更适合当地居民使用。

(三)不同健康传播材料的设计制作要点

1. 海报/招贴画的设计制作要点 一个完整的海报/招贴画包括题目、构图、关键信息、单位落款等。

(1)布局:海报/招贴画最突出的特点是通过颜色、构图、文字、空白等因素的搭配形成强烈的视觉效果。海报/招贴画的信息简单直白,构图强调视觉效果,空白占整张海报/招贴画的1/3~1/2。海报构图效果与A4纸上效果相同,可在A4纸上设计好构图后,等比例放大到海报/招贴画大小即可。

(2)题目:题目应该横穿海报的顶部,字体大小应该保证正常视力者在4米处能够清晰阅读。

(3)正文:一般只体现1个或2个重要的核心信息;使用1种或最多2种字体;对于正常视力者,2米处要能看清正文内容;如果是活动告知类海报,请写明活动时间、地点和参加人员。

(4)插图:可使用照片、插图、色彩等帮助读者理解信息或吸引读者注意力。

(5)注明设计时间和单位落款。

2. 单页的设计制作要点 一个完整的单页包括题目、正文、插图、单位落款、制作日期等。

(1)单页内容应有3~5个明确版块。

(2)每个版块有一个明确标题。

(3)插图有相关性和自明性,即插图与文字内容相关,且能独立传递或表达特定内容或信息。

(4)正文字体推荐宋体或黑体,字号以5号字至4号字为宜。

(5)排版疏密合适,推荐正文使用1.25~1.5倍行间距。

(6)纸张有一定厚度和硬度,推荐80g以上纸张印刷。建议有条件者实行彩色印刷。

(7)注明单位落款和制作日期。

3. 折页设计制作要点 一个完整的折页包括封面、题目、正文、插图、单位落款、制作日期等。

（1）封面设计：封面要吸引人，反映主题内容。封面显示题目、单位落款和制作日期。

（2）字数：二折页字数在800～1 200字为宜，三折页字数在1 500～2 000字为宜。

（3）内容版块：单面折页内容包括2～3个版块为宜，每个版块围绕一个分主题进行叙述。

（4）有插图：插图要与内容相关且具有自明性。

（5）正文字体推荐宋体或黑体，字号推荐使用5号字至4号字。

（6）推荐正文使用1.25～1.5倍行间距。

（7）彩色印刷，推荐105g以上铜版纸印刷。

4．小册子的设计制作要点　一本完整的小册子包括书名、封面、目录、正文、插图、单位落款和制作日期等。

（1）纸张选择与装订：常用的纸张为双胶纸和铜版纸。小册子一般厚度较薄，采用无线装订（胶装）或骑马钉。骑马钉通常适合小型出版物，总体页码必须是4的倍数，这样才能做出折叠样式的小册子。

（2）封面：封面设计要简洁大方、色彩饱和、不刺激，图片与主题内容相关。封面显示题目、单位落款和制作日期等。

（3）目录：小册子通常配有目录，尤其是页码较多时。通过目录，让读者对小册子的内容一目了然，便于读者迅速查阅相关内容。

（4）正文：根据主题，将正文分为几个部分。各部分按照一定的逻辑有序陈列。各级标题的字体、字号和颜色要保持一致。

（5）字体字号：推荐使用宋体、黑体。小册子中的文字原则上以一种字体为主，其他字体为辅。同一版面通常只用2～3种字体。字号以5号至4号字为宜。用于儿童与老人的小册子可适当采用较大号的字体。

（6）插图：插图可以把抽象的描述具体化、可视化，便于读者更准确地理解和记忆。插图必须与内容相关，且具有自明性。

（7）书眉：如果设有书眉，书眉上的书名必须与封面一致且要完整。

5．视频材料的设计制作要点　一份合格的视频材料应具备主题明确、信息准确、画面简洁、图像清晰、音质干净、音效和谐等特点，可以通过画面、文字、色彩、光线、音效等进行强化或突出，以引起观众的重视。

（1）声音：一份好的视频材料对声音质量有较高要求，要求普通话解说、吐字发音要清晰、语速适中。少数民族地区可以开发本民族语言的视频材料，或将其他语言的视频材料进行本民族语言的配音。具体要求有：①语调，中音为标准，客观陈述语气为主；②语速，语速适中，250字/分钟左右为宜；③音质，声音干净清晰，无杂音或噪声。

（2）图像：一份好的视频材料，要做到图像清新、画面稳定、色彩清新自然、无杂乱信号（如闪烁、花屏、波纹、偏色、与声音不同步等）。具体要求有：①图像清晰，画面稳定；②构图合理，色彩自然；③画面简洁，能够准确表达主题。

（3）音效：背景音乐要与主题相适宜，以优美、轻松的乐调为主。具体要求有：①背景音乐与主题和谐；②音量适中，不影响观众收听解说。

6．实物传播材料的设计制作

（1）信息简单，多为1个知识点，表现形式像标题、口号或标语。

（2）实物最好能够被目标人群经常使用，以增加传播信息的暴露率，如印有健康信息的台历、水杯等。

（3）尽可能使实物的用途与传播信息相关联，如在做饭的围裙上印有营养与健康、少油

少盐少糖、平衡膳食的信息。

（4）实物材质要好，要安全环保，目标人群愿意收藏和使用。

三、健康传播材料的预试验

预试验是健康传播材料制作过程中的一个重要步骤，在初稿完成后进行。预试验的目的是了解目标人群对传播材料的内容是否理解、对文字表达方式是否认可、对设计形式和风格是否喜欢以及对传播材料的意见和建议等。

（一）预试验方法

一般采用定性研究方法，包括个人深入访谈和专题小组讨论。最好采用个人深入访谈的方法，因为小组讨论不利于每个访谈对象自由发表意见。

（二）访谈对象的选择

主要考虑年龄和文化程度分层，这两个因素对阅读理解能力的影响最大。年龄一般分老、中、青3个年龄段；文化程度分为小学及以下、中学、职中/高中/中专、大专及以上4个受教育水平。每一种特征分类要找6~8人参加预实验。访谈对象一定要来自目标人群，如为农村居民设计的传播材料应选择农村居民为访谈对象；为城市居民设计的传播材料应选择城市居民为访谈对象；为城乡居民统一设计的传播材料，则访谈对象城市居民和农村居民都要兼顾。

（三）访谈内容

一般情况下，平面宣传材料既有文字又有插图。预试验时，要对材料的文字部分和插图部分分别征求访谈对象的意见和建议。

对于纯文字材料，篇幅较短的应对全部内容进行预试验，篇幅较长的可选择全部内容或挑选重要内容进行预试验。将文字材料交给访谈对象自行阅读，重点了解访谈对象对内容的理解以及文字的通俗性、简明性和趣味性等方面的意见。

对于图文并茂的材料，要先征求访谈对象对插图的意见。把文字部分遮住，只允许访谈对象观看画面，了解访谈对象是否能够从画面上对要表达的信息有一定程度的理解。如果材料中有多个画面，逐一征求访谈对象的看法。待所有画面询问完成后，再将文字展示给访谈对象，针对每段文字提问，评估其对文字的理解情况。之后，将图文结合再次询问，了解访谈对象对整体材料中画面与文字的配合效果、画面是否有助于访谈对象对文字的理解和记忆等方面的想法，了解访谈对象对画面形象、色彩及表现形式的意见和建议。最后，询问访谈对象的其他建议。

（四）预试验记录

工作人员要详细记录访谈对象的意见和建议（附录9-1），并在现场工作结束后对所有访谈对象的意见进行综合分析，提炼出有代表性的意见，作为修改材料的依据。

（五）修改与定稿

从预试验中获得访谈对象的修改意见后，工作人员和设计人员要共同研究这些修改意见。经专家组讨论后，根据预试验结果和专家的意见来修改初稿，并决定是否需要做第二轮预试验。

是否需要做第二轮预试验的判定依据为：① 80%以上的访谈对象能够独立地正确解释插图，则该插图在进行必要修改后可以终止预试验；② 80%以上的访谈对象能够独立地正确解释文字内容，并理解信息所建议的每一项行动，则相应文字在进行必要修改后可以终止预试验。否则，应做第二轮预试验。

（六）注意事项

1．最好采用个人访谈方法　因为小组讨论不利于每一个访谈对象独立表达自己的观点和看法，容易出现意见的趋同性。如在人多的场合，性格内向的人不愿意主动表达自己的想法，会附和其他人的观点，从而有意、无意地掩藏了自己的观点和看法。

2．访谈者要向访谈对象做好解释　预试验的目的是为了听取访谈对象的意见和建议，以便对材料进行修改，避免让访谈对象产生不必要的顾虑或心理压力。

3．避免诱导型提问　让访谈对象独立表达自己的意见和想法，访谈者主要是倾听和记录。可以就访谈对象讲话内容所暴露出的问题进一步深入询问，如"为什么会使您有这样的想法呢？""为什么您觉得这幅插图有歧视的意思呢？"等。

4．鼓励访谈对象表达意见和想法　访谈者要随时对访谈对象的意见表示肯定，即使访谈对象误解插图所表达的意思，也要用一些词语如"很好""你说得很好"，鼓励访谈对象继续发表看法。

5．做预试验时要保持环境安静，避免围观。

6．已参加过第一轮预试验的访谈对象不能再参加其后的预试验，必须保证访谈对象预先不了解材料内容。

第三节　健康传播材料的使用

一、海报的张贴和使用

1．张贴或悬挂　海报可以作为一种大众传播的材料，张贴或悬挂在人群集中的地方，方便人们自主选择观看。海报张贴或悬挂的传播效果，除了与海报本身的制作质量有关外，还取决于张贴或悬挂的地点、位置、光线等多方面因素。

（1）张贴或悬挂地点：海报应放在允许张贴或悬挂的地点。张贴或悬挂海报尽可能选择有较多人经过并且人们方便停下观看却不引起拥挤的地方（如广场、集市）；尽可能贴近海报目标人群的工作或生活场所；尽可能避免被日晒雨淋，防止因为过度的阳光直射或雨水淋刷造成海报褪色损坏；尽可能保证海报张贴或悬挂地点的背景色彩单一，并与海报主体颜色形成反差，防止因背景杂乱而降低海报的吸引力和观看舒适度。如果张贴在房屋的墙壁或其他建筑物上，需要事先征得建筑物所有者的同意。对于一些特殊场所、建筑物，张贴或悬挂时要符合当地的文化习俗和社会规范，不能随意张贴或悬挂，如宗教场所。

（2）张贴或悬挂位置：一是在张贴或悬挂的高度上，海报的中心位置应与成人目光平视的高度一致，不要过高或过低。二是在张贴或悬挂的环境上，要保持海报周围有较多的空间，方便多人同时观看；同时避免被其他物体遮挡，干扰目标人群对海报信息的阅读。

（3）光线选择：海报应张贴或悬挂在光线明亮的地方，这既能引起人们的注意，又容易提高他们观看的兴趣。如果把海报张贴在在光线不充足的走廊里，暂且不说人们能不能注意到，即使人们想看海报的内容，也看不清楚。

（4）更换频率：同一位置的海报最好1个月内更换一次内容，这样可以保持新鲜感。此外，同一张海报张贴过久也容易损坏，造成宣传内容的缺失和海报图案的褪色，降低了宣传效果。

2．现场讲解　海报可以作为一种群体传播材料，用于针对某类特定人群的现场讲解，如

培训班现场、咨询义诊现场、健康讲座现场、村民大会、村小组会等。海报现场讲解的效果，除了取决于海报本身的制作质量外，还取决于现场讲解者的技巧、场地环境等多方面因素。

（1）讲解人的基本条件：讲解人要具备一定的讲解经验、了解讲解的技巧、语言清晰、表达准确、说话有逻辑。讲解人需要对讲解的内容进行提前准备，熟悉海报本身的内容和需扩展讲解的内容。

（2）场地选择：讲解场地的选择，对讲解的效果会产生很大的影响。讲解的环境最好相对安静，避免外界声音或事情分散在场人的注意。场地大小与参加的人数相适宜，参加的人不宜过多，人过多可能会让部分在场的人与讲解人产生距离感，也可能会降低互动性的效果，还可能造成部分人私下聊天等情况。人数过多时可以分批、分期讲解。有条件的地方可准备扩音设备，适当放大讲解人的声音，提高讲解的清晰度，让每个人都能听清讲解人的话。此外，还应考虑温度、光线等对在场的人情绪的影响。

（3）讲解过程中的注意事项

1）在讲解前，让每个人都有机会仔细看清海报的内容，方便讲解时对方心中有印象。

2）海报放置的地方应当光线比较明亮，同时防止有阳光或灯光的反射，以便在场的人能够清楚地看到海报的内容和图案。

3）讲解时，让每个人都能看到讲解的内容，同时念出海报中的文字。

4）讲解人最好不要自己拿着海报，以便集中精力讲解、使用肢体语言以及与在场的人互动。

5）适时询问在场的听众是否理解，并有针对性地提出问题，让听众有独立思考的时间和机会，同时对大家不清楚的地方做进一步的解释。

6）如果海报中涉及相关技能，讲解人可以带领在场的人一起练习，对掌握不佳的人要及时指出，并向大家讲解错误的原因。

二、折页和小册子的使用

1．使用方式

（1）自行取阅：折页和小册子可放在目标人群经常去的地方，如村卫生室或村委会进门处，有兴趣的村民可以在就诊或办事的时候自行取用。

（2）集中发放：折页和小册子也可以在开展义诊、举行健康知识讲座时集中发放。

（3）入户发放：为了增加折页与小册子的覆盖面，可以组织人员入户发放，也可根据不同家庭的需求，有针对性地发放。

2．使用前的注意事项

（1）熟悉材料内容：在接到材料后，工作人员首先需要了解材料的内容是什么，哪些内容是自己不理解和需要弄明白的，以便在发放材料时向目标人群进行准确讲解，而不仅仅是单纯地发放材料。

（2）了解材料使用要求：如什么时间节点开始使用、面向哪些人群发放等，减少使用中的偏差，快速和准确地做好分发和使用工作。

（3）了解材料适用人群：不同健康主题的折页和小册子，适用于不同的人群，如《产检知识普及读本》特别适用于已怀孕或准备怀孕的妇女。折页内容少、传达的信息相对简单集中，并配有图片，适合文化水平不高的人阅读；小册子信息量大、内容系统性强，适合有一定识字水平和理解力的人阅读。

（4）选择适宜的发放时间：可以选择休息日发放折页和小册子，也可以配合活动发放折页和小册子。在农村，尽量选择村民休息时间发放，避开农忙时间，让村民有时间和精力听讲解和翻看折页与小册子。

（5）发放的场合：可以在开展健康咨询、健康讲座、主题宣传等活动时，发放折页和小册子。在农村，通常情况下应避免在田间地头发放材料。一方面，村民正在劳作，很难有精力专心听讲解；另一方面，村民也很难有适合的地方存放材料，容易造成材料的损失。

3．使用时的注意事项

（1）向目标人群强调该材料与健康的重要关系，引起对方的重视，如说明材料内容对村民健康的指导意义和重要性。

（2）提示或重复折页或小册子中的重点内容，引导对方加强学习记忆，如折页的哪几句话，或小册子中的哪部分应该重点关注。

（3）演示和指导需要对方掌握的具体技能或操作方法，如正确刷牙的方法、测量血压方法。

（4）就重点内容询问对方是否理解，并有针对性地提出问题，对不清楚的地方做进一步的解释。

（5）提示目标人群把掌握的知识与家人、朋友和社区其他居民进行分享。

三、视频材料的使用

视频材料的播放屏幕应安装在人多的地方，面向就诊患者或家属。高度应以观众平视或略微仰视为佳（屏幕的下缘距离地面 1.5～1.7 米），无遮挡，易于观看。常见的播放地点有门诊大厅、候诊区、观察室、输液室、健康教育室等。

平时可根据工作安排常规播放。在季节性多发病流行期、健康主题日前后，应选择有针对性的内容进行播放。

第四节　健康传播材料的评价

一、评价类型

（一）形成评价

健康传播信息的形成评价是在健康传播信息开发之前进行，主要是明确目标人群的主要健康问题，发现信息生成和传播的有利条件和障碍。

健康传播材料设计的形成评价是在健康传播材料设计之前进行，主要是明确目标人群的受教育水平、社会文化、风俗习惯、喜欢的文化元素及表达形式等。

（二）过程评价

主要考虑以下两个方面：

1．健康传播材料所传递的信息是否得到目标人群的正确理解，有哪些偏差，是否有必要做出更正。

2．目标人群对健康传播材料的内容、形式、设计是否满意。

（三）效果评价

主要考虑以下 4 个方面：

1．健康传播材料是否能够满足目标人群对信息的需求，常用指标有传播内容满意度、传播方式满意度等。

2．健康传播材料是否能够提高目标人群的健康知识水平，常用指标有核心信息知晓率、

健康知识知晓率等。

3．健康传播材料是否能够对目标人群的态度和行为产生影响，常用指标有信念持有率、行为流行率、行为改变率等。

4．健康传播材料对事件的处置或政策、舆论、生活质量是否起到促进作用，常用指标有环境、服务、条件的改变，舆论的改变，发病率、患病率、死亡率等。

二、评价方法

（一）专家咨询

对健康传播材料的专业性、适用人群、传播方式、传播目标等可进行专业领域的专家咨询。

（二）定量调查

问卷调查快速灵活，且封闭式的问题有利于结果分析，可用于健康传播材料生成、传播以及效果的评价。

（三）定性调查

可以采用专题小组访谈和个人访谈等方式，深入了解目标人群对健康传播材料的理解程度、接受程度、语言表达方式接受程度等内容。

（四）舆情监测

主要是通过网络信息监测方式，了解公众对健康传播信息或现实生活中某些热点、焦点问题的态度、情绪、意见和建议。

三、平面健康传播材料的评价

（一）对平面健康传播材料本身的评价

1．评价内容　主要从内容和设计两方面对平面健康传播材料的质量进行评价。

2．评价方法　可以用实际得分或得分率表示评价结果，二者没有本质区别，只是表达形式不同。用实际得分表达评价结果时，只要将相应的评价条目得分相加，得到总分即可；用得分率表达结果时，在得到总分后还需进一步计算出得分率：

$$得分率 = 实际得分 / 总分 \times 100\%　　　　　　公式 9\text{-}1$$

如满分为 60 分，实际得分为 48 分，得分率 =48/60× 100%=80%

对于无法评价或不适用的指标，记为 N/A。在评价时，每遇到 1 项 N/A 指标，就应该在总分中减去该项的分值。计算得分率时，总分（分母）就不再是原来的 60 分了，而是变成 60 减去 1 个或多个 N/A 对应的分值之和，然后再计算平面健康传播材料的得分率：

$$得分率 = 实际得分 / 总分 \times 100\%　　　　　　公式 9\text{-}2$$

评判标准为：优秀，得分率≥ 90%；合格，70% ≤得分率＜ 90%；不合格，得分率＜ 70%。对海报、单页/折页、小册子等健康传播材料本身的评价见表 9-1、表 9-2、表 9-3。

表9-1 海报质量评价表

评价内容	符合 (5分)	比较符合 (4分)	一般 (3分)	不太符合 (2分)	不符合 (1分)	得分
(1) 视觉效果好,能吸引读者并使读者保持注意力						
(2) 标题醒目,正常视力者在4米处能看清标题						
(3) 核心信息突出,正常视力者在2米处能看清内容						
(4) 信息准确简洁						
(5) 空白占 1/3～1/2						
(6) 构图与内容相关并具有自明性						
(7) 构图不能影响文字阅读						
(8) 有机构落款						
(9) 有制作日期						
合计						

表9-2 单页/折页质量评价表

评价内容	符合 (5分)	比较符合 (4分)	一般 (3分)	不太符合 (2分)	不符合 (1分)	得分
1. 内容评价						
(1) 内容科学准确						
(2) 文字通俗易懂						
(3) 有明确行为建议						
(4) 一个段落只围绕一个主题进行描述						
2. 设计评价						
(5) 布局合理,色彩和谐						
(6) 版块清晰,核心内容突出						
(7) 文字与底色对比清晰,便于阅读						
(8) 字体推荐宋体或黑体,不使用繁体字或变形字						
(9) 字号选用5号至4号为宜						
(10) 插图与内容相关并有自明性						
(11) 插图不能影响文字阅读,避免修饰性插图						
(12) 有机构落款						
(13) 有制作日期						
合计						

表9-3 小册子质量评价表

评价内容	符合 (5分)	比较符合 (4分)	一般 (3分)	不太符合 (2分)	不符合 (1分)	得分
1．内容评价						
（1）内容科学准确，全面系统						
（2）文字通俗易懂						
（3）有行为建议且具体可行						
（4）内容版块清晰，逻辑性强						
（5）一个段落只围绕一个主题进行描述						
2．设计评价						
（6）封面简洁大方，有机构落款及制作日期						
（7）有目录，版块清晰						
（8）文字与底色对比清晰，便于阅读						
（9）字体推荐宋体或黑体，不使用繁体字或变形字						
（10）字号大小适宜阅读，推荐5号至4号字为宜						
（11）正文行间距为1.25～1.5倍						
（12）同一级标题的字体、字号、色彩一致						
（13）图文并茂，插图与内容相关并有自明性						
（14）插图不能影响文字阅读，避免修饰性插图						
（15）没有刊登任何形式的广告						
（16）内文纸张重量不低于70g						
合计						

（二）平面健康传播材料的传播效果评价

本文介绍的传播效果评价方法主要是从目标人群的角度，对健康传播材料的设计、内容、插图、信息的实用性等方面做出总体评价，适用于目标人群看完传播材料后的即时评价。传播材料对目标人群知-信-行的影响尚需更长时间观察，需另行设计调查问卷进行评价。音频、视频健康传播材料的传播效果评价与此相同。

随机抽取8～10名目标人群作为访谈对象，采用一对一访谈形式进行测试。目标人群性别比例接近1∶1。主要考虑年龄、文化程度分组：按照年龄大小可分为35岁以下组、35～50岁组、50岁以上组，按照文化程度可分为初中及以下组、高中/职中/中专组、大学专科及以上组等。各年龄段人数或不同文化程度的人数分布尽可能与实际分布一致或接近。

先请访谈对象阅读健康传播材料，阅读完毕后，请访谈对象分别对材料的内容和插图进行讲解，采用平面健康传播材料传播效果评价表（表9-4）进行评分。采用5级评分："好"为5分，"比较好"为4分，"一般"为3分，"不太好"为2分，"不好"为1分。计算平均得分率：

平均得分率 = 访谈对象实际得分总和 / （访谈人数 ×25）× 100%   公式9-3

评判标准为：优秀，平均得分率≥90%；合格，70%≤平均得分率＜90%；不合格，平均得分率＜70%。

表9-4 平面健康传播材料传播效果评价表

评价指标	访谈对象1	访谈对象2	……	访谈对象10	平均
1. 总体评价					
2. 对内容的理解情况					
3. 对插图的理解情况					
4. 内容实用性评价					
5. 对设计的评价					
合计					10名访谈对象平均得分

四、音频健康传播材料的评价

（一）对音频健康传播材料本身的评价

1. 评价内容 音频健康传播材料评价主要包括内容、声音、音效和收听效果4个方面（表9-5）。

2. 评价方法 播放时长在10分钟以内的音频健康传播材料，听完完整音频材料后再进行评价；播放时长超过10分钟的音频材料，应该从开头、中间、结尾分别截取2分钟进行收听，然后再进行评价。

对于无法评价或不适用的指标，记为N/A。在评价时，每遇到1项N/A指标，就应该在总分中减去该项的分值。计算音像健康传播材料的得分率：

$$得分率 = 实际得分 / 总分 \times 100\%$$ 公式9-1

评判标准为：优秀，得分率≥90%；合格，70%≤得分率＜90%；不合格，得分率＜70%。

表9-5 音频健康传播材料质量评价表

评价内容	符合 (5分)	比较符合 (4分)	一般 (3分)	不太符合 (2分)	不符合 (1分)	得分
1. 内容						
（1）信息科学准确						
（2）重点突出，通俗易懂						
（3）有明确的行为建议						
2. 声音						
（4）音质干净、清晰						
（5）音量稳定						
（6）语速适中						
3. 音效						
（7）背景音乐与主题相适宜						
（8）背景音乐与解说的音量对比适中，不能影响内容的收听						
4. 收听效果						
（9）收听效果的整体评价						
合计						

（二）音频健康传播材料的传播效果评价

音频健康传播材料的传播效果评价主要是从目标人群的角度，对音频健康传播材料的内容和收听效果做出总体评价。目标人群选择同平面健康传播材料的传播效果评价。

先请访谈对象完整听一遍音频健康传播材料，听完后，根据音频健康传播材料传播效果评价表（表9-6），请访谈对象进行评价。采用5级评分："好"为5分，"比较好"为4分，"一般"为3分，"不太好"为2分，"不好"为1分。计算平均得分率：

$$平均得分率 = 访谈对象实际得分总和 /（访谈人数 \times 25）\times 100\% \qquad 公式9-3$$

评判标准为：优秀，平均得分率≥90%；合格，70%≤平均得分率＜90%；不合格，平均得分率＜70%。

表9-6　音频健康传播材料传播效果评价表

评价指标	访谈对象1	访谈对象2	……	访谈对象10	平均
1. 对内容的理解情况					
2. 对关键信息的记忆情况					
3. 内容实用性评价					
4. 采纳行为建议的可能性					
5. 收听效果整体评价					
合计					

五、视频健康传播材料的评价

（一）对视频健康传播材料本身的评价

1. 评价内容　视频健康传播材料评价包括内容、声音、图像、音效和视觉效果5个方面（表9-7）。

2. 评价方法　播放时长在10分钟以内的视频健康传播材料，观看完整视频材料后再进行评价；播放时长超过10分钟的视频材料，应该从开头、中间、结尾分别截取2分钟进行观看，然后再进行评价。

对于无法评价或不适用的指标，记为N/A。在评价时，每遇到1项N/A指标，就应该在总分中减去该项的分值。计算视频健康传播材料的得分率：

$$得分率 = 实际得分 / 总分 \times 100\% \qquad 公式9-1$$

评判标准为：优秀，得分率≥90%；合格，70%≤得分率＜90%；不合格，得分率＜70%。

表9-7　视频健康传播材料质量评价表

评价内容	符合 (5分)	比较符合 (4分)	一般 (3分)	不太符合 (2分)	不符合 (1分)	得分
1. 内容						
（1）信息科学准确						
（2）重点突出，通俗易懂						
（3）对关键信息进行强化						
（4）有明确的行为建议						

续表

评价内容	符合 (5分)	比较符合 (4分)	一般 (3分)	不太符合 (2分)	不符合 (1分)	得分
2．声音						
（5）音质干净、清晰						
（6）音量稳定						
（7）语速适中						
（8）解说与字幕同步						
3．图像						
（9）图像清晰，画面稳定						
（10）构图合理，色彩自然						
4．音效						
（11）背景音乐与主题相适宜						
（12）背景音乐与解说的音量对比适中，不能影响内容的收听						
5．视听效果						
（13）视听效果的整体评价						
合计						

（二）视频健康传播材料的传播效果评价

视频健康传播材料的传播效果评价主要是从目标人群的角度，对视频健康传播材料的内容和视听效果做出总体评价。

目标人群选择同平面健康传播材料的传播效果评价。

先请访谈对象完整观看一遍视频健康传播材料，看完后，根据视频健康传播材料传播效果评价表（表9-8），请访谈对象进行评价。采用5级评分："好"为5分，"比较好"为4分，"一般"为3分，"不太好"为2分，"不好"为1分。计算平均得分率：

$$平均得分率 = 访谈对象实际得分总和 / （访谈人数 \times 25） \times 100\%$$ 公式9-3

评判标准为：优秀，平均得分率≥90%；合格，70%≤平均得分率＜90%；不合格，平均得分率＜70%。

表9-8 视频健康传播材料传播效果评价表

评价指标	访谈对象1	访谈对象2	……	访谈对象10	平均
1．对内容的理解情况					
2．对关键信息的记忆情况					
3．内容实用性评价					
4．采纳行为建议的可能性					
5．视听效果整体评价					
合计					

思 考 题

1. 简述海报、折页、小册子作为健康传播材料各有什么优缺点。
2. 简述作为健康传播材料,应该从哪些方面评价海报、折页、小册子的设计质量。
3. 简述健康传播信息的生成流程。
4. 简述健康传播材料的设计制作流程。

(李英华)

参考文献

[1] 国家卫生和计划生育委员会. 健康科普信息生成与传播技术指南(试行), 2015.

[2] 李英华, 李莉. 健康教育服务实施与评价指南. 北京:北京大学医学出版社, 2016.

[3] Centers for Control and Prevention. CDC Clear Communication Index—A Tool for Developing and Assessing CDC Public Communication Products [EB/OL]. 2013-05-01 [2019-12-01]. https://www.cdc.gov/ccindex/pdf/clear-communication-user-guide.pdf.

[4] 中国健康教育中心. 基层健康教育工作手册实用方法与技能. 北京:中国人口出版社, 2018.

附录 9-1 平面健康传播材料预试验记录表

材料名称：_____

时间：_____ 地点：_____

访谈者：_____ 记录者：_____

访谈对象编号	性别	年龄	职业	文化程度	文字		插图		版式设计	
					评价	修改建议	评价	修改建议	评价	修改建议
1										
2										
3										
4										
5										
6										
7										
8										
…										

说明：1．对文字的评价是指文字表达是否具备通俗性、简明性和趣味性，是否有歧义，专业名词是否晦涩难懂等。
    2．对插图的评价主要是指插图是否能够独立传递信息，插图传递的信息是否与文字描述相符，插图的内容是否是关键知识点，插图是否符合当地的社会文化及目标人群审美习惯等。
    3．对版式设计的评价主要是指对健康教育材料整体设计的感受，如图文比例、字体大小、色彩搭配、艺术创意等。

表9-9 健康教育平面传播材料预试验结果汇总表

评价内容	访谈人数	能正确理解		基本能理解		基本不能理解		修改建议
		人数	%	人数	%	人数	%	
插图1								
插图2								
插图3								
……								
第一部分文字								
第二部分文字								
第三部分文字								
……								

第十章 广告学与健康传播

广告学是一门研究广告的理论及其实务的学科,其实质是一类有组织、有控制的创作传播活动。作为一种具有营销目的的商业行为,广告与健康传播似乎有些格格不入,但其实二者有大量的交叉领域。商业广告中,有关药品、医疗器械和养生保健食品的内容也占了一大部分,由此还引发出许多法律法规问题。另一方面,在媒体、互联网和城市空间中,有关健康教育、科普类的公益广告也日益增多。这些历史和现状都使得广告成为各种医疗相关机构与大众进行健康类信息沟通与交流的一个重要渠道。因此,当代广告实务中经常会涉及健康信息和健康知识的传递,健康广告也在很大程度上参与健康议题的媒体议程设置和社会健康风尚的构建,健康传播机构也经常使用广告手段来进行宣传。它成为健康传播实务的重要组成部分。因此,无论广告学还是健康传播的研究,都不能绕过健康广告的议题。

第一节 广告学概述

一、广告的基本含义和特性

(一) 广告的定义

广告经营活动历史十分悠久。1893 年 8 月 29 日,当一群来自加州、各自为政的橘农焦急地聚集在位于洛杉矶市中心的商会大楼时,他们绝对没有想到他们发起的"南加州水果协作社"这个小小的组织,日后竟会成为一个价值百万的企业,经营世界上最有名、最有声誉的品牌之一。"吃柑橘利健康,到加州挣钱忙",这是已知最早的一次联合营销案例,而且与健康传播相关。作为商品经济的产物,有商品交换,就有广告。1894 年,J.E. 肯尼迪对广告的定义是"广告是采取印刷形态的推销手段",这是现今能找到的最早出现的广告概念界定。20 世纪初,美国著名的罗德暨托马斯广告公司的灵魂人物、"美国现代广告之父"Albert Lasker(拉斯克尔,他也是医学界著名的"拉斯克奖"的创办人)认为广告是"印在纸上的推销术"。这样一些来自印刷时代的观点显然具有一定的历史局限性,在媒介形式大大丰富的今天,广告的定义得到进一步扩展。目前,美国市场营销协会(AMA)在 20 世纪中期对广告的描述是业界较为通行的一种定义,即"广告是由特定的出资者(即广告主),通常以付费的方式,通过各种传播媒体,对商品、劳务或观念等所做的任何形式的'非人员介绍及推广'(non-personal presentation and promotion)。"由此定义出发,我们可以看到广告是一种营销传播的工具和手段,具有明确的主体和客体,往往通过大众媒体进行传播,旨在通过一些技巧唤起消费者注意,并且最终希望说服消费者,引发购买行为。

(二) 广告的发展过程

人类最古老的商业广告从何时发源已经无从考证，但有证据显示，至少在公元前3000年的美索不达米亚平原就有商业广告的活动。那时，随着生产力的发展，古老的氏族公社的小集市上出现了农业和手工业的剩余产品。后来，商品交换活动变得日益频繁，商人们开始雇佣专门的人进行大声吆喝，宣传商品，这成为最原始的商业广告形式。在公元前1085年后的古埃及后王朝时代，户外商店陈列在街道两旁，鸡肉店将鹅及其他鸟的羽毛插在杆头，商品悬挂在棚子中。在港口码头，店主雇佣专门的人穿街走巷、高声喊叫，向人们传递港口船只来往及运载商品的信息。这个时期的一张纸莎草广告传单被称为世界上最早的文字广告，现存于大英博物馆，32开大小，淡茶色，以1个金环悬赏奴隶Shem。

中国的广告发展亦基本在同一时期获得兴盛。早在商代中期，盘庚迁殷之后，商人开始定居，经济和商业得到较大的发展。商人们或是在固定的交易场所交易，或是走街串巷进行叫卖。到春秋战国时期，随着城郭的逐渐形成和集市制度的稳定，各类形式的广告开始出现，例如实物陈列、口头叫卖、使用原始音响、悬挂物、放图画、摆招牌等。

在欧洲，黑暗的中世纪严重压抑了经济和文化的发展，致使广告传播进入长达1 000多年的漫长冬季。1450年，随着印刷术传入欧洲，古登堡（Gutenberg）率先使用金属活字印刷术，使欧洲的文化传播和科技发展得到促进，为文艺复兴提供条件。随之而来的报刊媒介的兴盛、新大陆的发现和殖民化运动的兴起也从中获益。在这个时期，报刊广告和传单广告成为广告传播形式的主流。

第一次世界大战后，美国崛起，成为世界广告传播的中心。这个时期，制造业主与报刊合作，在报纸媒介上刊登广告，使报刊从政党媒介向大众传媒转变。通过制造业主付费做广告—大众化媒介刊载商业广告—读者阅读广告实现购买—制造业主继续投入广告的良性循环，广告产业获得了自己的发展规律和模式。在这个时代，廉价的报纸和杂志纷纷兴起，大众化报刊广告获得发展。

20世纪以来，随着广播、电视等新兴媒介形式的出现，依托于媒介产业的广告业也得到了革命性的变革，现代广告逐渐形成。这一时期，广播、电视、报纸、杂志等传统媒介广告百花齐放，共同繁荣。在美国，出现了具有规模的广告公司和著名的广告人物，产出了具有时代代表性和影响力的广告作品，形成了稳定的广告代理制度。广告思潮和广告流派也基本都兴起于这个时期的纽约麦迪逊大道。随后，日本与欧盟也逐渐崛起，成为以美国为主体的世界广告传播的两翼。

20世纪80年代之后，以数字网络为代表的新媒体与世界广告的国际化趋势为广告传播注入了新的生命力。作为第四媒介，互联网具有广域性、超时空性和双向互动性特征，改变了传统媒体的信息交流方式，从而对广告传播的方式和形态都带来了巨大的变革。同时，全球化步伐的加快也使得世界广告业以美国为中心的一元时代结束，多元化时代正在到来。

(三) 广告的基本特征

虽然广告至今在学术界没有形成统一的定义，而且随着传播技术的发展，广告自身也在不断变化。但是从学界和业界的意见中，不难看出广告有一些共同的特征，或者说一些基本的关键要素。

1. 广告主 广告主是指为推销商品或提供服务，自行或委托他人设计、制作、发布广告的法人、其他经济组织或个人。在广告市场中，广告主构成广告市场的需求总量，作为广告商品需求者进行广告商品的购买。

2. 广告媒体 广告需要一定的媒体来完成传播，并且采用的是非人际传播的方式。在现

代社会，广告主主要通过报纸、杂志、广播、电视、互联网等大众传媒和其他媒体，向广告受众提供广告信息，从而达到成本更低、效果更好的目的。

3. 广告信息 广告作为一种传播活动是有目的性的，营销的内涵蕴藏在广告内容中。促进产品或服务的销售是商业广告的基本目的和出发点。但在现代广告中，广告除了有商品、劳务方面的信息，还会传递特定的观念和形象，从而促进广告营销目的的实现。广告信息及内容需要精心设计，力求吸引广告受众的注意，产生营销效果，并且还应当符合相关法律法规和道德伦理的要求。

4. 广告受众 广告传播活动虽然时常借助大众媒体，但并不是面向所有人的，而是具有特定的目标市场和目标受众。目标受众是由广告主和广告需求方根据广告营销的特定目的来决定的。选择准确的广告目标受众群体，为制定正确的广告营销与传播策略提供依据，能够使广告有更好的传播效果。

5. 广告效果 广告的目标是让目标受众接触到广告所传达的信息，让消费者的行为与观念发生变化。在生产力较为落后的时代，信息和商品不丰富，广告只要实现信息的传播就能够达到目的；但是在市场竞争时代，商品已经足够丰富，信息的获取和传播也已经不再困难，广告就需要有更强的说服力，从而促进广告信息的接受与营销效果的实现。于是，说服是否获得成功就成为评判广告效果的重要指标。

二、广告的类别

广告按照不同的标准可以分为不同的类别。总体上来说，广告有两个大类：商业广告和非商业广告。商业广告是以促销和营利为目的而开展的广告活动，也叫作经济广告；非商业广告则不以经济利润为直接目的，而是希望能够实现某种宣传目标或效果，也叫作非经济广告。

（一）非商业广告

非商业广告主要分为以下3类：

1. 政治广告 政治广告是指为政治活动服务而发布的广告，往往具有一定的政治目的。在广告业比较发达、政治条件允许的国家，通过广告进行政治人物的竞选成为政治广告的主要运作场所，美国总统竞选中的政治广告就是很好的例子。我国在不同历史时期，基于不同的政治目的，也有过很多类似政治广告的活动，如新中国成立初期所广泛使用的海报和宣传画；伴随着我国综合国力的不断提升，政府有意识地运用广告形式来发布信息、促进理念普及、进行国家及城市的形象传播，进而实现、推动政治观念的普及，也成为一种较为普遍的做法。

2. 公益广告 公益广告，也称作公共广告。一般来说，公益广告是指为维护社会公德、帮助改善和解决社会公共问题而组织开展的广告活动，所涉主题可以包括道德、教育、环境、健康、交通、公共服务等。这类广告与社会公众利益密切相关，具有两个主要特征：不以盈利为目的；为全体社会的共同利益服务，而不是某些特定的团体或组织服务。

具备现代意义的公益广告最早在美国出现。20世纪40年代，美国成立广告（战时）理事会，成为承担公益广告活动的主要机构。在我国，公益广告在社会主义特色广告事业中也扮演着重要的角色。1986年，贵阳电视台播出一则"节约用水"的公益广告，标志着我国现代公益广告事业的开端。此后，具有公益性质的广告在我国获得迅猛发展，并且形成了自己的特色和文化，达到了较好的公共利益促进效果。尤其是健康类公益广告近年来得到长足的发展。例如，在2003年抗击"非典"、2008年助力抗震救灾等事件中，公益广告都发挥了较大的作用。

3. 个人广告 个人广告指为满足个人的一定目的，在媒体平台上发表的广告信息，广告主一般为个人。例如个人启事、声明、征婚启事、寻人启事等都是个人广告，也包括个人及团队形象的传播与推广等。

(二)商业广告

商业广告是广告产业的重要组成部分,构成了生活中大多数的广告现象。根据营销战略、目标受众、目标市场、传播的目的和范围、信息内容、表现方式等多重因素,可以对商业广告进行划分。现根据本书特点和要求,简单介绍几种划分的归类和分析。

1. 按广告的诉求目的划分　广告的诉求与目的各不相同。从宏观角度,可以将广告分为以下3类:

(1) 以推销为目的的广告:此类广告以突出商品或劳务的特征与魅力,吸引广告受众对其进行购买与消费。例如,对某种商品或劳务进行介绍和描述,以使消费者对该商品产生初步的印象,从而开拓市场;强调某种商品或劳务的特色、与同类产品的差别,对消费者进行说服,从而赢得市场竞争;或是提醒消费者持续坚持使用某种商品等。

(2) 以树立形象为目的的广告:这一类型的广告主要目标是树立产品、服务以及企业的社会形象和品牌信誉,也可以称作企业广告,在20世纪70年代之后逐渐出现。随着商品流通的加速和市场的发展,70年代以后广告着重宣传企业的社会存在价值以及商品的公共性,以提高企业的声誉,增强消费者对企业的信任和公众的支持,从而最终推进商品销售。在这类广告中,又以公共服务广告与公共利益联系得最紧密,着重宣传企业对社会所做出的贡献,例如企业支持社会公益活动、赞助教育、做各种福利和慈善事业等。

(3) 以建立观念为目的的广告:这类广告期望能够通过广告信息的传播,使得消费者树立或转变对一个企业、一种产品的认识或印象,并从而对受众的消费观念和生活方式产生影响。

2. 按广告的诉求方式进行划分　按广告的诉求方式,可以将广告主要分为以下两类:

(1) 情感广告:此类广告采用感性诉求的方式,强调以情动人,希望能够打动消费者的情感,从而达到更好的交流和互动效果,使广告受众对广告内容与信息理解得更深入,并因此改变观点与行为。

(2) 理性广告:此类广告采用理性的说服方法,通过向消费者说明产品信息、介绍购买广告商品的优点和长处,带动消费者在理智权衡利弊的基础上做出判断,从而听取劝告接受某种观点或采取某种行为。此类广告对于教育程度较高的受众较为合适。

(三)广告的功能与价值

广告的基本功能是传递商品或劳务信息,在商品流通过程中推动销售。但随着商品市场和媒介环境的发展,广告的影响力也越来越大,从经济领域到社会和文化等领域,对社会各界都产生了一定的影响和作用。

1. 对企业经营　作为广告的主要需求方、支付方,企业往往也是广告宣传的直接受益方。通过实施营销策略,购买和发布广告,企业能够更好地展开经营活动。

一方面,广告能够交流生产与销售的信息,推动产品的销售。随着生产力的发展,在商品竞争日益激烈、商品生产剩余日益严重的时代,多品种、大批量生产使得生产与消费之间的矛盾更加突出。同时,企业与消费者之间信息不对等的问题也更加严重,由于新产品开发创造和更新升级的速度都在加快,许多信息需要迅速被消费者知悉,从而带动消费跟上生产节奏。广告在企业降低与消费者之间的信息不对称的过程中扮演了重要角色,是企业与公众沟通必不可少的工具之一。

另一方面,广告能够促进企业在竞争中迸发活力,从而更好地成长。通过发布广告,将产品信息向大众传播,企业能够有效开拓市场、拓宽产品销路,从而达到增大市场容量的效果。当市场扩大后,就能够扩大生产并大量销售,从而降低成本,获得更高的市场竞争力。广告也成为市场竞争的一个重要场所,企业通过广告传达产品与同类型产品的差异信息,从而争取在

市场竞争中脱颖而出，获得消费者的喜爱和认同。而广告传播的质量和力度与企业竞争力又是相辅相成的，只有生产出有竞争力的商品，才可能创造出具有吸引力的广告，并促进传播与销售。因此，广告也对企业产生反推力，激发企业提升核心竞争力，在市场中力争上游。

2．对广告受众 广告受众受到广告信息的直接影响，并与之交流沟通。即使不是有意识的，受众也会在潜移默化中受到广告的影响。

首先，广告对广告受众的直接影响是传递商品信息，帮助做出消费的选择。一般来说，类似渠道主要由3方面组成：首先是亲身接触；其次是通过人际传播，例如亲友、同事之间的互相转告；最后是通过媒体传播。当前，广告信息通过大众和互联网媒体，以各种各样的形式充满人们的生活空间，成为了解和认知商品信息的重要途径。人们通过广告获得更多的商品信息和了解购买方式，从而节省消费时间，提升消费效率、满足消费需求。

其次，广告能够激发和指导消费行为，并且改变消费观念。根据市场营销理论，人们购买行为的产生，主要取决于3方面的因素：人的需要、欲望和需求。人们对商品消费产生的需要不仅限于本能和生理需要，还可能被社会因素影响；而广告在这个过程中也起到了一定的作用。通过说服、诱导或提醒，广告不断地强化或者使人们产生消费意愿和购买欲望，从而刺激消费，引领人们的消费行为。

最后，广告还能够建构消费文化，传递并发展文化信息。广告在消费文化的构建中功不可没，它不断引领潮流、定义时尚，从而提倡和促进新的生活方式的推行。通过广告推广，消费行为不仅成为满足人们需要的手段，更成为一种新的生活方式甚至文化元素，从而助力新文化的形成。同时，广告本身也对受众进行了宣传教育，潜移默化地把新的商品知识、生活逻辑和文化内容渗透到消费者的脑海之中。

3．对社会文化建设 广告对社会文化的影响和作用是多样的，既有积极的一面，也会产生负面的影响。

从积极的角度看，广告活动首先是能够促进传媒业的发展。大众传媒产业的发展使得广告的大众传播成为可能，让广告产业大为受益；同时，广告也为大众传媒提供了主要的经济来源和支持，为传媒业的可持续发展提供条件。广告为传媒提供发展资金，令报纸、杂志的大量刊印和普及成为可能，也使广播电视节目得以丰富、产生变化。同时，由于广告商更为青睐传播力更强、受众更广泛的媒体，以获得更好的传播效果。媒体方面为了获得广告商的认可，也会倾向于提升传播质量和传播能力，扩张传播的广度和深度。因此广告和传媒的发展是互相促进、互相推动的。

其次，广告能够推动文化事业的进步。现代广告已经成为大众文化的重要组成部分，将经济生活和人们的日常生活紧密连接在一起。作为传递信息的一种手段，广告创作人员需要不断创新，让广告以较强的艺术感染力和较高的信息质量触及和打动目标受众，从而推动广告创作不断创新，让广告的文化价值不断提高。许多广告已经成为一种文化现象，一些优秀的广告话语或广告创意得到了大众认可与传递，从而丰富了大众语汇和流行文化。同时，广告也以动人的声音和丰富的视觉形式装点和丰富了人们的生活，成为城市文化和历史的重要组成部分。

最后，广告还可以助推社会文明的建设。这方面的功能主要通过公益广告表现出来，通过对一些社会重点议题例如交通、酗酒、吸毒、健康、污染等问题的关注和表达，公益广告能够有力地向公众传达与这些议题相关的信息和某种倡议，甚至直接提出诉求。广告对大众的影响是培养性的、潜移默化的，因此公益广告对于社会大众具有独特的宣教能力，往往能够起到其他教育形式起不到的作用。

第二节 广告创意与表现

一、基本概念

广告充斥了人们的生活，但是不是所有传递出来的广告信息都会被受众无条件地接受。广告信息的传递在抵达受众时，会有逐次"散漏"的过程：广告信息只能引起一部分受众的注意；而在能够注意到广告信息的受众之中，又不是全部都能够对广告内容产生兴趣；能够产生购买欲望并最终记住品牌与产品的受众又逐次递减。在这个过程中，如何成功地引起受众注意、优化广告效果就成为非常重要的一个问题。在这个信息爆炸的时代，受众的注意力成为了一种稀缺资源。因此，广告要能够占有受众的注意力资源，就需要恰当地选择信息传播的战略，吸引人们的"眼球"、给人们留下印象。广告应该传递什么样的信息、应该如何传递这些信息，成为广告表现与广告创意的重要任务。

（一）广告表现

1. 广告表现的含义 广告表现，是把有关产品、服务、品牌等各方面的信息，通过广告创意，运用各种符号及其组合，通过某种形式进行表达，以影响受众的购买行为和消费观念。广告表现是广告活动的中心环节，极大程度地影响了广告效果的实现，并且综合体现出广告活动的管理和营运水准。最终，广告表现以广告作品的形式进行表达。

一则成功的广告作品，应该符合 AIDMA 法则，即引起注意（Attention）、唤起兴趣（Interest）、刺激欲望（Desire）、加强记忆（Memory），并促成购买行动（Action）。具体来说，一则优秀的广告作品首先应该能很快引起受众的注意，然后刺激受众产生消费欲望。

2. 影响广告创作的因素 广告作品的创作应该采取哪些方式，怎样才能获得成功并获得较好的传播效果，主要可能由以下几个因素影响：

（1）广告主状况：广告主的状况和特性对广告表现会产生很大的影响。一般而言，企业生产经营的基本情况、企业文化建设的成就、企业经营理念和企业形象等内容的状况，是广告表现成功与否的基础和条件。一方面，只有优秀的企业提供品质优秀的商品或劳务，才能让广告表现有着力点和抓手；另一方面，广告与企业的形象和宣传往往需要秉持一致的风格，形成一个整体，因此企业本身的形象与表现会大大影响广告的表现。

（2）广告受众特性：一个企业的商品和劳务是为特定受众群体服务的，广告的传播具有一定的针对性和明确的受众目标。因此，目标受众群体的性别、年龄、受教育程度、家庭状况、经济收入等情况，以及由此产生的价值观、社会态度、消费方式、购买行为和鉴赏水平等，都对广告表现有很大的影响。作为广告宣传方，需要针对不同受众群体的身心特性来对广告内容与表现手法进行设计，进行有针对性的广告宣传，有的放矢。

（3）广告商品与劳务特性：广告商品和劳务本身具有的一些特性也在很大程度上影响广告表现的选择。只有认真研究商品和劳务本身的特征，及其在人们的日常生活中、在市场中和在社会中的独特定位，才能更有根据地进行更恰当的广告创作与设计。例如，广告设计方需要去了解商品或劳务本身的特性、用途、能够产生的价值、在市场中所处的生命周期和市场占有率、与同类商品或劳务进行比较的优势和劣势、在受众心中的地位、受众获取这些商品和劳务需要付出的成本、商品和劳务本身对环境和公共利益的影响和作用等内容。

（4）时代背景与环境特征：除了上述三点以外，广告设计者还需要慎重考量广告本身所处时代与社会的特点，并全面周到地考虑广告在时代和社会中的定位与可能存在的风险。广告与时代背景和社会环境特征是息息相关的：一方面，广告能够反映和体现当时的经济、社会、

文化等状况;另一方面,广告本身也应当顺应社会潮流,符合当前社会基本的认知和道德观念,避免与当前时代和社会的背景特征发生背离。另外,广告设计者还应妥善对待不同的地区与族群中的文化差异,考虑不同地区和民族对色彩、语言、手势、意象、隐喻等内容不同的理解对广告表现的影响。

(二) 广告创意

广告创意是广告创作的主要要素之一。创意就是具有创造性的主意和想法。David Ogilvy(大卫·奥格威)曾说:"除非你的广告源自一个大创意,否则它将仿佛夜晚航行的船只无人知晓。"广告创作往往是围绕着一个广告创意展开的,可以说没有广告创意就不存在广告创作,广告活动也会失去其主心骨和传播力。

但是,在广告界,围绕广告创意究竟是什么的争论一直没有得出共识,这一概念在我国也有许多不同的看法和理解。因此,在讨论这一议题时,我们首先需要对这一核心概念进行探讨。

创意一词本身就是一个相对模糊的概念,其起源可以追溯到19世纪末20世纪初时意大利社会学家 Vilfredo Pareto(帕累托)。在其 Mind and Society(《人与社会》)一书中,帕累托认为,人分为两种类型:一种是出租者类型(renter),他们一般作风保守,稳扎稳打;而另一种是投机者类型(speculator),他们往往倾向于创造新的可能性,在政治、经济、知识、艺术等领域进行新的组合。帕累托认为,这种组合就是一种创意,而投机者类型的人则具有"创意的特质"。这种把组合称为创意的帕累托理论深刻影响了之后的学者们对创意这一概念的认知。美国广告学者 James Webb Young(詹姆斯·韦伯·杨)受帕累托理论启发,总结出"创意就是把原来许多旧要素进行新的组合",而有创意就是具有把旧要素进行新组合的能力。国内也有一些学者对创意提出了自己的观点,认为创意是一种依靠直觉的纯粹思维活动,是意识与潜意识互相转化的过程;而创意的产生则是依靠思维中的想象、猜测和洞察力等非逻辑的功能去把握对象的结果,也可能是高度紧张思维后注意力的转移。

具体到广告领域和广告创作活动中,广告创意的概念往往与广告策划的过程紧密关联。广告是承载了广告主意愿的通过媒体传达的信息,在这个过程中,需要基于广告主的诉求和目标受众的特征,来进行广告媒体、内容、表现手法等方面内容的设计与创作。从广义角度讲,这个基于广告主特定诉求,设计广告创意向谁说、怎么说、说什么的过程整体,就是广告创意。

因此,可以从两个角度理解广告创意:从广义角度讲,根据市场、商品和劳务特性、受众和广告主诉求等多方面的情况,策划和设计广告表现,将广告传播内容表达得更易为受众接受,这一过程即是广告创意;从狭义角度讲,广告创意就是基于一种创作灵感,对旧元素进行新组合的一种手段。

在广告创意的过程中,基础和抓手是资料的收集和分析,只有在充分了解商品、了解市场、了解广告诉求等的基础上,才可能做出独特且恰当的创意。广告创意的产生过程也十分关键,这一过程对广告创意人的创造构思能力提出一定的要求。最后广告创意的选择则需要结合多重因素进行综合考量与评估,确保广告创意不仅独特贴切、有吸引力,而且适应社会与时代背景,具有可实现性,并促使广告产生较好的宣传效果。

二、广告创意诉求及在健康传播中的应用

经济环境和媒介技术的发展,推动广告产业逐渐成熟并日益规模化。面对这样的时代环境和形势,为了适应日益增长的广告传播需要,各种具有特色的广告创意理论也应运而生。它们从业界需要出发,也逐渐成为学界研究和发展的对象。广告创意出现了"科学派"和"艺术派"两方,前者认为广告创作是一门客观的科学学问,需要综合各方数据与情况进行统筹安

排，重视广告的需要和"实效"；而后者则认为广告创意是说服的艺术，强调广告的新奇与趣味，要求广告与受众进行心灵与情感的沟通。20世纪50年代之后，这两派观点逐渐合流，同时多种流派的广告创意理论形成。它们争相辉映、各有所长，在广告创作的实践中指导着一代代广告人。

（一）广告创意理论

1. 独特的销售主张 USP（理论） 20世纪40年代初，时任美国 Ted Bates（达彼思）广告公司董事长的 Rosser Reeves（罗瑟·里弗斯）在继承霍普金斯科学广告理论的基础上，以达彼思公司的广告实践为经验来源，提出了独特的销售主张（Unique Selling Proposition）理论，简称 USP 理论，并在1961年出版的 *Reality in Advertising*（《广告的现实》）一书中进行了系统的阐释。这被认为是广告史上最早提出的一个影响深远的广告创意理论。里弗斯认识到，在高度竞争和过度传播的环境下，广告不仅要能够传递信息，还要能够引起消费者的认同。他认为，广告内容必须包含一个向消费者提出的销售主张，这一主张需要具有3个要点：首先主张需要提出一项利益，强调商品或劳务具有的特性及其能够为消费者提供的特殊利益；其次，主张提出的利益需要独特，要与竞争对手区分开来，且是同类产品无法复制的；最后，这一主张需要强而有力、集中在一点上，从而强烈吸引消费者的注意。

USP理论在广告界得到了广泛的应用和实践。里弗斯为玛氏糖果公司（Mars）的巧克力豆品牌创作的广告词"只溶在口，不溶在手"（melt in your mouth，not in your hand）就是该理论运用在广告实践中的一个例子。它成功地把 M&M 巧克力豆外包糖衣，不会像当时的其他巧克力一样容易融化、沾染的特点突出出来，为受众提供了产品独一无二的优势，成为广告史上的经典之作。在中国，也有许多应用USP理论进行广告营销的成功案例。例如1995年拜耳（中国）有限公司推出的"白加黑"感冒药，在与康泰克、丽珠、"三九"等众多同类型产品的竞争中，凭借"白天服白片，不瞌睡；晚上服黑片，睡得香"的广告语，将本产品与其他同类型产品相比白天和晚上服用的药片不同的独特性强调出来，清晰地传递给受众产品独特的概念和符合受众生活习惯与需求的利益点。凭借这一营销创意，"白加黑"感冒药上市仅180天销售额就突破1.6亿元，成功获得了行业第二的品牌地位。

而随着环境与时代的变化，USP理论也随之发生了发展与变化。初期的USP理论往往只注重产品本身，以产品为中心进行传播，而忽视了传播对象的特征。到20世纪70年代，USP理论转移视野，从强调产品能够满足需求的实际利益逐渐走向满足消费者心理与精神的需要和满足。而在90年代以后，USP理论的思考重心获得了进一步的上升，强调对品牌特质与精髓的挖掘才是广告创意的来源。在今天，USP理论仍然并不过时，并且在几十年的广告实践中不断地丰富、发展和完善，具有了更强的针对性，也能够适应新的环境和新的需求，具有强大的生命力。

2. ROI（relevance originality impact）理论 ROI理论是美国广告艺术派的代表性理论，同时也是一种实用的广告创意指南。20世纪60年代，广告大师 William Bernbach（威廉·伯恩巴克）根据自身创作的累积，以及他创办的 DDB（恒类）广告公司的实践经验，总结出了ROI理论。伯恩巴克是广告"唯情派"的领军人物，也是广告艺术派的大师，他认为广告是说服的艺术，并且怎么说的重要性要高于说什么。他推崇直觉和创造力，强调广告对受众心灵产生冲击以及与受众进行情感上的交流，希望广告能够带给受众共鸣和认同。

ROI理论的基本主张是认为优秀的广告必须具备3个基本特征：关联性（relevance）、原创性（originality）和震撼力（impact）。关联性，就是指广告创意必须与所推销的商品或劳务、与消费者甚至与市场密切相关。原创性，即广告创意应打破常规、与众不同、标新立异，令人耳目一新，而不能是过往创意的模仿与重复。而震撼力就是指广告需要在短时间内引起受众的

注意，并在受众心灵深处产生震动的效力，这一指标要求广告能够结合感性和理性。广告往往是通过感性诉求来体现的，希望能引起受众的情感共鸣，从而刺激受众产生认同和购买欲望。关联性、原创性和震撼性在逻辑上存在着先后关系，在作用上也各有不同。它们互相独立又彼此联系，同时也不能互相取代。广告如果与营销内容没有关联性，就失去了意义和目的；如果广告内容不是原创的，就缺乏活力和激情；而如果广告无法震撼受众，也就无法给对方留下深刻的印象。

应用 ROI 理论的一个案例是 2000 年 9 月下旬的"清嘴含片"广告。广告片中，高圆圆饰演的清新女孩有这样一段对话："想知道清（亲）嘴的味道吗？你想到哪去了！我说的是，清嘴含片！"广告新奇、有趣、令人浮想联翩，播出后得到了迅速的传播，并为产品带来了极高的知名度。从广告效果上说，这毫无疑问是一次成功的营销。但是，这则广告播出后受到了社会各界的批评，大家主要认为这则广告误导了青少年，做了不好的示范。2000 年 11 月，中央电视台停播了这则广告。时至今日，围绕这则广告的争议仍然没有定论，但应当认识到的是，以奇制胜、风趣幽默的广告虽然能够创造良好的传播效果，但是也具有一定的风险，应当注意要使受众和产品匹配，符合受众的文化心理，契合所处的时代潮流。

3. 品牌形象（brand image）理论 David Ogilvy（大卫·奥格威）在 20 世纪 60 年代中期提出了品牌形象理论。这一理论几乎可以被看作是传统广告创意时代的终结，同时也是现代广告时代的开端。其视角不再是产品或者受众，而上升到了品牌层次。奥格威认为，品牌形象不是产品固有的，也不是单一产品能够构建的，而是受众在了解产品的质量、价格、特点、历史、文化等内容后，构建起来的对品牌的认知体系，每一则广告都会成为对品牌形象进行构建的长期投资。同时，经过媒体的传播和推广，每一个品牌都能够在受众心中投射一个形象，受众的购买行为与认同态度都会受到品牌形象的影响与引导。受众购买的不仅是产品，还购买品牌所承诺的物质和心理利益。

品牌形象理论主要由 4 个要点组成：首先，广告最重要的目的是塑造品牌。无论宣传什么产品，广告都要力图使品牌具有，并维持一个鲜明的、高知名度的、有个性的品牌形象。其次，每一则广告都是对品牌的长期投资。有时需要从长远的角度看待广告，宁可牺牲短期效益的诉求，也要维护好品牌的形象，让品牌内涵成长，变得丰满。其次，相比突出产品或服务的具体功能与特点，品牌形象的塑造更为重要。特别是在商品同质化日益突出的今天，产品之间的同质性增大、差异点减少，受众在对挑选商品时运用感性更多，理性更少，因此品牌形象往往能够起到更大的作用。最后，广告应当在心理上满足受众的需要。受众对品牌宣传的产品或劳务进行购买时，追求的是实质利益 + 心理利益，可以通过广告宣传建立的品牌形象来满足消费者的心理利益。广告能够围绕品牌构建出一系列联想与符号，使品牌形象满足目标受众的渴望和追求。

在品牌形象理论指导下，出现了一系列品牌形象鲜明突出、广告宣传十分成功的营销案例。一个经典案例是美国万宝路（Marlboro）香烟品牌的发展史。万宝路在初创期的市场定位是女士香烟，曾打出过"像五月天气一样温和"的广告语。但是，万宝路香烟的销量始终平平，即使在二战后美国吸烟人数持续增加的环境中也是如此。1954 年，营销策划人 Leo Burnett（李奥·贝纳）接到万宝路公司的委托，重新为万宝路香烟设计了品牌形象。他非常大胆地突破既往印象，将万宝路香烟的定位改变为男士香烟，将淡烟变为重口味香烟，并且以粗犷、豪迈、别具英雄气概的美国西部牛仔作为品牌形象。这样的品牌形象强烈地满足了男性香烟消费者的情感需求和心理愿望，从而达到了很好的营销效果。到 1955 年，万宝路香烟销量提高了 3 倍，在美国香烟品牌中销量一跃而上达到第 10 名；1968 年其市场占有率达到全美同行业第二。

一些理论也以品牌形象理论为出发点进行了创新和发展，例如在美国和日本等国家出现的企业识别（corporate identity）理论，简称 CI 理论。这一理论认为，企业应该树立一套高度统一的、十分独特的、可方便识别的企业识别系统。这套系统应当包括从企业的经营管理理念与思路到企业文化建设，从企业员工形象到企业组织的对外传播活动，例如公关和广告活动等内容，并对这些内容进行系统性的整合与规划。CI 理论承接延续了品牌形象理论，重视广告延续和积累起来的影响与效果；但是，它将着眼点转移到企业和公司而不是单一品牌的整体形象上，从而发展了品牌形象理论的内容。

4．定位（positioning）理论　定位理论由美国营销专家 Al Ries（艾·里斯）和 Jack Trout（杰克·特劳特）在 20 世纪 70 年代提出。这一理论首先出现在美国 *Advertising Age*（《广告时代》）杂志上；到 80 年代初，这两位营销专家在 *Positioning*：*The Battle for Your Mind*（《广告攻心战略——品牌定位》）一书中对广告定位理论进行了系统的阐释。该书认为，定位的含义是广泛的，但其核心是对潜在客户的心所下的工夫，目的是在潜在客户心中获得有利的位置。而在 15 年后的 *New Positioning*（《新定位》）一书中，特劳特又进一步发展了定位的概念，认为应将视角转向广告受众和消费者，对消费者进行深入的挖掘，确立基于消费者的定位方法；定位要能够跟随市场的变化和要求而调整；定位中感觉创意至关重要等。

定位理论被认为是 USP 理论和品牌形象理论之后最具有开创先河意义的广告创意理论。该理论认为，广告的目标是使某一品牌、公司或产品在消费者心目中获得一个据点、一个有利的位置或一席之地。这一理论同样强调广告的目标是单一而精确的，但和 USP 理论不同，定位理论强调从受众端入手，在受众的心中寻找并确立一个位置。在确立这个位置时，需要借助广告的力量，将某些特定的、唯一的表述强调出来，使这一位置不易遗忘且不会混淆，例如"第一说法""第一事件""第一位置"等。而在建立了这种定位之后，受众只要产生类似需求，就会第一时间想到这一品牌，这确保其不被其他竞争对手所取代。

定位理论的一个典型案例是养生堂与农夫山泉"水战"事件。2000 年上半年，养生堂在中央电视台播放水仙花生命成长比较实验的广告，并于同年 4 月 24 日举办了新闻发布会，表示纯净水无益于人体健康，养生堂会全力进行天然水的生产销售。这则广告展示了在天然水中的水仙花生长速度远快于纯净水中的水仙花的现象，从而赋予了天然水"富含天然矿物质，更健康"的定位。广告最后打出"养生堂宣布：停止生产纯净水！全部生产天然水！"的口号。这俨然是养生堂与纯净水市场的决裂，此行为受到了国内纯净水企业的多方攻讦。但最终，这次"水战"以农夫山泉被指定为奥委会合作伙伴而结束。随着农夫山泉的大获全胜，天然水的概念也逐渐被国内市场所接受。回顾这一案例，一方面，我们应当承认养生堂的争议广告引起了水健康知识的关注与讨论；另一方面，农夫山泉破釜沉舟地选择销售天然水，也成功地在和娃哈哈与乐百氏的市场竞争中打开局面，取得了市场上独一无二的战略定位。

无论哪一种广告创意理论，都是基于当时的时代背景和产业要求，对不同的市场要求和产品竞争的回应。不同的广告创意理论之间，也存在互相借鉴、承袭和发展丰富的关系。即使是现在，这些广告创意理论也仍然不过时，在国内外的广告营销中还起着重要作用。而 20 世纪 90 年代的整合营销传播理论也从这些理论中获得一定的发展基础，进而将广告表现战略与广告媒体策略有机结合，将广告营销的策略上升到更高层次。

（二）广告诉求理论

诉求是指促使人们从认知到实际行动的心理活动的外界因素。使受众对传播的信息态度动摇、让步并接受，这需要一种心理动力，它通过信息内容的设计传达出来，就是诉求。而广告诉求就是广告在宣传商品或劳务的过程中，所要强调的内容，也就是大众常说的"卖点"。广告诉求往往是广告成败的关键所在，它能够直接或间接地刺激广告受众，使广告受众产生对广告宣传内容的某种认同，对其宣传商品或劳务产生动机或欲望。

表达广告诉求的方法非常多，落点与角度也各不相同，但总体而言可以被分为两类，即理性诉求和感性诉求。理性诉求依托目标受众的理性思考，以为受众提供信息为重点，强调产品或服务本身具有的特性、使用方法和特点、能给受众带来的实质和心理利益等信息；而感性诉求则以影响受众态度和使消费者感情转变为重点，在广告内容中强调感情、意识，进行心理暗示等，依托目标受众的感性思维，力求以情动人。

一般而言，理性诉求对消费者的说服是理性的、有逻辑的，同时也具有一定的强制性，引导受众通过理性的思考，在分析、比较之后做出选择、改变观点等。理性诉求策略的合理应用能够很好地劝说受众；但如果使用不当，也可能变成对受众的一种说教，引起受众的反感与抵触。而感性诉求在传递产品信息时使用的手法更委婉含蓄，在无形中将产品的形象注入受众意识之中，潜移默化地引导受众发生态度的转变。感性诉求的使用往往能够增加广告品牌的附加价值，并且引发高于广告宣传活动本身的情感共鸣与社会影响；但是在使用时，也要慎重地设计广告信息，警惕过度煽情引起受众反感，或使广告脱离其原本的营销目的。在实践中，情理结合的诉求策略也十分受欢迎，理性传达信息与感性引发共鸣互相结合，往往能产生更优的效果。在选择广告诉求策略时，应当注意兼顾正确的诉求对象和正确的诉求重点，根据广告营销的实际需要进行广告信息的设计。

三、广告表现策略与手法

在确定广告诉求方向后，就进入广告信息的具体设计层面。在现代信息传播条件下，广告说服具有很高的技巧性和艺术性，需要依据一定的表现策略和手法来展开。

（一）广告表现策略

在既往的广告实践中，已有一些卓有成效的广告表现策略被总结和整理出来。广告表现策略，又称广告诉求策略，指的是表现广告内容或诉求时所采取的技巧和方法。它决定了广告信息能否有效地传达给受众、影响受众对产品或劳务的印象和态度，以及促使受众采取实际的购买行为。

广告表现策略有以下 3 种类型：

1. 说服性广告　说服性广告是以说服为目标的广告。这种广告往往配合在产品生命周期进入成长期或成熟期阶段时实施。在这一阶段，产品与同类型竞争对手之间的竞争日益激烈，因此需要强有力的说服力量来强调该产品的独到之处以及能提供给受众的独特利益，从而促使受众形成对本产品或品牌的特殊偏爱。在上文中提及的"白加黑"感冒广告就是应用这一广告诉求策略的例子。另外，宝洁公司的"舒肤佳"香皂品牌打入中国市场的营销过程也值得关注。在1992年3月"舒肤佳"进入中国市场前，早在1986年就进入中国市场的"力士"品牌已经具有了较大的市场占有率。面对激烈的市场竞争，一开始处于劣势的"舒肤佳"打出了"除菌"的概念，而这一概念在之前的香皂品牌广告推广中还没有出现过。在确定了这一核心卖点之后，"舒肤佳"通过广告开始了其长达十几年的健康教育，指出只有使用本品牌的香皂才能够把看不见的细菌洗掉，从而真正地把手洗干净，保持手部清洁和健康。"舒肤佳"推出的一系列广告片，通过营造踢球、挤车、扛煤气罐等场景，告诉大众我们在生活中会感染许多细菌，用放大镜看到的细菌数量令人吃惊，而通过"舒肤佳"香皂内含的"抗菌成分"能够大幅减少手上细菌。这样，"舒肤佳"就成功地说明了产品核心卖点，有力说服了广告受众，有效提升了销量。至2001年，"舒肤佳"的市场占有率达到41.95%，比位居第二的"力士"高出14%，其中成功的说服性广告功不可没。

2. 机械性广告　机械性广告是指大规模灌输或立体态势的广告轰炸。这类型的广告，不是在说服，而是直接冲击受众的观念，通过重复口号和不断叠加有震撼力的画面，产生无意识的强迫观念。即使在表面的感知中，广告受众并没有接受广告信息，机械性广告也往往能够让他们无意识地留下印象。

在实践中，机械性广告需要以强有力的符号明确标识产品和品牌的身份，让人们容易识别，同时刺激购买；同时，这些由符号、口号组合起来的广告程式需要一定频率和时长的重复，以激活和维持在推销和消费之间的一种无意识的自动联系。当消费者面对一个完全开放的市场，进行直接而自由的、无约束的商品购买时，这种无意识的心理反应就可能被激活，从而促成购买。

机械性广告的一个案例是保健品"脑白金"广告。以褪黑素为主要原料的"脑白金"1998年在江苏上市。通过市场细分，品牌选择了"送礼"为营销卖点，然后开始了机械性的广告轰炸。"今年过节不收礼，收礼就收脑白金"的广告歌和跳舞的大爷、大妈通过电视屏幕向全国观众不断播放，有时甚至在一个广告时段内重复多次播放，从而造成洗脑效果。以准确简洁得近乎粗暴但精准到位的广告诉求，以及直接粗暴的广告机械性投放，"脑白金"在上市后的多年内都能保持每年10个亿的销售额，2006年甚至达到15亿的历史最高额，不得不说是保健品市场上的一次极其成功的营销。但是，"脑白金"广告也引起了不小的争议。机械性广告的狂轰滥炸毫无疑问会引起一部分受众的抵触和厌烦，同时，"脑白金"广告也饱受内容和形式庸俗、粗浅的诟病。但是不能否认的是，受众虽然可能对"脑白金"产生了不好的印象，但同时也必然对"脑白金"有了更加深刻的印象。

3．暗示性广告　暗示性广告是指广告通过间接、含蓄的方式向受众传递某种思想、观念、意见、情感等信息，来进行商品或劳务以及品牌的美化，使受众在无意识和无抵抗的情况下受到广告信息的暗示，从而被广告影响，发生态度或行为的转变。这类广告往往选择回避直接粗暴的信息灌输和购买说服，规避受众产生逆反心理，增强他们对广告的信任度和接受度。上文中提到的"万宝路"香烟广告，就是暗示性广告的一个代表。它通过展示粗犷豪迈、具有男人气概的美国西部牛仔吸"万宝路"牌香烟的场景，暗示受众选择"万宝路"香烟，就能够拥有与广告中人物形象一样的气概和魅力。

（二）广告表现手法

在进行广告创意时，往往需要通过一定的表现手法来加强广告效果，增强广告的冲击力和感染力，让广告创意得以实现。在应用广告表现手法时，应因时制宜、因地制宜，根据具体需要灵活运用，勇于创新。下面分类介绍几种广告创作中常用的表现手法：

1．修辞手法

（1）夸张：夸张法是指借助想象，对广告作品中的某些特性或主题进行合理的夸张，以强化某些信息，加深在受众对这些信息认知。在实践中，夸张法又分为艺术夸张和事实夸张两种，前者是在表现方式上的夸张与渲染；后者是对既有的事实信息进行一定程度的适当夸大，以获得更好的营销效果。夸张法在许多类型的广告中都得到广泛应用。例如，在禁烟平面广告中经常采用夸张手法，表现吸烟者的身体在燃烧，但实际上吸烟对人体的危害不会有燃烧这么直接和明显。受众观看这类广告时，能够更加直观地接收到关键信息，并且受到更大的冲击和感染，从而使得广告信息得到深化。

（2）引用：引用是指通过正面的或反面的、正确的和错误的各种事实，来突出广告所宣传的商品或劳务的优点，例如可以引用权威机关和权威人士的评价和鉴定、各种获奖证书、消费者来信等。在进行引用时，需要注意挑选准确、恰当的引证，不能断章取义，也不能过于牵强；同时，要注意引证精当，以小见大，加强广告的感染力和说服力。

（3）幽默：幽默手法常常被运用在广告中，并且已经成为业界和学界都十分感兴趣的广告应用领域。幽默广告往往运用理性倒错、寓庄于谐的表现手法，营造愉快的氛围，引起受众

的兴趣,从而诱导受众在这样的心态中放下戒备。这样他们更容易认知和认同广告所要传达的信息,并且有利于提升好感。在现在广告日益增多、无孔不入的环境下,幽默广告能有效规避受众对广告的厌倦和反感,具有较为广阔的应用前景。

但是,在应用幽默手法时,也应当注意尺度。同一则幽默广告,可能令一部分人乐不可支,而另一部分人则会觉得是低级趣味,并反感。因此,在设计幽默广告时,需要针对目标受众制定幽默策略,把握合理的度,令广告符合目标受众的文化背景与观念。

2. 色彩 色彩也是广告表现的一个重要因素。广告色彩的选择不是随心所欲的,因为色彩也能向受众传递某种信息,与受众的生理和心理反应密切相关。色彩还具有一定的象征意义,不同商品展示出的独特色彩能够成为受众识别的对象、成为商品与品牌形象的一部分,在长期的宣传中令受众感到熟悉和亲切,并产生诱导作用。现在,许多广告从业者、学者和广告主都意识到了色彩在广告宣传活动中的独特作用和重要地位。许多大公司和大企业都会精心选择自身企业与品牌的代表色,并且贯彻在广告宣传之中。

通常,红色能提供强有力的视觉冲击,让人觉得活跃、热烈,往往与好运、喜庆等内容相关;但同时,红色也可能让人联想到血液和火炮,从而产生危险和血腥的联想。黄色能让人感到明快和纯洁,也能让人联想到蛋黄、奶油等诱人的食物。绿色会让人联想到生命、和平与自然。蓝色是沉静和理智的颜色,易给人清澈、洁净的感受。紫色则显得雍容、高贵,是浪漫而神秘的颜色。除了色相,色彩的饱和度、明度等要素也会影响受众的感受。饱和度较高、明度较高的颜色,易给人昂扬向上、轻松明快、饱满热烈的感受;而饱和度较低、明度较低的颜色则易给人沉闷、压抑、消极的感受。毫无疑问,色彩是广告非常重要的一种表达,我们需要重视广告色彩的选择和设计,让色彩为广告"增光添彩"。

3. 信息组织手法

(1) 一面提示与两面提示:一面提示就是只向受众介绍那些有利于论述传播者所主张的观点的论据和事实的方法。两面提示是指传播者在传播过程中,不仅提出于己有利的论据和事实,也会提及对己不利的论据和事实作为补充,有时也会通过驳斥后者的弱点和缺陷,从而证明前者仍旧具有说服效力。具体应用在广告中时,一面提示的呈现方式往往是只在广告中介绍目标推销产品的优势;两面提示则是同时介绍其优点与不足,或是提出外界对本产品的批评并对其加以解释和说明,由受众自行判断。一般说来,一面提示的方法适用于劝说文化水平相对较低的受众,而两面提示的方法在文化程度较高的受众中更具市场。

(2) 正向劝说与反向劝说:正向劝说的方法是对受众进行鼓励,从而引导受众选择、购买和使用某一种特定商品,强调受众使用该商品的好处和利益;而反向劝说的方法则更多表现为一种警告,例如告诉受众如果不购买或使用某一商品可能会遭受的不便与不快。

(3) 先后法和详略法:先后法是指合理地安排信息表达和观点论述的先后顺序,精巧地设计广告作品的结构样式。通常将广告要传达的主要观点与重要信息直接在广告开头处提出,在结尾部分再一次进行强调和重述,中间段落则是对细节的阐释。详略法则是指对广告信息进行有机的处理,有利于突出主题、促进广告达成目标的信息进行详述,而次要的、辅助性的信息简略叙述等。

(三) 广告演员的角色选择

广告表现中的很多信息都是通过广告演员来传递给受众的。从传播学角度看,广告演员担任了传播者的角色,在广告信息的传播中具有重要地位。因此,需要依据广告的需要与社会文化背景,合理选择广告演员,并令其担任广告中的适当角色。

1. 广告演员的选择对象 在广告实践中,广告主与广告设计者往往需要运用一些广告角色来传递信息,对广告产品进行展示、陈述、演示,并对其表态。这类角色就被称为广告演员。当广告演员以其本人的身份和信誉来进行广告推广时，就成为广告代言人。一般而言，广告代言人有3个基本类型：

（1）专家：专家指的是具有相关的专业知识，在专业领域里权威性较强的人，例如医疗专家、科学院院士、作家等。

（2）典型消费者：典型消费者即广告所宣传的商品或劳务的典型目标受众，而在广告展示中，这类代言人往往体现出较强的亲和力，拉近与目标受众的距离。

（3）明星：明星是指在某些领域和行业卓有成就的出名人物，特别是文艺界、体育界的著名演员、运动员等，如电影明星、体育明星、歌星、青少年偶像等。

除了上述的三种类型以外，广告创意实践中还流行一种3B原则，即选用美女（Beauty）、婴儿（Baby）和动物（Beast）。这三类对象能够天然地吸引受众的兴趣，产生附加值，获得其他广告表现手法与广告角色不易获得的广告效果。这三种角色与上文中的三种代言人可能重合，从而进一步加强广告演员的说服力、感染力和传播效力。

2．名人广告的功效和作用 名人在广告中的应用尤其广泛。由于名人能够放大广告的效应，并可能来自社会各界，名人广告会受到社会各界的关注。

利用名人进行广告宣传，首先能够增加商品注意率和知晓度。名人本身就具有一定的社会知名度，受众对他们比较熟悉、亲切，因此名人能迅速拉近广告与受众之间的距离，引起受众对广告推销内容及信息的关注，有时这能够起到迅速打开市场的功效。其次，名人广告能够引发从众效应。名人在特定的范围和领域中拥有大批拥护者甚至崇拜者，能够产生很强的号召力和吸引力。对于名人有崇拜心理的受众很有可能想要效仿名人的消费行为和生活方式，从而产生对名人使用的商品进行购买的欲望。许多影星、歌星、体育明星都拥有大批拥趸，广告可以诱导他们复制名人的消费行为。另外，名人广告能够增大产品的附加值。广告演员的形象与广告推销的商品的形象是互相融合的，而名人本身的魅力也可能为广告商品所利用，从而丰富商品与品牌的形象，使品牌身价增加。广告代言人的身份、地位、个性和魅力，会被转移到品牌和企业之上，从而增添品牌附加的文化内涵和吸引力。

3．选用广告演员的策略 广告演员在广告推广中起到重要作用，因此在选用广告演员时，也要注意一定的技巧。

首先，选择广告演员要放宽视野。只要与企业和产品相契合，在法律允许的前提下，具有一定公众影响力并且经过历史检验的知名人士，都可以成为广告演员。不应当过度迷信单一专业领域的专家，也要摒弃"娱乐圈外无名人"的偏见。

其次，选择广告演员要把握好时机，尤其是选择名人进行广告代言时更是如此。广告利用名人进行推广时，主要是利用其名气带来的效应和附加值；而本身名人的名气也有一个开发、成长、鼎盛和衰退的生命周期。在选择名人时，要注意规避名人名气不足或下滑的时期，也要注意名人名气存在因突发意外而骤然滑落的风险，还要兼顾选择名人代言的性价比。这需要广告主和广告从业者对整个市场环境和名人本身都具有较为透彻的分析与判断。

再次，要注意广告演员的选择与产品品牌之间的相关性。每一个名人都有自身的特质，例如形象、性格、气质、风度、价值观念、专业技能、个人经历等，这些特质应当与其代言的广告产品与品牌形成一定的关联。例如，名人的特质应与产品功能相关，代言人如果具有与产品相关的专业知识或对此较为熟悉，其代言的可信度和说服力就较高。演员李雪健为"地奥银黄含片"做广告的广告语为"（嗓子不好）没有声音，再好的戏也出不来"。这在产品的功效和代言人的职业之间进行了很好的关联，广告效果就很不错。而"广西金嗓子喉宝"斥巨资请国际足球明星罗纳尔多做广告，就显得有些牵强和盲目，最终使得名人的名气难以顺利转化为公众对产品的好感和信任。名人与产品或品牌之间的个性与气质也应互相契合，主打时尚、年轻、潮流的品牌应当选取在年轻人中更有号召力的广告代言人，主打温柔、贴心、家居的品牌

则可以考虑主妇、女性等更具亲和力的广告代言人。

最后，广告代言人的选择还要与目标市场相匹配，要时刻注意市场动向，应对变化的市场形势与需求。随着社会多元化进程的加速和商品竞争的日益白热化，消费者的观念和行为呈现出复杂的区域差别、群体差别和阶层差别，商品的推广与营销也越发注重精准与细分。因此，广告代言人的选择也需要与目标市场保持一致，防止错位。

需要特别注意的是，运用名人进行广告代言不是无边界的，名人的名气只能提升传播力，但不能用来掩盖产品本身存在的问题。这一问题，在各种保健品广告和医疗广告中尤其凸显，在当前的广告实践中十分严重。2006年，某著名相声演员代言减肥保健品"藏秘排油"，后者在2007年"3·15"晚会被曝光进行虚构研制单位等虚假宣传。2009年11月，央视曝光某相声演员代言的虚假广告，例如"澳鲨宝"修改了原批准使用的免疫调节、延缓衰老功能的说法，谎称能彻底、根本解决肾功能障碍等。2009年12月24日、2010年3月26日，中国商业联合会媒体购物专业委员会接连点名著名央视主持人赵忠祥，曝光其代言违法广告"甲乙抗栓"（麝香心脑通胶囊）和"壮骨拔毒贴"。

有时，不仅医药保健广告本身涉嫌虚假宣传，连"名人"都可能是假的。2017年，一个号称"中医药专家刘洪滨"的人被发现在全国各大电视节目中频频出现，为不同的医药广告代言。据统计，"刘洪滨"以权威身份保证能解决的疾病和症状包括咳嗽、糖尿病、痛风、心脑血管疾病、失眠等，他还可以活骨、祛斑；他还称先后"出任"过中华中医学会镇咳副会长、东方咳嗽研究院副院长、中华中医医学会风湿分会委员、某医院退休老院长等角色。这一事件引起舆论关注后，国家中医药管理局出面表示此人不具有中医医师资格，未在中医医疗机构任职，也并不是其在广告宣传中所说的"苗医传人"。"刘洪滨"的相关行为违反了《中华人民共和国广告法》、国家新闻出版广电总局发布的《关于进一步加强医疗养生类节目和医药广告播出管理的通知》等有关要求，造成了不良的社会影响，也降低了相关医药广告主的社会公信力。

类似案例表明，名人代言广告不能滥用。在运用各种手法提升广告的表现力和说服力时，不能歪曲事实、提供虚假信息，尤其是在医药保健等与公共利益息息相关的领域。对于虚假医药广告，为之代言和造势的名人应当承担起相应的责任；而医药保健公司也应当摒弃一味利用名人效应打响声势的惯性思维，打造真正可靠有诚信的品牌形象，从而在更长远的市场竞争中立足。

思考题

1. 简述广告学与健康传播的联系。
2. 简述如何运用广告创意诉求理论进行健康传播。
3. 举例说明广告的手法在健康传播中的应用。

（贡雨婕　祝　帅）

参考文献

[1] 周茂军. 世界广告历史分期刍议. 武汉大学学报（哲学社会科学版），2005，(01)：134-138.

[2] 周果. 公益广告的重量. 新闻前哨，2012，5（09）：108-111.

[3] 菲利普·科特勒，洪瑞云，梁绍明，等. 市场营销管理，亚洲版. 北京：中国人民大学出

版社，1997：9.

[4] 大卫·奥格威，著. 广告大师奥格威——未公诸于世的选集. 庄淑芬，译. 北京：机械工业出版社，2003.

[5] 汤·狄龙，著. 怎样创作广告. 刘毅志，译. 北京：中国友谊出版公司，1991.

[6] 简东方. "清嘴"让谁受不了. 证券时报，2012，4（21）：1.

[7] 阎俊. 论全球品牌及其营销策略. 北京工商大学学报（社会科学版），2002（06）：42-46，63.

[8] 艾·里斯，杰·特劳特，著. 广告攻心战略——品牌定位. 刘毅志，译. 北京：中国友谊出版公司，1991.

[9] 信海光. 名人做广告：不吃一堑，难长一智. 中国报道，2009，10（12）：21.

[10] 王晶. 中国历年广告事件研究. 厦门：厦门大学出版社，2013.

[11] 白洪梅. "刘洪滨"事件揭示的法律问题. 天津日报，2017，（011）：1.

第十一章 风险沟通

本章以健康传播中的风险沟通为主要讨论对象，以风险沟通的概念演变开始，着重介绍了突发公共卫生事件和医患沟通中的风险沟通实践，详细说明了舆情监测、媒体回应的具体步骤与方法。

第一节 风险沟通概述

一、风险沟通的概念

风险沟通（risk communication）这一概念诞生于20世纪70、80年代美国社会。面对卫生、环境、科技等领域频发的公共危机，1979年，美国成立科技评估和风险分析专门组，这一机构于80年代初推出了风险研究领域第一本标准教材。1981年美国成立风险分析学会（SRA），这一学会现在多国建立了分支机构。1985年，英国社会学家Beck（贝克）的著作 *Risk Society: Towards a New Modernity*（《风险社会——通往另一个现代的路上》）出版，"风险"这一概念开始在西方学界引起关注。1986年全美首届风险沟通全国研讨会在华盛顿举行，从这一年开始，有关风险沟通的研究数量激增，风险沟通成为了一个引人注目的焦点。

从概念演进过程来看，早期学者对于风险沟通的概念界定侧重于组织与公众之间的信息沟通视角，强调公众对于风险的认知过程。如学者Plough和Krimsky在1987年提出，风险沟通即"任何形式的公共及私人的传播，用以告知个人风险的存在、性质、形成、严峻程度及可承受性。"1989年，美国风险认知与沟通委员会等机构将风险传播定义为"一种由个人、团体及机构共同参与的交换信息和观点的互动过程，所交换的信息不光包含与风险有关的信息，还包括各方对于风险的反应与认知，以及官方对于风险的政策与措施。"

在近年来学者所给出的定义中，公众在风险沟通中的作用开始受到重视。其表现在于公众直接参与风险沟通各个环节中的信息交流过程，对组织决策过程所产生的影响有所增强。2006年，通过检视既有关于风险沟通研究，学者McComas提出风险沟通即"个人、组织和机构之间与风险评价、风险描述和风险管理相关的信息交流活动"，而Boholm将风险沟通定义为"将风险信息告知公众、协助决策制定和冲突解决的沟通行为"，将公众话语纳入风险沟通整个过程的做法更注重整个风险沟通过程中的科学性、多元性，避免了风险沟通的封闭性。

从发展历程来看，风险沟通经历了从以"组织-专家"为中心到以公众为中心的转变。最早的风险沟通概念强调向公众进行风险教育和对公众解释风险，后通过实践，风险沟通转而强调与公众实现平等沟通。这一转变的背后经历了从风险的"技术模式"（强调专家为中心）向风险的"文化模式"（强调公众、专家、政府之间的合作）认识的转变。其原因在于风险沟通概念诞生之初，强调专家决策的学界认为只要对社会各个系统进行科学设计，风险便会被规

避,而无需告知公众可能出现的风险。但随着现代性社会的弊端频频显露、各种公共安全事件的频繁发生,人们意识到人类社会作为一个巨系统,其不确定性及系统本身带有的各种缺陷使得人类社会风险发生的可能性大大增加,风险不再仅仅是传统意义上可预防、可控制的危机事件。人类自身活动也存在着潜在风险,为减少这类风险事件的发生以及促使人们正确认知风险,学者开始呼吁更加广泛的公众参与。

在学科归属上,风险沟通广泛存在于心理学、社会学、管理学学科之中。传播学在这一研究领域属于后起之秀,但是贝克认为,媒介在风险社会中扮演着重要作用。可以说,公众所感知到的风险和实际风险的差异与大众媒体的风险呈现方式之间存在着直接关联。

在实践内容上,风险沟通包括日常的风险教育和突发事件中的风险沟通,两者相辅相成。日常的风险沟通通过对公众进行风险教育来告知其可能出现的风险、正确看待风险的方式以及突发公共卫生事件中的应对方法。突发事件中的风险沟通在特定情境中指健康、卫生等话题与公众进行沟通和联络。

二、风险沟通的意义与作用

(一)风险沟通的意义

在健康传播中,长期、有效地进行风险沟通首先可以建立和维护卫生部门与公众、媒体的信任关系,提升公众信心、加强公众对医疗事件的风险认知,有助于他们了解关键的健康知识。其次,风险沟通可以减轻公众恐慌及焦虑,减少突发公共卫生事件对公众心理与生理带来的伤害。最后,风险沟通具有重要的社会功能,在突发公共卫生事件之后,可能会出现谣言散播等情况,有效的风险沟通能够避免正常社会秩序受到冲击。2008年年底卫生部办公厅发布的文件《卫生部办公厅关于做好2009年卫生新闻宣传工作的通知》,首次将风险沟通写入卫生部文件:"加强风险沟通和危机传播。要充分认识日常工作中的风险沟通和突发事件处理中的信息传播的重要性。"这足见风险沟通工作在我国的重要意义。

(二)风险沟通在医事工作中的作用

在我国,风险沟通还能够促进患者与医疗工作者之间的相互理解,有利于减少恶性医疗事件的发生、维护公共安全。医疗单位与广大民众联系紧密,是重要的民生基础设施之一,医疗单位整体形象的提升也有利于政府公信力提高,并能防止医疗恶性事件引发不必要的社会恐慌,避免人身及财产安全损失。近年来,各类医疗卫生安全事件不断冲击着医疗工作者及政府部门的公信力。加强医疗行业针对医事沟通的风险沟通能力,可以从基层开始树立医疗系统的形象,建设政府公信力。

三、风险沟通的基本原则

(一)双向沟通

风险沟通虽然在我国公共卫生领域被广泛认可,但从近年来突发公共卫生事件的应对来看,双向沟通观念仍未完全被医疗卫生行政部门与专业人员接受。卫生行政部门与权威专家应该转变固有的宣传观念,在风险沟通中减少无效的单向沟通,在了解公众热点和想法的基础上,以公众喜闻乐见的形式,为公众提供健康信息与健康知识。

虽然在医事风险沟通中,作为传播者的医疗工作者和作为传播对象的公众的地位不可能完全对等,但医疗单位与医疗工作者应主动了解公众的信息需求,提供公众最希望了解的信息,这才是双向沟通观念的体现。具体表现为在沟通中了解患者及公众的心理感受和基本态度;不过分保证,明确承认不确定性,避免公众误解;信息量适度,避免过载。

（二）重视风险教育

健康教育是使人们了解健康风险基本常识最经济、便捷、科学、有效的方法，健康知识的普及、健康行为的养成、健康素养的提高有助于医疗卫生机构更好地开展风险沟通工作，因此风险沟通的同时必须伴随健康教育。

风险沟通的一个重要内容是心理沟通，医疗卫生机构应该指导公众用何种心态来面对公共卫生危机，而不是任其在情绪驱使下盲目做出判断、盲目行动。

（三）主动发布

风险沟通往往要面临"信息飞沫化"的挑战：公众缺乏学术背景知识，并且信息来源渠道众多，媒体报道、自媒体信息、小道消息等杂音极易将官方声音被淹没。这就需要医疗卫生机构有统一的发声口径，主动设置媒体议程，发挥意见领袖作用。要在公众心理产生疲倦时通过及时发布重要信息引起公众注意，增加医疗卫生机构的曝光度与被信任程度。意见领袖若能担起辟谣的责任，那么扰乱视听的假风险、假新闻的生存空间便会大大缩小，真正值得关注的风险便会受到关注。

设置媒介议程的一个重要策略是发挥意见领袖的作用。意见领袖的一般选取依据为需在医疗、公共安全等行业具有一定工作经验，了解新闻传播的一般规律与知识，掌握一定风险沟通常识及技巧等。另外，意见领袖一般是在医疗领域有一定的话语权和对公众有一定公信力的人。安排意见领袖参加新闻发布会、媒体通气会等，主动与媒体沟通，可更多影响媒介议程，增加公众信任。

（四）累积信任

信任是一切沟通的基础。医疗卫生机构只有维护公众的信任关系，才能和公众平等对话。维护信任关系，就是要发布以"去行政化"表达的触及公众情感的真实信息。既然难以科学准确提供有关疾病的事实信息，那么触及公众情感的价值信息就应该成为医疗卫生机构信息发布的重点。信任资本的积累应落实在风险沟通能力的培养和建设上，首先应适度承诺，不回避责任。医疗卫生机构不应该回避抵御风险的责任，但也不能包揽所有责任，适度的"示弱"反而有利于获得公众的支持。其次，坦诚公开，告知不确定性。风险本身的不确定性与公众对确定性的寻求，是风险沟通的一组内在矛盾，明确告知并让公众接受风险不确定性，本身就是培育风险文化的一种重要方式。最后，重视倾听、尊重公众知情权和表达权。倾听并不意味着医疗卫生机构在风险沟通中就会处于被动支配地位，相反，这是尊重公众知情权和表达权的一种表现。倾听能塑造一种平等沟通的氛围，而非相互对峙；能够帮助医疗卫生机构掌握公众的需求和意图，据此为其提供适当的信息，避免在风险情境下造成信息过载的后果。

案例 11-1

四川芦山县地震的风险沟通

2013年4月20日，四川芦山县地震后，中国健康教育中心（以下简称"中心"）传播部根据大灾之后容易产生的疫情，迅速梳理出灾后防疫核心信息，进行完善和修订后，用于灾区应急传播。为使灾后防疫核心信息及时有效地传播至目标人群，除了利用大众媒体和微博外，中心主动与中国移动进行沟通和协商，利用其10086平台向雅安市芦山县本地和漫游客户推送上述灾后防疫核心信息，累计覆盖774.33万人。这些信息的内容涵盖了震后饮水安全、饮食卫生和环境卫生，震后如何防止发生传染病，地震造成的外伤的急救，防止次生灾害和灾区人员心理调适常识等内容。

第二节　突发公共卫生事件的风险沟通

一、突发公共事件的不同阶段与特征

突发公共事件发生后的风险沟通工作应该针对事件的不同阶段来进行。具体来看，突发公共事件一般包括预警期、应急期、持续期和消退期 4 个阶段。

（一）预警期

在突发公共事件的预警期，突发事件的征兆不断出现，但未造成损害或损害很小。医疗卫生机构应利用这一时期，分析突发公共事件的健康危害特征，做好风险沟通技术和传播材料的储备。在沟通原则上，应该把握 4 个原则：

1．全面沟通，彰显态度　医疗卫生机构和工作人员应在允许公开的前提下，对公众进行全面且详细的告知，让公众及时了解突发公共事件的健康危害。

2．深入解读　在告知信息时，医疗卫生机构应对突发公共事件发生原因、可能带来的健康影响等背景信息进行深入解读，以最大限度赢取公众的理解和支持。

3．争取领导重视，多部门合作　医疗卫生机构既要使政府领导认识到风险沟通的重要性，争取到上级领导的支持，同时也要得到其他部门的理解和配合，以为日后工作的开展提供便利。

4．积极开展舆情监测，分析各类公众关切与心理特征。

在沟通的过程中，要注意对信息进行生活化与形象化的表述。要注重将数字和医学术语转化为生活化语言，并综合运用漫画、视频等视觉化方式描述疫情的发生和传播过程。在信息发布中要坚持适度原则。要使公众既不会因为信息量过小失去对健康危害的警惕，也不会因信息太多而过度紧张。要通过专家发布信息。健康知识是与公众生活密切相关的内容，因此，将与公众生活有密切接触、具备专业知识的医学专家作为主要的信息来源，借助专家的口径发布信息，无疑将更容易获得公众的信任与支持。

（二）应急期

在应急期，事件的强度迅速上升到达顶峰，媒体、公众的关注度高，甚至会对正常的社会秩序产生一定影响。在本阶段，公众生命安全和身心健康一般会受到较大冲击，公众的心理状态也会因突发公共事件健康危害的变化而出现改变。在突发公共事件发生早期，相关单位要做到以下 4 点。

1．快速及时　由于突发公共事件健康危害的快速扩大，医疗卫生机构也应该及时向群众有针对性地宣传和普及救护知识、传染病预防知识、饮食和饮水卫生知识、消毒和杀虫方法等，加强最新的健康知识的正面报道，使公众树立战胜灾情和疫情的信心。

2．积极动员和争取群众支持　动员公众主动积极参与健康促进行动也是各部门针对政策的调整进行健康传播的目标之一。

3．积极正面回应公众关心的问题　对于政策的调整和公众的各类疑问，医疗卫生机构应该予以细致耐心的解答，也可以考虑通过大众媒体对公众普遍关心的问题进行正面回应。

4．以科学的证据和常识驳斥谣言　从对我国公众进行的信任调查中可以看出，总体上人们对于科学和科学家的信任度仍在高位，有力的科学证据永远是辟谣的第一选择。

（三）持续期

持续期有两个重要特点。一是突发公共事件健康危害的压力大，影响范围突破了特定区域和人群，舆论关注度高；二是主体的转变，由于事态的迅速扩散，单靠政府的力量难以满足公众防范突发公共事件健康危害的需求，主体由政府转向公众。在持续期，风险沟通的主要策略如下：

1. 要结合纵向与横向的传播网络 纵向网络是指以省、市等高级别医疗卫生机构为核心，以社区卫生服务中心为主体的社区健康传播网络；横向网络是指卫生、教育、农业等部门联合，由社区居委会动员的行政宣传网络。

2. 从领导到基层，从街道到社区，层层推进。

3. 综合运用大众及人际的传播方式。风险沟通不应仅仅依赖海报、宣传册、电视广播等大众传播手段，还可以充分结合健康讲座、社区意见领袖传播等人际传播的手段。

4. 多讲故事，贴近生活 故事是还原人及其生活的最好载体，也是吸引公众注意力的最好方式。

（四）消退期

消退期。消退期意味着突发公共事件已经得到基本控制，这一阶段的主要工作是对前期的风险沟通进行总结与评估，做好康复保健知识的宣传教育。在消退阶段，相关单位需要注意以下3点：

1. 关注特殊人群 虽然突发公共事件的影响处于消退阶段，但对于青少年与老年人等高危群体而言仍然具有高度威胁性。

2. 消除麻痹思想 与高危人群不同，普通公众在危机得以控制之时，难免会存在松懈、放松警惕的心理，不利于下一阶段的防控工作的展开。对此，风险沟通工作必须持续开展，唤起普通公众对突发公共事件的健康危害的重视。

3. 进行评估和反思 在突发公共事件发生过后，医疗卫生机构应该对此次风险沟通的效果进行评判、归纳和总结，为医疗卫生机构日后工作的开展奠定基础。从方法上看，舆情监测能力建设与风险沟通效果评价是一致的。在应急工作结束后，医疗机构也应积极利用舆情监测的手段评价应急风险沟通工作的传播效果，评价传播工作多大程度改变了公众的认知、态度、行为，以及多大程度上平复了社会焦虑。

案例 11-2

汶川地震后的风险沟通

2008年5月12日，四川汶川地区发生里氏8级特大地震灾害。地震波及四川、甘肃、陕西3省237县，灾区总面积约50万平方千米。灾区医疗机构建筑物与医务人员损失惨重，医疗服务能力严重受损，汶川地震灾区医学救援面临巨大挑战，急需风险沟通在卫生应急和疾病防疫方面发挥重要作用。

汶川地震发生后，原四川省卫生厅、中医药管理局、大众健康报社等单位抽调人员组成新闻宣传组，内部再设4个工作小组。其中，有2个工作小组承担了信息收集的任务：1个小组负责监测舆情动态，及时分析媒体对医疗救援、卫生防疫等内容的关注度；1个小组负责典型事迹的收集整理和深度挖掘。在信息沟通任务上，新闻宣传组确立了3个阶段的不同宣传重点：第一阶段，重点宣传地震伤员救治，兼顾卫生防疫；第二阶段，主要围绕生命接力赛，宣传卫生防疫的举措、成效，介绍灾后防病知识、重症伤员的救治；第三阶段，重点传播灾后恢复重建和对口支援，特别是医疗机构恢复正常工作秩序和过渡期板房医疗机构建设。在发布渠道上，专业人员也选择了诸如新闻发布会、官方网站、手机短信等多种渠道。事后，新闻宣传组还专门整理了医护人员和防疫人员在抗震救灾一线的影像资料，制作健康知识宣传、康复培训等内容的VCD光盘2 800余张，DVD光盘500张，完成了经验总结和对大众进行健康教育及风险沟通的任务。

二、日常准备与制度建设

日常准备与制度建设是突发公共卫生事件风险沟通的必要条件之一，它能够帮助医疗卫生机构在突发事件发生后在短时间内协调资源，有效启动风险沟通工作。

（一）组织管理与制度机制的建立

在日常工作中，医疗卫生机构应该明确自身的工作职责，一旦可能产生健康风险的突发公共卫生事件发生，可以在最短的时间内进入应急状态。医疗卫生机构一般通过以下6个环节，建立健全应急风险沟通的组织管理与制度机制。

1. 成立风险沟通领导小组　在常态情况下，医疗卫生机构应该成立风险沟通领导工作小组，该小组是突发公共事件卫生应急指挥中心（部）的一个重要组成部分，对接、配合上级医疗卫生行政部门组成的卫生应急处置指挥部。

2. 成立风险沟通咨询委员会　在成立风险沟通领导小组的基础上，成立风险沟通、危机传播管理、健康传播咨询专家库。风险沟通咨询专家的职责包括对风险沟通的内容、方式、对象等提出建议；参与制定和修订风险沟通计划和方案；指导风险沟通过程，并提出评估意见；组织编制风险沟通培训教材；对从事风险沟通的人员进行技术培训和考核。

3. 常设应急日常机构或部门　在突发公共卫生事件发生时，风险沟通机构或部门是一切信息的入口和出口。他们负责指导突发公共卫生事件的风险沟通预案准备和分析评估、建立和完善应急指挥系统、发布公告应急处置信息等。

4. 建立日常联络机制　建立与相关部门、媒体机构、企业等主体的沟通机制，确定联络方式，责任人及对接人员。具体而言，需要准备的通讯录包括媒体通讯录（电视台、报社、广播、网络等）、相关部门通讯录（如气象、公安、畜牧等部门）、部门内部通讯录（如卫生行政、疾控、健教、监督等部门和医院）、相关单位通讯录（如印刷单位、广告设计商等）。通讯录中所包括的基本信息为：单位/部门名称、联络人、电话、传真、电子邮件、主要职能。对于媒体单位而言，还需要掌握媒体的受众规模以及受众的人口统计学特征。无论是正式沟通还是非正式沟通，都要保证沟通的连续性和畅通性。

5. 建立风险沟通预案　在常态下，有关部门应该做好风险沟通预案，并针对不同类型事件，以及事件发生的不同阶段，制定突发公共卫生事件风险沟通的基本方案。

6. 建立风险评估体系　从评估内容上看，风险评估包括危害性分析、脆弱性分析和应对能力分析。危害性分析主要针对风险的大小及事件本身可能造成的直接危害。关注事件的直接影响。脆弱性分析是指面对突发事件时，群体、个人或组织难以对其进行预测、应对、阻止以及恢复的程度。应对能力是指组织应对突发公共卫生事件的能力。

（二）资源储备

1. 信息准备　在日常工作中，对监测到的信息应该做到及时整理和分析。目前，我国制定了法定传染病和突发公共卫生事件监测报告网络、症状监测网络、实验室监测网络、出入境口岸卫生检疫检测网络，并规定了全国统一举报电话。这些监测网络的设置为做好风险沟通奠定了良好的基础。信息准备包括以下工作内容：①收集背景资料，包括本地人口特征、地理环境、文化风俗等信息，同时，还要定制本地的疾病谱。②收集历史突发事件资料，包括易发的突发事件案例库、历史突发事件数据库以及既往风险沟通的成功与失败总结等资料。③收集突发事件实时信息，如正在发生的突发公共卫生事件可能引发哪些疫情或造成哪些潜在健康危害？和以往相比，本次事件的性质和规模有哪些不同？哪些有可能扩大化，构成危机？目前的处置情况以及效果如何？④监测媒体舆情信息，如已发生和正在发生的突发公共卫生事件，获

得了哪些媒体的关注？媒体的主要关注点有哪些？媒体报道有何倾向性？是否存在不实报道？媒体报道的数量和态度呈现出怎样的趋势？⑤调查掌握公众舆论信息，如存在哪些已发生和正在发生的突发公共卫生事件，是否引起了公众的关注？哪些人群更关注突发公共卫生事件？公众目前对事件的关注点是什么？对事件持有怎样的态度倾向？公众哪方面的信息需求未能得到满足？是否有谣言产生和传播？

2．风险沟通材料及工具包的开发与储备

（1）风险沟通材料的开发与管理：风险沟通材料的日常储备和积累至关重要。只有日常开发、储备的材料充分，分类管理科学规范，才能在突发应急状况时第一时间提供有效的信息与素材，为应急状态下的风险沟通工作赢得时间。风险沟通材料日常开发与储备应遵循以下原则：

1）主题内容开发要有规划性：风险沟通材料的储备是一个循序渐进的过程，要有计划性，要从常见的突发事件入手开发或汇总。在此基础上，围绕卫生应急素养信息树的主题分类，结合各地实时的应急需求，补充不足、逐步完善。

2）材料形式应趋于多样性：以往应急主题的传播材料多以平面材料为主，随着传播载体日渐丰富，传播材料的形式也要跟上媒体发展步伐，例如应有针对性地开发适合广播、手机等端口进行传播的音频、短信/彩信形式的传播材料，以及适合在新媒体上进行快速传播的短视频、互动内容等。

3）材料储备开发与征集并举：风险沟通材料的储备可采用自主开发与广泛征集相结合的方式，快速积累资源。其中广泛征集又可通过定向征集与社会征集两种形式展开。定向征集、社会征集两种渠道的方式不同、效果亦有区别，各有优势。

定向征集是向兄弟单位、直属单位、相关专业机构直接发出征集函，由这些专业机构汇总各自所拥有的相关资源。此类征集形式所收集上来的素材基本都是通过严谨的内容审核，大多能够确保信息的科学性。但通过这一渠道而得的素材，形式多趋于一致，没有太多创意，且由于领域受限，征集而来的材料数量不会太多。

社会征集多会依托于第三方媒体，面向公众进行宣传，并呼吁公众参与其中。因此，涉及人群较广，受众面大。这样不仅能借助媒体合作宣传应急科普知识、普及相关主题的应急技能，而且还在活动开展的过程中快速收集大量的素材。此类素材的形式多较为新颖且展现手法多样，是传播材料资源储备在短时间内扩充数量的最有效方法。但是，由于社会征集的来源渠道较为广泛，很多素材无法保证其科学与严谨性，需谨慎审核。

4）加强分类与管理：无论自主开发还是广泛征集，所有通过各种渠道所选定的风险沟通材料，都应有一套日常分类管理体系，将这些资源以数据库的形式进行有效的管理。这里所说的数据库，不一定是投入专门经费进行程序开发的网络平台，而是指要有专人对这些资源进行分类、录入、打包与整合，让这些零散的资源，都在一个有序的主题分类脉络中有章可循，做到任何应急事件发生后，都能够快速地厘清脉络、投入使用。

（2）风险沟通工具包的储备与使用原则：风险沟通工具包是为在应急状态下前往一线工作人员准备的个人应急携行装备，能够确保他们在突发公共卫生事件发生后第一时间随身携带，满足基本生活及应急传播需求。

风险沟通工具包应该包括基本的个人安全防护用品、基本生活用品、必要的通讯及办公用具、现场工作手册等。在进行风险沟通工具包的储备过程中，可以根据经费及需求的实际情况确定物品清单。

工具包储备还要兼顾现场开展风险沟通的需求，将其定位为便携式的风险沟通工作站，在保证人员基本生活需求和安全的同时，还要致力于发挥它的专业指导性。为实现这一目标，需加强日常的风险沟通材料的开发与储备，在工具包中配备上可随身携带的、便于开展风险沟通的音频/视频录制和播放设备等，以便进行现场培训与传播。

工具包采购后应由相关部门进行统一登记与管理，并对有使用期限的物品进行定时的清查与更换，确保工具包在关键时刻可有效使用。

3. 风险沟通操作工具的准备 首先应重视沟通工具的准备工作。传统沟通工具包括电话、传真、简报、通讯设备等，新型工具包括网络、微信、短信以及聊天软件。

其次是风险判定及应急响应工具的准备工作。事故发生后，有必要借助风险判定与应急响应工具，及时进行风险评估。

（三）风险沟通中的关系管理

1. 政府关系协调 从沟通方式来看，与政府沟通时，一般采用正式沟通的方式，如公文沟通、会议沟通等。其中又以请示、报告、简报等公文沟通方式为主。从沟通技巧来看，与政府沟通时，要做到提早准备、及时主动、内容准确、表达通俗。注意维护沟通渠道，确定固定的沟通对象，采用通俗易懂的语言来表达医学术语的含义，减少因为专业背景不同产生沟通信息的遗漏、失真和曲解；此外，对不同政府部门之间的沟通，要予以详细记录，做到权责分明。

2. 媒体关系沟通 媒体应被视为卫生医疗机构的工作伙伴之一。在风险沟通中，卫生医疗机构若想成为第一发言人，媒体也是需要沟通的对象。在与媒体沟通过程中，通常会利用发布新闻通稿、召开新闻发布会、接受采访等几个途径。

在新闻通稿的准备中，要预测媒体会提出哪些问题。新闻通稿一般包括6个要素，即时间、地点、人物、起因、经过、结果。此外，通稿篇幅不要太长。在新闻发布会的准备中，要明确新闻口径、核实信息，推测记者提问，进行简单彩排。提前告知有关的评论团体以及委托的舆情监测部门，并关注新闻发布的效果。在新闻发布会开始时，要敢于承认事件的不确定性，强调已有措施，并提及事件可能出现的负面结果，让公众知道该如何应对。

在接受采访前，要做好以下6项准备：①通常来说，在接受媒体采访之前，需要得到上级领导授权；②受访者有必要了解采访的主要需求，可以向记者索要采访提纲；③准备答问口径，在接受采访时，按照答问口径进行沟通；④了解采访记者的基本信息；⑤选择采访地点，如果需要视频拍摄，最好可以在背景中，显示本机构的标志和特点；⑥自备录音笔，保存采访内容的原始记录。

在接受采访时，要注意以下5项原则：①开诚布公，如果因为某种合法理由不能说出实情，那么最好不要说；②积极配合，语言表达通俗易懂；③紧抓主题，不被记者引导，对于涉密的内容，要婉言谢绝；④树立良好形象，谈话时保持友好谦虚的态度。⑤避免不必要的争执。

接受采访后，还应注意：①对于比较敏感的话题，在采访稿正式发表前，应该要求审核稿件，确保报道内容无误、无歧义；②及时关注媒体和公众对报道情况的反应。

3. 意见领袖关系沟通 意见领袖是指在人际传播网络中为他人提供信息，对他人施加影响的"活跃分子"。在突发公共卫生事件中意见领袖一般是在流行病领域或公共事务领域有一定的话语权对公众和有一定公信力的人。意见领袖扮演着组织和公众之间的桥梁作用，互联网为意见领袖提供了新的平台。在必要的情况下，应与意见领袖展开积极沟通，安排意见领袖参加新闻发布会、媒体通气会等。在发挥意见领袖作用的过程中，需注意以下3点：

（1）要识别意见领袖：意见领袖的选取一般依据3点。包括：①具有较强社会影响力，以微博为例，微博的关注数和微博的转发数，是识别意见领袖的特征之一；②具备专业特长或在该领域有多年工作积累；③掌握一定风险沟通常识及技巧。

（2）要与意见领袖保持有效对话：在网络时代，在公共卫生事件应急体系中，可以吸纳

各类意见领袖的加入，同时可以不定期地组织意见领袖参观、学习和调研，影响意见领袖对事件的认知和观点，发挥意见领袖作为"第三方信源"的正面作用。

（3）将卫生医疗机构的专家打造成为意见领袖：平时通过线下线上活动，针对本地区公众或社区，逐步将本机构内部的专家打造成为健康科普领域的意见领袖。

4．其他专业机构协作 在突发公共卫生事件中，往往需要动用多个部门的应急处置力量，进行跨地区和跨部门的信息沟通。与其他专业机构沟通及协作的方式主要包括文件沟通、会议沟通、电视/电话会议、工作简报，以及协作进行风险评估。在沟通过程中，要注意增强不同部门工作人员的合作意识和理念；培养不同部门工作人员之间的合作精神和协同作战能力；以应对突发事件为主要目的，以提高工作效率为宗旨，寻求最佳解决方案。

在突发公共卫生事件中，不同沟通主体的关系管理方式及目的见表11-1。

表11-1 突发公共卫生事件中不同沟通主体的关系管理方式及目的

沟通主体	沟通方式	沟通目的
政府	请示、报告、简报	说明事态进展，争取相关部门支持，协作应对风险
媒体	新闻发布会、新闻通稿、采访	掌握事态话语权，减少传播过程中噪声干扰
意见领袖	新闻发布会、媒体通气会	直接触达受众，扩大影响力
其他专业机构	会议沟通、工作简报	遏制风险扩大，帮助进行科学决策

案例 11-3

建立健全管理体制，积极应对甲型H1N1流感

2009年5月11日，我国内地报告了首例输入性甲型H1N1流感病例。2009年4月25日至5月12日，卫生部制定了风险沟通预案、建立了立体的信息发布网络，为疫情流行阶段的风险沟通做准备。

其实，在甲型H1N1流感流行之前，卫生部已经形成了较为成熟的日常疫情公布机制，在每月的10日，定时、定点举行新闻发布会，公布上个月法定传染病情况；每年的2月10日，公布上一年度法定传染病情况。信息公布机制的建立，为卫生部和媒体以及公众开展沟通建立了良好基础。

2009年4月，甲型H1N1流感在墨西哥暴发，在我国尚未出现甲型H1N1流感病例时，卫生部新闻办公室已经依据相关条例，制定了《我国首例甲型H1N1流感确诊病例信息发布预案》。该预案规定，一旦我国出现确诊病例，应当在当日上午10点或下午3点在卫生部发布。此外，该预案明确了各部门职责，联防联控工作机制综合组负责起草新闻稿，同时负责组织新闻发布会、媒体采访、舆情收集和整理；联防联控工作机制医疗组、综合组、口岸组和宣传组负责答问口径。

此外，卫生部还构建可同步立体的疫情信息发布网络。首先，卫生部组织专家对甲型H1N1流感进行研判，及时发布专家的意见和观点；其次，2009年5月2日，卫生部新闻办公室下发了《卫生部新闻办关于做好防控甲型H1N1流感疫情新闻宣传和舆论引导工作的通知》，指导各部门的信息发布工作，力求做到省级和部级上下沟通、部分省份和相邻省份横向沟通。

在整个疫情期间，卫生部坚持公开透明地发布信息；加强健康传播和新闻宣传，提高公众防护意识；不断规范疫情的报送工作，及时调整信息的报送内容和方式，积极应对甲型H1N1流感，获得了社会的一致好评。

三、应急状态下的风险沟通实施

(一) 公众需求分析

在突发卫生公共事件中,健康信息与健康知识传播是风险沟通工作的重点。在应急状态下开展风险沟通也需遵循一定流程,首先是利用包括舆情监测在内的手段开展公众需求调研与分析,准确掌握公众与媒体的需求是其他行动的基础。其次是在需求分析基础上制定有针对性的核心信息,选择恰当的传播材料。然后是选择合适的信息传播渠道组合,有效传播核心信息。最后是对核心信息的传播效果进行评估,评估方法与前期需求分析类似,舆情监测是目前重要的评估手段。传播效果评估除了用于总结工作外,还可用于优化未来的风险沟通工作。突发公共卫生事件中公众需求分析的方法和原则如下:

1. 确定事件性质 突发公共卫生事件有可能会衍生或次生出不同类型的公共事件,针对不同的类型的健康风险,公众的健康防护知识需求并不尽相同。例如,地震、洪涝灾害容易引发肠道传染病的流行,卫生医疗机构应注意灾区居民的个人卫生,强调勤洗手、喝开水、吃熟食及注意生活用水卫生等。对传播途径不明的传染病,则要采取综合性的预防措施,教育居民避免接触可能的暴露环境,并做好个人防护措施。

2. 重视地域特征 风险沟通不仅仅要结合事件的特点,更要针对当地的地域特点,有针对性地制定方案,并开展风险沟通。在制定风险沟通工作方案前,应与当地一线工作人员就该地的具体情况进行沟通,如气候特征、地理地形特征、人口密度、社会文化(如饮食文化等)、基础设施情况等。

3. 重视群体特征 注重目标对象的特征,针对各类群体不同的心理特点开展风险沟通和提供社会支持。在此阶段应主要了解受众的风险经历,即对于公众而言,风险是已经存在了一段时间还是新发生的;公众对于风险知识的了解程度;公众的阅读水平、受教育程度,以及是否有敏感问题等。以灾后心理干预工作为例,心理干预的人群范围广泛,既包括受灾者也包括其家属、朋友,还包括参与救灾的救助人员、医护人员、应急服务人员、军人、警察和志愿者群体等。

4. 重视心理特征 在重视心理特征的基础上开展心理干预可以指导公众保持正确的态度去应对身体上的健康风险,能够避免谣言的流行、避免因心理问题造成的自我伤害。

(二) 核心信息的生成与风险沟通材料的选择

在突发公共卫生事件中,卫生医疗机构应向公众传达疾病防控知识,通过建立公众对疾病的特征及其影响的客观认识,来动员公众形成健康的态度与生活方式,使其主动参与到疾病的防控工作中来,从而达到有效地减少甚至消除疾病风险的目的。在突发公共卫生事件发生后,风险沟通工作主要就是制定核心信息,选择并利用风险沟通材料,传播疾病防控知识。核心信息的内容要注意以下两点:

1. 介绍疾病信息 包括介绍传染源、传播途径、易感人群、主要症状与体征、鉴别诊断、严重危害、治疗方法等信息。

2. 不必太多解释发病机制、病理生理等医学原理 除了科学性原则外,核心信息在形式上还需把握可读、适度与积极3项原则:

(1) 要增强可读性:要注重将数字和医学术语转化为生活化、公众听得懂的语言;尽量简洁,能一句话讲清,绝不讲两句;并综合运用漫画、视频等视觉化方式描述疫情的发生和传播过程。

(2) 要适度:在发布风险信息的过程中,也要综合考量公众的情绪反应,在公众的心理

和情绪承受范围内对信息量加以把握,这样既不至于因为信息量过小,使得公众对疾病的危害失去警惕;也不会因为信息量过大,让公众过度紧张。

(3)要有积极的心态:在强调健康风险与危害的同时,一定要发布普通人切实可行的预防方法,避免公众产生绝望与恐慌情绪。

> **案例 11-4**
>
> **埃博拉援非健康教育行动**
>
> 2014年年初,埃博拉出血热开始在塞拉利昂、几内亚、利比里亚(西非三国)暴发流行。2014年9月起,西非三国病例数迅速上升,确诊和疑似病例数从8月31日的3 685例增加到11月底的17 140例。中国健康教育中心根据国家卫生计划生育委员会(卫生计生委)的部署,开展了援非埃博拉出血热疫情防控健康教育行动。
>
> 在这次对外的健康教育行动中,中国健康教育中心举办了参与援塞公共卫生师资培训。中塞两国存在语言和文化习俗障碍,培训专家与当地卫生官员和培训师认真讨论培训教材与课件,确保传播内容和形式符合当地文化和宗教习惯。在塞拉利昂,当地同时流行的多种热带病都考验着工作人员的适应程度和自我防护意识与能力,工作人员们圆满完成了任务。传播材料的文字内容均参照世界卫生组织、国家卫生计生委等机构发布的权威信息;并请疾病防控专家、卫生应急专家和健康教育专家对传播材料审核把关,确保文字内容正确、设计风格适当、落款合理。

第三节 突发公共卫生事件中的媒体渠道选择

一、媒体渠道分类与选择

在当前传媒环境下,面对突发卫生公共事件,在媒体渠道的选择上应以多种媒体配合传播的形式,并且根据目标受众特征与当前传播环境选择适宜的媒体形式进行传播。

(一)重点推送与主动获取渠道相结合

在风险沟通中,应采用信息重点推送与主动获取渠道相结合的传播方式,针对不同受众群体发布不同信息。

1. 对脆弱群体采取重点推送 针对脆弱群体(如老人、儿童、孕妇),在重点防控地域(如社区、学校)采取信息推送的方式,全面发布疾病的防控知识,以提升相应群体的认知及防控能力。

2. 对普通社会公众采取重点推送与主动获取相结合 针对普通社会公众,一方面在公共场所和大众媒体上发布预防建议,引领其形成健康的生活方式;另一方面通过建立呼叫中心、开通咨询热线、提供短信订制等方式,为其提供主动获取疫情信息的渠道,由其自由选择接收信息的量和程度。

3. 考虑地域与群体特征,选择风险沟通方式 在风险沟通中,应注意所在地区和传播群体的信息获取特征和媒体使用习惯,如针对互联网和手机普及率较高的城市地区,信息传播可选择微信/短信推送、微博账号公布、网站公布等方式;针对互联网普及较低、手机用户较少的农村地区,信息发布应注重使用电视、广播等大众媒体。此外,针对上下班高峰期等特殊情况,还可以考虑通过地铁电视、公交电视等传播方式进行风险沟通。

（二）通过一线工作人员发布信息

在危机发生之时，为提升政府整体的应急处置力量及应对效果，应建立起统一、完善的应急处置指挥协调体系，使各部门在应对过程中协同配合、形成合力，最大限度地减少疫情对公众健康、财产和对社会的负面影响。具体而言，风险沟通工作应明确信息发布的组织体系、各成员单位的职能分工以及联动工作机制等：

在突发公共卫生事件中，由于一线工作人员对危机情况最为了解，且离危机发生地点比较近，因此通过一线工作人员发布信息也成为应急状态下风险沟通工作的最重要和最基础的方法，其具体的工作形式包括以下几种：

1. 发放风险沟通资料 风险沟通资料是突发公共卫生事件中良好的信息载体。在设计制作健康资料时，工作人员应根据分析的目标受众基本情况选择合适的资料形式，确保资料的可理解性、可接受性、可说服性和可行性，从而使资料的宣传效果最大化。健康资料的发放适合人群密集的地区，如社区、学校、企事业单位等场所或突发公共卫生事件的核心地区。

2. 利用宣传栏进行传播 宣传栏是一种十分有效的传播形式，常应用于企事业单位、街道、广场、社区（出入口）、活动中心、学校、医疗机构等公共场所。宣传栏的传播具有较强的分众传媒的特点，受众范围较小，受地理局限较大。因此采用这一方式进行风险沟通时应将不同区域、社区和群体的特点考虑在内，进行内容制作。常见的宣传栏传播包括车站、商场、广场等LED电子显示屏，社区、学校、企事业单位的黑板报，以及医院候诊大厅的健康知识宣传区。宣传栏具有成本低、版面灵活、更新频率快等优点，其缺点是信息获取方式比较被动，受地理局限性影响大。

3. 组织健康科普讲座 健康讲座是一种常见的公众沟通形式，由医疗机构组织专业人员对突发公共卫生事件相关的健康知识进行有组织的传播与教育活动。健康讲座可以同时容纳较多的目标受众，受众面积大，信息传递直接迅速。由于讲座是有目的、有组织、有计划的、经过认真准备而进行的沟通，因此论证严密、条理清楚、具有较强的说服力。此外，与前两种方式不同，讲座采用口头传播的形式，更加通俗易懂，更易于公众的理解和接受，传播效率更高。

（三）通过大众媒体发布信息

面对突发公共卫生事件，传统的大众媒体以其辐射范围广、影响力大、权威性高等特性成为风险沟通工作中最重要的信息发布渠道。在突发公共卫生事件中，风险沟通工作最常使用的传统媒体沟通方式包括新闻发布会、新闻通稿、媒体参观、记者采访，通过专家发布信息。

1. 新闻发布会 新闻发布会是组织机构现场向媒体发布新闻或介绍情况的一种方式。在日常的例行新闻发布会上（如传染病中的例行疫情通报发布会），一般由部门新闻发言人担任发言者；在部门的重要新闻发布会上，一般由部门新闻发言人主持，由部门负责人担任主要发言的角色。新闻发布会是一种能及时、准确地将有关传染病等风险信息集中通过媒体告知全社会的有效方式。公众对信息的需求是稳定的，若是可以很好地利用新闻发布会，风险沟通工作者可以在应对流感大流行等类似突发公共卫生危机时营造有利的舆论氛围，争取媒体的理解和信任，赢得公众的配合与支持，从而展示公开、透明、阳光的政府形象。另外，新闻发布会的召开应具有灵活性，并且在新闻发布会上告知公众事件具有不确定性，信息有可能出现变化。这不会降低政府和医疗机构的公信力，因为实事求是是赢得信任的基础。

应当注意的是，新闻发言人应具有强大的心理素质和良好的人格修养，能够承受巨大的压力和冲击，医疗、卫生安全事件直接关乎民众的生活水平，在质疑的过程中不可避免地存在部

分谩骂与攻击。对此，新闻发言人应保持对受众的坦诚态度、表达关爱、在信息发布过程中沉稳持重、对于疑问能够有效回应并处理一些棘手问题等，这要求新闻发言人在日常生活中对相关问题有着深刻了解。

2．新闻通稿 新闻通稿是政府及相关部门模仿新闻形式所发布的刊载部门信息的稿件，发布内容包括政府的规章制度、规范性文件、行政措施（如疫情通报、隔离措施）与其他相关政务信息等，具有高度权威性和规范性。新闻通稿一般分为两种，在突发事件初期一般使用标准化新闻稿；随着事件持续进行到最终的解决，卫生医疗机构还应提供专题型新闻稿，包括参与突发事件处理的具体人物事迹、成功经验等。新闻通稿可以直接以传真、邮件形式发送给媒体，也可以在新闻发布会现场发给媒体记者，或者直接通过官方媒体发布。随着互联网的出现，官方政务微博、政府微信号、政府部门官方门户网站等新媒体平台也成为刊发新闻通稿的重要平台。在传染病疫情出现后，媒体与公众经常登录政府门户网站或官方媒体网站寻求权威信息，因此，新闻通稿发布是一项非常有效的政府信息发布措施。

3．媒体参观 媒体参观是邀请相关媒体到事件第一现场采访。这是突发公共卫生事件应对中常用的信息发布方式，可供媒体了解相关一手信息，增加新闻发布会等场合所发布信息的可信度。

4．接受记者采访 应对记者采访是在主动的信息发布之外，被动接受媒体采访与询问的一种信息发布方式。其发生情境可能是在新闻发布会的间歇或结束之后由媒体进行问询；也可能是由记者专门打电话给相关人员，让他们就问题做出回应。

5．通过专家发布信息 媒体偏好专家作为信源，因此，可以主动帮助记者联系专家接受媒体采访、宣传健康防护知识，与记者达成双赢。同时，健康防护是与公众生活密切相关的内容，将与公众生活有密切接触、具备专业知识的医学专家作为主要的信源，借助专家的口径发布信息，无疑将更容易获得公众的信任与支持。

除上述五种主要大众媒体沟通方式外，风险沟通工作还包括新闻吹风会与媒体座谈会等形式。新闻吹风会是组织机构举办的向新闻媒体介绍所发布信息背景情况的会议，内容包括介绍组织议程、解释政策、部署任务、提请媒体注意等。媒体座谈会常用于组织机构邀请媒体代表在同一时间、同一地点，就同一主题进行座谈，主办方可以听取媒体代表的意见，也可以双方交流看法。这有利于双方以后的合作。

（四）通过新媒体发布信息

新媒体一定程度弥补了传统媒体信息的滞后性，信息发布几乎与事件发生同步进行，可以实现消息的实时更新。在利用新媒体平台进行应急信息发布过程中，应结合新媒体平台的性质，发挥其优势，以取得更好的传播效果。新媒体有以下几点优势：

1．内容发布的及时性 新媒体使得信息传播的速度得到极大提升，在面对突发公共卫生事件时，利用新媒体平台建立官方公共账号，进行实时信息发布和更新，有助于实现相关信息实现快速、广泛地传播。在2013年7月7日"四川特大暴雨"事件中，卫生医疗机构与气象、交通和政府部门合作，在暴雨期间及时发布天气变化、出行安全、防灾自救等信息。新媒体平台速度快、信息容量大、信息发布碎片化的特点，即发即报、滚动播报等功能使其成为突发公共卫生事件信息发布的重要平台。

2．发布形式的灵活性 新媒体平台的信息发布具有灵活性，以微博平台为例，信息发布有文字、图片、视频、话题、直播等多种方式。在突发公共卫生事件中，卫生医疗机构可以通过发布视频宣传健康知识、通过直播回答网友问题、通过图片播报灾区信息等多种媒体方式进行风险沟通，达到更好的传播效果。

3．传播沟通的互动性 新媒体平台具有互动性，以微博平台为例，通过评论和参与话题等功能，网友可以将自身需求传递给卫生医疗机构。在突发公共卫生事件中，卫生医疗机构要注意收集网上信息、了解公众需求（包括信息需求、情感需求、资源需求等），从而提供有针对性的指导和支持。

4. 受众覆盖的广泛性 新媒体平台具有受众范围广的特征，信息可以在短时间内覆盖大量公众。以微博平台为例，在多次突发公共事件中，微博平台的寻亲找人取得了较好效果，它还帮助组织当地志愿者对灾区进行援助，"微公益"平台也成为社会募捐的主要通道之一。在突发公共卫生事件中，卫生医疗机构应通过微博平台，发挥线上和线下的力量，对受影响地区进行帮助。

此外，在使用新媒体平台进行风险沟通时，也应当注意规避其负面影响，具体包括以下几点：

1. 避免虚假信息传播 新媒体中把关人的弱化会导致突发公共事件中虚假信息的大量传播，主要包括虚假信息来源和以讹传讹两种情况。由于新媒体的传播速度快、受众范围广，因此新媒体平台上虚假信息的传播造成的负面影响更大，容易导致社会恐慌。例如，日本福岛核电站爆炸、核泄露事件发生后，"碘盐防辐射"的谣言通过新媒体快速传播，导致大批民众抢购碘盐。因此，在突发公共卫生事件过程中，卫生医疗机构要警惕虚假信息的传播，注意进行舆情监测，打击各类谣言。可以通过官方账号及时发布准确信息、帮助网友甄别虚假信息、提高信息发布者的公信力，来消除社会恐慌。

2. 注意引导舆论 新媒体为公众提供了发表观点的平台，任何用户都可以自由发布信息、表达观点。由于网络传播的匿名性，新媒体平台上的观点具有非理性和群体极化特征。因此，在突发公共卫生事件中，卫生医疗机构要注意以网络舆情动向为重点，探测民众对于相关话题的敏感度和态度、分析和判断网络舆情、评估可能的舆情走向和影响，警惕新媒体平台上负面情绪的累积。此外，卫生医疗机构还应积极回应公众关切，最大限度地消除公众的猜疑和误解，注意把控舆论方向，引导积极的社会情绪，维护社会稳定。

案例 11-5

北京 7·21 特大暴雨灾害中的健康信息传播

2012 年 7 月 21 日，北京市遭受特大暴雨袭击，造成严重的洪涝灾害。灾害发生后，北京市疾病预防控制中心（北京市疾控中心）迅速反应，积极开展灾区卫生防疫救援工作，在全市范围内进行应急健康传播。7 月 22 日，北京市疾控中心即与电台、电视台、报刊、门户网站等 30 余家主流媒体主动联系，通过专家访谈、发放新闻通稿、播放视频短片等形式及时向灾区居民发布《防范灾后食品污染，确保疫病不从口入》《汛期预防传染病温馨提示》等文章，提醒灾后卫生防疫要点和注意事项。随后，疾控中心指导受灾区县疾控中心在受灾街道、乡村广泛地开展各类型的灾后防病知识宣传，及时弥补公众信息盲点，提高公众防灾防病意识。通过采取上述应急健康传播措施，确保了"大灾之后无大疫"目标的顺利实现。

北京市疾控中心还通过机构的新浪微博账号发布健康教育信息。

在暴雨灾害期间，北京市疾控中心通过官方微博随时更新天气情况，对可能出现的暴雨灾害进行预警，并发布暴雨灾害应急避险知识。

针对汛期的卫生防疫问题，北京市疾控中心联合@首都健康和@北京12320在聆听共同发布长微博，针对可能出现的痢疾、感染性腹泻等肠道传染病，发布预防控制知识，包括注意饮食卫生；勤洗手；忌饮生水或地表水；接触雨水后及时清洗，以免引发皮肤

案例 11-5 续

炎症；避免过劳；随时增减衣服；及时清理积水，减少蚊虫滋生；提早采取卫生干预措施；出现不适及时就诊等。

随后，北京市疾控中心通过机构微博账号发布应急预案，向公众告知应急队员和全市疾控系统的工作情况；及时发布疾控中心在房山北车营村开展肠道传染病检查和宣传健康知识的情况，表明机构全力以赴做好洪涝灾害的公共卫生应急工作，保障首都人民的健康安全的决心；同时，也向公众传递积极信息，消除短期内的恐慌情绪，树立应急抢险的信心。

在暴雨抢险后期，北京市疾控中心继续发布饮食卫生知识，强调灾后食品卫生，如注意饮水卫生，不喝生水；不吃未洗净的水果蔬菜；不吃凉拌菜、卤菜；不吃馊饭菜；不吃毒死、病死、淹死和死因不明的家禽、家畜、鱼虾；不吃过期食品；不吃发芽的土豆、腐烂的瓜果；不吃发霉的米面；不购买制作、销售不卫生的食品；不举办大型聚餐等。

同时，北京市疾控中心也注重与其他健康传播机构和账号的合作。在信息发布过程中，通过 @北京12320在聆听、@首都健康、@北京发布、@微博小秘书、@我在120上班、@新浪健康等账号的转发，增加信息传播范围，实现更好的健康传播效果。

二、接受媒体采访的原则与技巧

（一）接受记者采访的基本原则

在正确认识媒体关系的基础上，新闻发言人需掌握一些接受媒体采访的基本技巧，具体如下：

1. 接受采访前，了解记者所属媒体名称与该记者姓名。详细了解采访意图、需求与主要问题，预测问题，有所准备。

2. 采访中，需携带必要的背景材料，以备不时之需。确定事件核心信息，在采访过程中反复强调，加以重复。坚持事实原则，任何表态都需以事实为基础。永远不要说无可奉告，如果不能回答记者所提问题，务必解释为何不能回答，并且做出跟进了解后将给记者进一步回复的承诺。不要要求记者将稿件发给自己审核，但是可以要求记者将报道中相关事实信息（如数字）发回确认。不要让记者感受到不同记者受到的待遇不同。例如，有些新闻发言人仅仅接受与自己相熟的记者的采访，这容易引起其他记者的误会。

（二）面对挑战性提问的回答技巧

处于危机之中，公众与媒体有时对卫生医疗机构存在误解，导致卫生医疗机构公信力下降，记者在面对新闻发言人时可能会充满侵略性、言辞激烈，甚至提出令卫生医疗机构难堪的问题。但是，过往实证研究表明，只要发言人能够耐心解答记者提出的问题，事后的媒体报道并非一定是充满批评的负面文章。除了保持谦和的心态、耐心解答记者提出的问题外，在面对有对抗情绪的记者时，新闻发言人在技巧上还需注意以下要点：

1. 面对批评性提问时，决不可与记者发生争辩，要保持镇静。

2. 面对假设性问题时（例如记者在提出问题前，设置了一个从未发生过的情境），不要直接回答，可将话题转移到目前确实掌握的情况或正在进行的工作，常用的方法有"我想你的问题主要是指……""在回答你的问题之前我想先阐释另外一个问题……"等。

3. 面对"是否"类问题时，在选择回答"是"或"否"时，一定要进行解释，提供相关事实依据。

4．不要批评其他机构或个人的行为，发言永远聚焦于自身所代表机构的所作所为或看法。

5．避免幽默。尽管在常态的新闻发布中，新闻发言人使用幽默可以拉近与记者的关系，但是，在公共卫生危机情境中，公众的生命健康安全受到威胁，特别当记者带有对抗情绪时，使用幽默言语容易造成媒体记者对卫生医疗机构的误解，误以为卫生医疗机构对危机不够重视。

三、谣言应对

随着新媒体的高速发展，公民记者时代的来临，每一位个体公民都能通过微博、网络论坛等媒介发布信息，影响社会舆论。这虽然有利于公众知情权的实现，增强对政府权力机关的监督，但也增加了谣言快速扩散，扰乱公众视听的风险。尤其是在传染病在社区或是学校聚集性暴发阶段中，一些与流感相关的谣言给政府各部门的疫情防控工作带来了负面影响，因此如何快速应对谣言，消弭谣言带来的不良影响，是传染病风险沟通必须面对的又一挑战。对此，各医疗及政府部门在应对谣言时应遵循以下几点原则：

首先，迅速告知，将谣言的生命周期压缩至最短。设立日常舆情监控体系，通过网络技术追逐谣言传播，保障政府各部门能够在第一时间发现谣言，争取到主动权。否则当社会舆论形成，政府部门将陷入百口莫辩的被动局面。迅速告知的目的在于将谣言的生命周期压缩至最短，一般应在24小时内做出回应，并以手机短信、电视滚动新闻或微博等媒体渠道来传播官方声明。

其次，用谣言存在的事实硬伤、以科学证据和常识来驳斥谣言。应对谣言的最好办法就是提供事实，用事实来击败虚假信息。因此卫生医疗机构可以快速搜集与谣言相关的事实资料，用事实说话；寻找事件当事人，尽量获得第一手资料；邀请相关专家等权威人士向公众澄清事实。

再次要把注意力放到传播真相上，而非以强硬态度追查谣言始作俑者。如果官方在通知中非常强硬地做出要追查造谣者的表示，虽然合理合法，但可能会引发网友的情绪反弹，使事情情绪化，反而助长造谣者获得同情。

最后，不要低估公众的判断能力。卫生医疗机构往往以"事件仍在进一步调查中"来搪塞公众，理由是公众一旦知道真相，会因为缺乏判断力而产生心理上的不良反应。传播学研究发现，公众并不是我们想象中的那样没有判断力、容易被恐慌等情绪所控制。恰恰相反，公众的危机承受能力也在不断地增强。

案例 11-6

北京市卫生局回应"北京市委叫停疫苗接种"谣言

2009年11月18日上午，许多北京的手机用户都收到这样一条短信："北京市委紧急通知，要求暂停目前的所有甲型H1N1流感疫苗接种工作，对目前使用的甲型H1N1流感疫苗进行重新评估"。这条信息通过MNS和帖子的形式迅速传播，事件迅速发酵，引发了社会公众对甲型H1N1流感疫苗安全性和有效性的怀疑。

当晚20点左右，北京市卫生局在官网上发布了紧急通知，称"这个短信完全是不属实的，北京市委没有发过这样的通知。目前，北京市按照国家有关甲型H1N1流感疫苗接种的工作部署和要求，本着市民知情同意、自愿、免费的原则，积极推进甲型H1N1流感疫苗的接种工作。截至11月16日，全市已有150万市民安全接种甲型H1N1流感疫苗。"

这则一百多字的紧急通知，对不实短信进行了明确的否认，这是信息发布的核心。同时，北京市卫生局借机重申了北京市甲型H1N1流感疫苗的接种原则和安全接种疫苗的市民人数。以150万人自愿、安全接种疫苗的事实回应谣言对于疫苗安全性的质疑。

第四节 舆情监测

一、舆情监测的概念和意义

公众健康问题舆情监测（public opinion monitoring）是为了及时掌握与民众身心健康及安全有关的社会客观状态和民众主观意愿，对各类传媒和公众意见进行连续、长期的监测分析，以了解社会各相关主体对公众健康问题所持有的情绪、态度、认知等信息。在风险沟通中，舆情监测重点主要针对某一特定时间及空间中的舆情重点。舆情监测在风险沟通中扮演着重要角色，是与相关主体实现沟通的前提条件。舆情监测以即时性为工作原则，力求建立舆情侦测及反馈机制，并在科学的指导思想下开展具有战略性的风险沟通活动。

二、舆情监测的方法

舆情监测工作应针对不同形式的媒体开展。其原因在于即使是在融媒体时代，不同媒体也存在着不同文化圈层与舆论场。在传统媒体环境下，舆情监测通常以媒体监测和民意调查为主要监测方式。对媒体关注的内容进行人工检索，发现、收集、汇总和分析社会热点问题，利用各种社会调查方法了解民众对热点问题的观点和看法，从而综合分析热点舆情的影响、发展趋势和主要特点。

网络作为虚拟社会和开放平台，受众身份庞杂且意见较为多元，因此网络舆情较其他舆情形态更为复杂。在互联网环境下，主要采用的舆情监测手段是网络技术监测。有条件的部门，通常会委托专业舆情监测公司开发个性化的工具。如果条件不允许，也可利用一些简易、免费的工具开展监测，包括百度指数、微博热搜榜、百度贴吧排名、门户网站的各类新闻排行榜等。

风险沟通工作有其独特之处，其舆情监测工作也有一定的特点，突发公共事件相关公众健康问题舆情监测主要包括4类信息：第一类是突发公共卫生事件及其相关信息，如SARS、人感染禽流感、甲型H1N1流感和登革热疫情暴发等事件；第二类是公众健康相关热点问题，如三聚氰胺、毒胶囊事件导致的食品和药品安全问题；第三类是各类突发事件导致的公众健康相关问题，如3·11日本地震引发的核泄漏和污染导致的公共卫生问题；第四类是由社会舆论的负面影响导致的公共卫生危机，如"山西疫苗事件""河源紫金丙肝事件"等。

三、舆情监测的流程

舆情监测重点在于了解民意现状，在监测过程中，应针对具体议题进行科学设计，避免出现无效监测的情况。

（一）舆情监测的具体流程

针对不同类型的舆情信息开展卫生应急监测工作，都应指定专人、专职或兼职专业人员负责，条件允许的情况下应成立舆情监测工作团队或科室，基本工作程序包括确定监测主题和范围、制定工作流程、选择检索和搜索对象、汇总与通报，以及分析评估与预警。

1. 确定监测主题和范围 首先将发生或可能发生的公众健康相关的热点或危机问题进行分析评估，确定开展监测的主要议题和相关内容，划定监测时间和空间范围。例如针对H7N9禽流感疫情的监测，首先需要确定时间和地区范围，并结合专业知识对国内外不明原因肺炎和重症肺炎等有关的媒体报道和科研文献开展监测，关注分析正面和负面新闻报道、谣言、微博评论等内容。

2. 制定工作流程 制定日常或专题媒体或舆情监测的时间表，确定信息收集、汇总、分析和评估工作流程，明确人员分工，统一收集与分析的判断标准，规范工作程序。

3. 选择检索和搜索对象 结合传统媒体的报道热点，确定搜索对象。利用互联网技术，选择开展检测的信息来源，制定检索标准，确定搜索网址和范围。利用现有互联网搜索引擎或其他社会化媒体工具进行检索和搜索，全面进行信息收集。在条件允许的情况下，可以开发网络舆情监测平台，系统地采集相关舆情信息。

4. 汇总与通报 针对收集的信息进行分类、整理，以简报形式进行汇总、摘录。可以定期或不定期进行简报编写，通过纸质或电子简报的形式对相关人员进行内部通报；也可以通过新媒体以彩信、短信、微博、微信等方式进行发布。

5. 分析评估与预警 通过汇总信息，对公众健康相关焦点、热点问题进行专题跟踪，及时分析舆情发展趋势，评估不良影响因素，对可能引发公众健康危机的问题进行预警。在条件允许的情况下，可以通过监测平台，利用大数据分析的理论和方法，开展舆情分析工作。如针对近年来食品安全问题，应加强对相关媒体报道的监测与分析，早期发现负面信息、评估影响范围，将可能对国家、政府形象造成不良影响的舆情信息及早通报给相关主管部门和主要行政领导，为其应对和决策提供参考。

（二）舆情监测的四个阶段

舆情监测工作的流程一般分为4个阶段：第一阶段是检索和收集，通过对相关网站、报刊、杂志、电视、广播等媒体进行信息检索和搜索，针对关键词或话题进行收集和筛选。第二阶段整理分析，对第一次过滤出来的舆情信息进行整理和分析过滤，将纳入到报告的信息进行优先排序和分类。第三阶段是汇总通报，即对文本信息进行编辑，形成舆情报告或媒体快讯。舆情报告的语言要简明、准确、易懂；发布的形式可以采用纸质简报、电子邮件、手机短信等传播方式，也可以通过网站专栏、主题论坛、微博、微信等新媒体进行发布；特殊情况下，可以采用快速便捷的通信方式进行预警通报。第四阶段是跟踪反馈，主要是在进行舆情分析过程中，不断更新相关资讯和民意信息，对涉及的相关部门或利益相关者及时进行信息沟通工作。在做专题监测时，应根据实际情况调整工作流程，增加风险评估和预警沟通工作。

案例 11-7

甲型 H1N1 流感疫情中的舆情收集与回应

2009年甲型H1N1流感暴发的早期，由于国内暂无相关病例，媒体的信息来源渠道较少，因此，媒体报道比较有序。然而当我国出现首例甲型H1N1流感之后，社会的关注程度升高，与之相关的报道较多，此时就有必要加强舆情监测工作。

此次疫情的舆情监测工作做到了"三个同步"，即舆情监测与疫情监测同步、传统媒体监测与网络媒体监测同步、媒体监测与公众热线电话（12320）监测同步。具体而言，疫情处置小组每天开碰头会，着重讨论舆情监测中出现的问题；通过专业的舆情监测机构，监测400家传统媒体的报道内容，以及博客、微博和论坛上的舆情信息，重点关注谣言、误读等信息；在媒体监测的同时，关注公众热线电话（12320）的公众提问情况，定期分析来电数量和公众最关心的问题。

此外，在本次甲型H1N1流感暴发的中期和末期，分别进行了一次风险沟通评估。第一次评估于6月27日至7月7日展开，卫生部联合国内高校，对流感舆情、公众信息需求以及传播效果等问题，进行抽样调查，回收有效问卷6 468份。调查显示，政府是公众最信任的信息发布机构，近八成公众对流感的新闻报道表示很满意。疫情之后，卫生部进行了第二次评估，请舆情收集小组对媒体的报道进行评奖，优秀的报道在获得奖励的同时，会得到二次传播。

第五节 医事风险沟通

一、医事风险沟通的现状、特征

医事风险沟通是风险沟通中风险沟通典型场景之一。作为一个交叉研究方向，医事风险沟通结合了健康传播、人际传播以及风险沟通等多个研究领域。在医事风险沟通中，存在着医者与患者两方参与主体。医者一方既可以指狭义上的医院医务工作者，也可以指广泛意义上的医疗工作者如医疗教育人员、卫生管理人员。患者一方既可以指患者及其家属，也可以指广泛意义上的除医务工作者以外的社会人群。

（一）现状

近年来，我国医患关系危机事件频发，在社交媒体上，每一次医事风险事件的发生都会使"众声喧哗"。例如 2012 年 3 月 23 日哈尔滨医科大学附属第一医院发生的恶性伤医事件，造成 1 人死亡、3 人重伤；2017 年 4 月 29 日昆明医科大学第一附属医院（云大医院）发生的恶性伤医事件，造成 1 人死亡、1 人重伤；其他类似事件还包括 2014 年 3 月 19 日的"内蒙古包钢杀医案"和 2014 年 4 月 21 日的"衡阳杀医案"等。每一次医事风险事件的发生都会导致医患关系进一步恶化，医患信任水平降低。

虽然我国总体医疗水平近年来有所提升，部分单位医疗技术已达到较高水准。但我国医患沟通实践长久以来未受到重视，全国仅有部分大型医院设有相关协调部门（如公关部门、品牌部门、新闻发言部门），相关医疗单位及行政部门之间缺乏有效沟通。并且有研究表明，相对于医疗条件的改善，医患沟通对于患者就医满意度的影响更大。我国医事风险沟通尚处于起步阶段，相关研究多在医学学科之下，传播学、社会学、心理学等学科学者关注较少。从现实来看，我国医事风险沟通存在着以下几个特点。

（二）特点

1. 单向沟通与信息不平等 作为一个"高门槛"行业，医疗行业天生具有单向传播的特点，在与患者沟通过程中，医者难以有效地向其传达全部信息，这容易造成患者对医疗工作者的不信任态度。美国学者 Szase（萨斯）和 Hollender（荷伦德）将医事沟通划分为 3 种模式：主动—被动型，医生向患者进行单向传播；指导—合作型，即医生在医患沟通中占主导地位，医生需回应患者相关疑问及意见；共同参与型，它倡导医生和患者进行双向沟通，双方居于平等地位。我国的医事沟通主要为第一种模式。在这种模式下，医生的主要职责是为患者提供医疗解决方案，除此之外，医生与患者之间不存在其他沟通行为。这类医事风险沟通实践所造成的结果是除非患者遇到的问题能够得到有效弥合，否则医患两方的话语分歧无法得到充分解决，双方的共同话语空间被高门槛信息所阻拦，最终使得医患双方产生交流隔阂，为医患沟通带来隐藏风险。

2. 医患文化根深蒂固 在报道医事沟通事件时，新闻媒体一般会选择某些固定框架去对其进行呈现；并且为吸引受众关注，媒体常常以情绪化的方式对其进行报道。在由大众媒体及人际传播构建的医患关系图景中，医疗工作者常常与"收回扣""乱开药"等关键词相关联。这种对医疗工作者的刻板印象对现实中的医患沟通实践产生影响，形成铺垫效应。在情绪方面，媒体文本所带有的情绪特征会预先设置受众的情绪基调，既有新闻报道中关于"庸医"的负面报道影响着受众对于医疗工作人员的情绪感知，加上民间文化中本身具有的对医疗工作者的不信任态度，为医事风险埋下了恶果。

3. 沟通环境封闭，缺乏多元主体参与 目前我国医患沟通实践处于医疗单位对患者"唱独角戏"的阶段，政府部门、媒体、公众并未真正参与到医事风险沟通实践当中。医院不仅缺乏与患者进行专业化医事沟通的实践意识，同时也缺乏同媒体、政府等主体进行沟通的信息联络部门。而实际上，医事风险沟通是多部门参与、共同合作的活动，其对象主要包括内部人员（医护人员等）、公众、媒体等，相关各方应保持联动使得信息保持充分流通。在社交媒体时代，受众话语愈发繁盛，医疗单位所面临的公共危机数量大大增加，想要克服医患沟通信息壁垒、掌握风险事件中的话语权，医疗单位需强化医事沟通理念，并开放多元主体对话渠道。

4. 医疗资源与风险的集中性 从医事风险事件发生的空间特征来看，目前我国医事风险沟通大部分发生在三甲医院，其次为二甲医院，仅有少数医事风险事件发生在一级医院。其背后原因在于我国医疗资源分配长期不均，优质医疗资源主要集中于大城市，资源分配的不均衡使得"看病难"成为民生问题的一个重要症结，更造成了医患之间心理不平等现状的加重。

另外，头部医院医事危机事件频发也说明了我国主要医疗机构在医事风险事件的预防上经验极其缺乏，相关单位普遍缺乏医事沟通意识。在我国，技术原因所引起的医患纠纷事件仅占20%，80%的医患纠纷事件都是由医患双方沟通不畅所引起的。并且由于这一类医院社会声誉普遍较高，容易引发医事风险事件的"破窗效应"，带来更多恶性医事案件。

二、医事风险沟通的基本原则和技巧

（一）建立并维系信任

医事风险沟通的核心目标在于维系、构建或修复医患信任，医事风险沟通除了单纯的专业信息交流外，医疗工作者还应与患者建立情感关联，增强相互信任。在理性的基础上，从心理和情感上认同沟通者及其传递的风险信息，将之视为可靠的信任来源、共度风险的伙伴和避免风险侵扰的指路者。

信任是医事风险沟通成功的基础，但信任易损坏难以重新建立。在公众的角度上，对医疗工作者的信任主要来自3个方面：一是动机，医疗人员是否着眼于保护我和我家人的健康；二是诚实，医疗工作者是否隐瞒了信息；三是能力，医疗工作者是否有能力将风险控制在最低范围之内。因此医事风险沟通人员在做出风险决策前必须主动调研公众对风险的感受、仔细倾听公众的信息需求，在沟通中表达对目标受众的关心、同情与支持，用人性化的语言安抚其不安情绪、强调共享的目标和价值观，开诚布公地告知相关风险信息，建立收集患者意见的渠道与机制，从而建立双方信任关系。

（二）保持透明原则

医事风险是潜在的危险，具有不确定性和或然性，这一特点决定医事风险沟通须遵从透明原则。

保持透明原则要求医疗人员做到如下几点：一是尽量坦诚公开，不要低估公众的心理承受能力，在关乎生命的时刻，人们反而更能承受坏消息；二是承认医疗风险的不确定性，避免过度承诺，不要对发布坏消息而感到不安；三是对事件原委开诚布公，主动承担责任以及明确界限；四是坦承面临的困难，适度"示弱"反而会换来更多的理解和支持。

（三）制定计划原则

医事风险沟通切忌打"无准备之仗"，做到未雨绸缪、周密准备至关重要。医患风险沟通的计划原则体现为在风险来临前有条不紊地做好各项准备。风险沟通的最优状态是避免风险的发生。具体来看，所制定的计划应包括风险沟通目标确立、改善患者及其他目标公众的风险感

受、建立医患沟通长效机制、拟定风险沟通口径资料包、确认医患沟通核心关注点、时刻关注医患关系进展情况以及舆论走向。总之，要通过准备做到"知己知彼"，一方面明确主要沟通对象的风险感受和信息需求；另一方面预测可能出现的风险并围绕这些风险因素建立工作机制、设计沟通信息、撰写应急预案、制定工作计划等。

（四）多元对话

在应对医事风险沟通过程中，医疗人员应加强与媒体、政府、公众等其他互动因素的联结与对话，尤其应加强与媒体机构的合作并建设信息沟通机制。另外，在新媒体时代，医疗工作人员应善于利用新媒体等沟通渠道，及时向患者发布相关风险信息，将其作为医患沟通的辅助渠道，为医事风险沟通提供"减压阀"。

对政府及相关组织，医疗机构应与相关部门共同制定医事风险沟通应急机制，充分考虑各方在医事风险沟通中可能扮演的角色与所承担的责任，明确危机事件发生后的各方的应急反应机制，避免危机发生后出现推脱责任现象。

三、医疗部门应急能力建设

医事风险沟通是当今医疗工作者面临的重要挑战。我国正处于改革和发展的关键时期，各种社会矛盾凸现，如何及时、有效地应对各种突发公共事件，对保证社会主义现代化建设顺利进行、保障社会安定有着十分重要的意义。任何突发医事风险事件发生后，最直接的后果就是对相关医疗人员人身安全产生威胁、对医疗机构形象管理以及公共秩序造成伤害。

而面对已经发生的或可能发生的医事风险事件，相关部门需要积极行动，采取切实可行的措施，减轻和减缓上述后果。风险沟通工作，作为突发事件应急重要措施和手段之一，在促进医疗部门应急处置方面发挥了极其关键的作用。具体而言，医疗部门应急能力建设的主要工作如下。

（一）提高相关人员风险沟通能力

各级医疗卫生机构中的医疗卫生专业人员及相关传播部门是开展风险沟通的主力军。应针对他们开展系统的培训，帮助他们掌握突发医事风险沟通的基本知识和技能，提高开展风险沟通的能力。同时，要有针对性地开发、收集突发医事风险沟通核心信息、评估工具、传播材料等，建立资源储备库，为相关人员开展风险沟通做好技术支持。

（二）做好信息收集及舆情监测工作

建立突发医事风险沟通应急预案，做好信息收集及舆情监测工作，在突发事件发生的不同阶段，了解患者与相关公众的关注、诉求以及谣言传播情况，为有针对性地开展风险沟通工作奠定扎实的基础。同时，信息收集与舆情监测也是风险沟通活动效果评估的重要手段，是考核工作效果、优化未来风险沟通活动方案的重要依据。

（三）做好风险沟通的组织与协调工作

突发医患沟通安全事件发生后，应及时与医疗卫生机构、科研机构、高等院校以及相关部委的应急机构加强联系，建立有效的沟通协调机制；结合事件发展态势，积极做好信息收集及风险沟通材料准备等工作；组织、协调相关单位开展风险沟通，并为其提供必要的信息支持。

（四）有针对性地开展风险沟通工作

针对突发医事风险沟通事件，在前期调研与预案准备的基础上，有针对性地开展风险沟通工作，帮助医疗人员树立突发医事沟通风险事件防范意识，提高其自我防护能力。对于公众，通过建立稳定的信息发布渠道，在医事风险事件的各个阶段缓解公众紧张的情绪和压力，保证社会心理稳定。

案例 11-8

山西省医调委为医患之间搭座"桥"

2014年10月15日，72岁的男性患者高某因脑干出血，被送到某省级三甲医院，经过医院及时抢救后被送入该院ICU病房。患者家属在ICU病房外等候时，通过窗户发现高某嘴唇干裂，认为其可能缺水，在一名护士出来时，向其反映老人嘴干，询问是否能给老人喂点水。护士自述没有时间，且态度欠佳。家属认为连为患者喂水的要求都不能满足，缺乏人性。

因出血点位置，高某丧失自主呼吸能力，必须通过呼吸机被动供氧，ICU医生在老人入院第一天就提出送藕粉进行鼻饲。6日后，高某于晨5时死亡。当日上午9时，高某的家属在办理离院手续时，值班护士送来了一袋未拆开的藕粉及一张每日缴费清单。高某家属的情绪彻底失控，召集村里几十人围堵医院。

接到报案后，山西省医疗纠纷人民调解委员会（医调委）工作人员及时联系死者家属。主任韩学军当即做出决定，由他陪同死者家属到其他省级三甲医院ICU查看，并咨询多位专家，使其明白对于使用呼吸机的患者而言，嘴唇干裂并非与缺水有关；相反患者每日的输液量与其身体皮肤蒸发量、呼吸蒸发量、尿量相关。患者张口呼吸加上机体抵抗力低才导致嘴唇自然脱皮、干裂。但护士当时态度确实不佳，是由于工作忙碌（值班护士只有其一人）和其个人家庭原因导致。至于未开包装的藕粉，ICU医生解释，病区内有多名不能自主进食的患者都需通过鼻饲进食，每家家属送来的都是一样的藕粉，护士为了方便，集中拆开一整袋，分别喂食。但患者家属认为藕粉没有拆袋就是患者没有得到应有的照料。最终，经过韩学军的细致解释，死者家属弄清了事实的真相，撤走了围堵医院的亲属，也收回了要求巨额赔偿的无理要求。

从此事件来看，在医患沟通过程中，医疗纠纷的发生不单是医疗手段的问题，而与一家医疗机构从质量管控、制度管理到人文关怀等诸多方面息息相关。有时医生认为患者不明白，就不想去解释，对于患者的生理情况及治疗方案解释得太少，缺乏与患者和家属的有效沟通。其行为不仅违背了《中华人民共和国侵权责任法》的有关规定，更缺乏对患者家属的换位思考，缺乏双向沟通。

思考题

1. 简述风险沟通与健康传播存在的相同点和不同点。
2. 简述医疗人员在与患者进行沟通时应秉持哪些原则。
3. 简述近年来我国恶性伤医事件频发背后的体制性原因。

（张 迪 常 春）

参考文献

[1] Plough A., Krimsky S. The emergence of risk communication studies: social and political context. Science, Technology, & Human Values, 1987, 11 (12): 4-10.

[2] 曾繁旭, 戴佳. 风险传播: 通往社会信任之路. 北京: 清华大学出版社, 2015: 5-6.

[3] 唐钧. 风险沟通的管理视角. 中国人民大学学报, 2009, 3 (5): 33-39.

[4] Katherine A. McComas. Defining moments in risk communication research: 1996—2005. Journal of Health Communication, 2006, 11 (1): 75-91.

[5] Boholm A. Speaking of risk: matters of context. Environmental Communication, 2009, 3 (3): 335 − 354.

[6] 罗伯特·考克斯, 著. 假如自然不沉默: 环境传播与公共领域. 纪莉, 译. 3 版. 北京: 北京大学出版社, 2016: 385-394.

[7] 贾鹤鹏, 苗伟山. 科学传播、风险传播与健康传播的理论溯源及其对中国传播学研究的启示. 国际新闻界, 2017, 30 (2): 66-89.

[8] 张洁, 张涛甫. 美国风险沟通研究: 学术沿革、核心命题及其关键因素. 国际新闻界, 2009, (5): 95-101.

[9] 金兼斌. 科学传播: 争议性科技的社会认知及其改变. 北京: 清华大学出版社, 2018: 167-168.

[10] 关静, 刘民, 梁万年. 突发公共卫生事件对公众的知识、心理和行为的影响. 中国健康教育, 2005, 21 (10): 775-777.

[11] 雷吉娜·E·朗格林, 安德莉亚·H·麦克马金, 著. 风险沟通: 环境、安全和健康风险沟通指南. 黄河, 蒲信柱, 刘琳琳, 译. 5 版. 北京: 中国传媒大学出版社, 2016: 99-100.

[12] 胡百精. 危机传播管理. 3 版. 北京: 中国人民大学出版社, 2018: 150-152.

[13] 史安斌. 危机传播与新闻发布: 理论·机制·实务. 北京: 清华大学出版社, 2013: 149-150.

[14] 巢乃鹏, 黄娴. 网络传播中的"谣言"现象研究. 情报理论与实践, 2004, 27 (6): 586-589, 575.

[15] 陈国永, 李杰, 张继彬, 等. 县级流感大流行大众风险沟通计划制定指南介绍. 医学与社会, 2011, 5 (11): 9-12.

中英文专业词汇索引

A
奥斯古德-施拉姆模式（Osgood-Schramm Model） 14

B
把关人（gate keeper） 44

C
产品（product） 71
传播模式（communication model） 12
传播适应理论（Communication Accommodation Theory） 85
传播者（communicator） 9
创新扩散（diffusion of innovation） 23
促销（promotion） 72

D
大众传播（mass communication） 107
大众传播效果依赖模式（Dependency Model of Mass Communication Effects） 16
第三人效果（the third-person effect） 30
定量研究（quantitative research） 34
定位（positioning） 159
定性研究（qualitative research） 34
独特的销售主张（unique selling proposition） 157

F
反馈（feedback） 11
风险沟通（risk communication） 166

H
混合方法研究（mixed methods research，MMR） 35

J
集合行为（collective behavior） 100

价格（price） 71
健康传播（health communication） 2
健康教育工作者（health educator） 82
健康咨询（health counseling） 91

K
框架效应（framing effect） 26

L
赖利夫妇模式（The Riley and Riley Communication Model） 15
两级传播（two-step flow of communication） 21

M
媒介和渠道（media and channel） 10
媒体倡导（media advocacy） 113

N
内容分析（content analysis） 48

P
品牌形象（brand image） 158

Q
劝服（persuade） 93

R
人际传播（interpersonal communication） 81
人际传播技巧（interpersonal communication skills） 86
人内传播（intrapersonal communication） 5

S
社会营销（social marketing） 70
施拉姆大众传播模式（Schramn Mass Communication Model） 15
受传者（audience） 10

189

受众框架（audience frame） 27

T

同伴（peer） 102
同伴教育（peer education） 102

W

违背期望理论（Expectancy Violation Theory） 86

X

香农-韦弗模式（Shannon-Weaver Model） 13

信息与讯息（information and message） 10

Y

言语行为理论（Speech Act Theory） 83
演讲（speech，lecture） 90
议程融合（agenda melding） 30
意见领袖（opinion leader） 21
意义协调管理理论（Coordinated Management of Meaning Theory，CMM） 84
舆情监测（public opinion monitoring） 182
预试验（pilot trial） 135